GUIA-ME, ESPÍRITO SANTO

STORMIE OMARTIAN

GUIA-ME, ESPÍRITO SANTO

Traduzido por DANIEL FARIA

Copyright © 2012 por Stormie Omartian
Publicado originalmente por Harvest House Publishers, Oregon, EUA.

Os textos das referências bíblicas foram extraídos da *Nova Versão
Internacional* (NVI), da Bíblica Inc., salvo indicação específica.
Eventuais destaques nos textos bíblicos e citações em geral referem-se
a grifos da autora.

Todos os direitos reservados e protegidos pela Lei 9.610, de 19/02/1998.

É expressamente proibida a reprodução total ou parcial deste livro, por
quaisquer meios (eletrônicos, mecânicos, fotográficos, gravação e outros),
sem prévia autorização, por escrito, da editora.

Dados Internacionais de Catalogação na Publicação (CIP)
(Câmara Brasileira do Livro, SP, Brasil)

Omartian, Stormie

Guia-me, Espírito Santo / Stormie Omartian ; traduzido por Daniel Faria.
— São Paulo : Mundo Cristão, 2013.

Título original: Lead me, Holy Spirit
ISBN 978-85-7325-841-7

1. Espírito Santo   2. Espírito Santo — Ensino bíblico   3. Espírito Santo —
Meditações   4. Vida espiritual — Cristianismo   I. Título.

12-13997   CDD-231.3

Índice para catálogo sistemático:
1. Ministério do Espírito Santo: Teologia dogmática cristã   231.1
Categoria: Oração

Publicado no Brasil com todos os direitos reservados pela:
Editora Mundo Cristão
Rua Antônio Carlos Tacconi, 69, São Paulo, SP, Brasil, CEP 04810-020
Telefone: (11) 2127-4147
www.mundocristao.com.br

1ª edição: fevereiro de 2013
6ª reimpressão (sob sistema digital): 2023

Dedicatória

Este livro é dedicado, com humilde gratidão,

a Deus, meu Pai, por me amar;
a Jesus, seu Filho, por me salvar, curar e
libertar;
e ao Espírito Santo, que me enche e me
guia com segurança e propósito por mais de
quarenta anos.

Eu oro a ti, Espírito Santo, que me guies na
escrita deste livro, para que outras pessoas
possam te conhecer e te amar tanto como eu.

*Pois se vocês viverem de acordo com a
carne, morrerão; mas, se pelo Espírito
fizerem morrer os atos do corpo, viverão,
porque todos os que são guiados pelo
Espírito de Deus são filhos de Deus.*

ROMANOS 8.13-14

Sumário

O que significa ser guiado pelo Espírito Santo?	11
1. Guiado a receber	21
2. Guiado a ser cheio	46
3. Guiado a ouvir	71
4. Guiado a adorar	95
5. Guiado a ser separado	114
6. Guiado a ser transformado	150
7. Guiado a ver propósito	167
8. Guiado a dar bons frutos	188
9. Guiado a discernir	206
10. Guiado a orar	228
11. Guiado a seguir Deus	256
12. Guiado a guiar	287

Introdução

O que significa ser guiado pelo Espírito Santo?

Lembro-me de meu primeiro encontro com o Espírito Santo.

Aconteceu durante o Movimento de Jesus, entre o final da década de 1960 e o início da década de 1970. Na época eu não fazia ideia do que era aquele movimento. Mais tarde, acabei fazendo parte dele.

Era outubro de 1970. Eu vivia em Los Angeles e trabalhava em Hollywood como artista de televisão, mas sofria com ansiedade, medo, depressão e quase todo tipo de sentimento negativo. Havia sobrevivido a uma infância abusiva com minha mãe — que tinha um transtorno mental — e achava que meus esforços para alcançar o sucesso silenciariam os demônios internos que consumiam minha força, meu entusiasmo pela vida e qualquer tipo de paz que eu pudesse ter.

Não deu certo.

Em menos de cinco anos, minha vida se tornou completamente insuportável. Dia após dia, aqueles sentimentos negativos cobraram seu preço. Eu não queria mais sentir tanta tristeza. Queria morrer.

Meu amigo Terry me apresentou a seu pastor, Jack Hayford, que me falou sobre Deus. Ele disse que o caminho para uma vida melhor, tanto neste mundo como na eternidade, era ter um relacionamento íntimo com Deus. Isso só poderia acontecer por meio de seu Filho, Jesus. Se eu o recebesse como meu Salvador, ele me salvaria da queda livre em que estava, perdoaria todos os meus pecados e erros passados e me libertaria para sempre das consequências desses atos. Eu poderia recomeçar com a ficha limpa. E, igualmente impressionante, Jesus me daria o Espírito Santo de Deus, que viveria em mim e me transformaria de dentro para fora. Uma mudança interna, refletida no exterior.

O pastor Jack disse também que Deus tinha um propósito para minha vida. Ele removeria todo medo, ansiedade e tristeza e os substituiria por amor, paz e alegria, e também me capacitaria para cumprir esse propósito. Eu jamais tinha ouvido algo tão maravilhoso. Mesmo que parecesse loucura na época, algo em mim acreditava que o pastor estava falando a verdade. Então, dei um salto de fé — e nunca me arrependi.

Isso aconteceu muitos anos atrás, e até hoje recordo claramente como me senti antes de receber o Senhor. Não havia nada dentro de mim forte o suficiente para combater o vazio interminável e o sofrimento indescritível que enfrentava todos os dias. Não me sentia parte de nada nem de ninguém. Aproximava-se o fim da temporada de festas regadas a drogas dos anos 1960, e, embora eu fingisse fazer parte daquilo, nunca me senti adequada ali. Na verdade, não me sentia adequada em lugar nenhum.

Depois de ter recebido Jesus como meu Senhor, no escritório do pastor Jack, com Terry orando a meu favor, comecei a frequentar a igreja deles. Pela primeira vez em minha vida, senti uma conexão verdadeira. Havia visitado igrejas diferentes

O QUE SIGNIFICA SER GUIADO PELO ESPÍRITO SANTO? 13

antes, mas elas sempre me pareciam mortas, e eu não queria ficar presa àquela apatia toda. Elas faziam que me sentisse mal comigo mesma, e eu já sabia fazer isso muito bem sozinha. Por isso, nunca voltava. Nessa igreja, porém, senti algo especial no momento em que entrei no santuário. De início, não sabia o que era. Mas logo descobri que era a presença do Espírito Santo de Deus. E era palpável.

Todo mundo que frequentava a igreja sentia o mesmo. Era impossível não perceber. Era algo dinâmico e transformador. Era o poder do amor, da alegria e da paz de Deus envolvendo, tocando, curando, confortando, edificando e transformando a todos nós. Nunca conheci algum cristão sincero que saísse dali da mesma forma como entrava. Não importa com que pecado, pensamentos ruins, atitudes más, tristeza ou desânimo alguém entrasse: ao sair, sua vida havia mudado para melhor. Era a presença de Deus se derramando sobre nós — limpando, refrescando, fortalecendo, iluminando, suavizando, derretendo, moldando, ampliando nossa vida e infundindo-se nela. Era algo poderoso e inesquecível. Nenhum de nós que frequentamos essa igreja por algum período de tempo se esqueceu disso.

Nunca aconteciam coisas estranhas na igreja. Nada do tipo "O que fulano está fazendo?", porque ali as pessoas não queriam estar no centro das atenções. O Espírito Santo era o único centro de tudo, e todos nós absorvíamos a presença dele como esponjas. Ele não nos fazia mais esquisitos, mas, sim, mais normais. Não nos fazia atrair a atenção das pessoas, mas, sim, esquecer a nós mesmos e focar inteiramente no Senhor em louvor e adoração. Não estou criticando o que outras pessoas experimentam em suas igrejas. Estou dizendo apenas que os principais encontros que tive com o Espírito Santo foram preciosos e transformadores, e não estranhos ou assustadores.

Não me lembro de nenhuma ocasião em que estive no santuário sem chorar. E eu não era a única que passava por isso. Praticamente todo mundo que participava do culto chorava em algum momento, por causa da imensa sensação da presença de Deus e de seu amor. Isso me faz lembrar o que a Bíblia diz sobre o dia em que finalmente estaremos com o Senhor, e ele enxugará toda lágrima (Ap 21.4). Em sua presença, derramávamos lágrimas de alegria, felicidade, gratidão, arrependimento, liberdade e alívio. O amor dele faz isso conosco.

Era, sem dúvida, o mover de Deus.

Movimentos divinos como esse são derramados por um período específico. Essa manifestação de Deus estava em progresso quando recebi o Senhor, e fui *arrastada* para ela, no melhor sentido da palavra. Aqueles de nós que, anos depois, foram levados pelo Espírito de Deus a mudar para outros bairros, cidades, estados e países, a fim de começar uma nova vida, novas igrejas ou novos ministérios, lembram-se bem. Sempre procuramos encontrar de novo aquele derramar da presença divina. Toda vez que nos reencontramos em lugares diferentes do mundo, conversamos sobre aqueles dias milagrosos na igreja durante o Movimento de Jesus. E todos buscamos pela mesma manifestação do Espírito Santo, onde quer que estejamos. Uma vez que você experimenta sua presença poderosa, sempre anseia por mais. Jamais se esquece dela.

Antes do Movimento de Jesus, muitos de nós achávamos que era necessário ser certo tipo de pessoa para ir à igreja. Tínhamos de *ser* bons, *parecer* bons e *agir* corretamente, o que, de imediato, já eliminava a maioria. É por isso que muitos de nós nunca íamos à igreja. Não nos encaixávamos. Nem queríamos isso. Mas, com o Movimento de Jesus, a sensação era de que poderíamos ir à igreja tal como éramos e seríamos aceitos, embora Deus logo fosse nos transformar.

O Movimento de Jesus era diferente de tudo o que eu conhecera. O ar parecia cheio de eletricidade, tão vivo que estava no Espírito. Era inegável. Deus despertou algo transformador em cada um de nós. Sentíamos isso. Sabíamos disso. E essa sensação jamais nos abandonou.

Eu havia conhecido Michael, meu futuro marido, numa gravação dois anos antes de minha conversão, mas não namorávamos na época. Depois que entreguei minha vida ao Senhor, reencontrei-o nessa igreja e nos casamos cerca de um ano mais tarde. Estivemos ali por vinte e três anos até Deus nos levar, com nossos filhos adolescentes, para outro estado. A partir daí, permanece em nosso coração o desejo de passar novamente pela experiência de entrar numa igreja e sentir a presença do Espírito Santo.

Quando entramos numa igreja em qualquer parte do mundo, podemos sentir se o Espírito Santo está vivo e atuante ali, ou se naquele lugar manifestações poderosas de sua presença ou existência são negadas ou rejeitadas. Algumas pessoas servem àquele que as salva, mas minimizam a dádiva de seu Espírito Santo — uma dádiva que ele expressamente concede para habitar em nós. As pessoas se reúnem num lugar onde sentem que o Espírito Santo tem permissão para fluir, mas rejeitam a igreja, e até a Palavra de Deus, quando não encontram vida ali. Se o Espírito Santo é impedido pela incredulidade, pela descrença, pela apatia ou pela falta de receptividade, sua presença não se manifestará em poder.

Uma igreja pode ficar arrogante tanto por negar o Espírito Santo como por exibi-lo efusivamente. Mas, quando o Espírito Santo é convidado a agir nas pessoas — ou seja, quando não está restringido por nossos medos, dúvidas, controle ou orgulho —, ele não torna as pessoas esquisitas, mas, sim, enche-as de paz. Elas ficam esquisitas quando estão dominadas pelo orgulho da carne humana, e não pela humildade de um coração arrependido. Quando estamos na presença do Espírito Santo, nossos olhos se enchem de admiração reverente a Deus e a seu Filho Jesus, e não a nós mesmos ou a outras pessoas.

Estive em igrejas que ignoram o Espírito Santo, ou o tratam como um objeto de decoração, que podem arrastar de um lado para o outro à vontade. E estive em igrejas que usam o Espírito Santo como um distintivo de honra para exibição pública. Não encontro na Bíblia justificativa para nenhum desses extremos. Não somos *nós* que decidimos o que o Espírito Santo faz em nossa vida, nem como ele se manifesta. Nós o *convidamos* para fazer o que *ele* quer. Mas não podemos permitir que o medo de que o Espírito Santo não realize *nossa* vontade faça que o afastemos de nossa vida. Também não podemos forçá-lo a corresponder a um molde para torná-lo semelhante *a nós* em vez de permitir que ele *nos* molde à imagem *dele*.

Este livro não trata do que acontece na igreja — exceto se a igreja que você frequenta influenciar seu conceito de direção pelo Espírito Santo. Contudo, você pode frequentar uma igreja que mal reconhece o Espírito Santo e, ainda assim, possuir um senso dinâmico da direção dele. Conheço muitas pessoas assim. São pessoas que convidam o Espírito Santo a enchê-las do próprio Espírito.

Boa parte do povo de Deus acredita ser capaz de viver sem a influência do Espírito Santo em sua vida. Temos a tendência de pensar que sabemos tudo. Dizemos "O que *eu* quero fazer hoje?", e não "O que *Deus* quer que eu faça hoje?". Essa tendência começou com Adão e Eva, e nós seguimos o exemplo deles. Achamos que podemos agir por conta própria e viver sem a direção do Espírito de Deus, quando na verdade não podemos fazer nada sem sua revelação, sua orientação e seu poder. Talvez realizemos algumas coisas sozinhos, mas nada importante e duradouro. E certamente nada além de nossas limitações. Sem a presença dele e sua operação em nós, nossa vida sempre será limitada.

Não deveria haver divergência entre o Espírito Santo das Escrituras — que pode ser visto agindo poderosamente o tempo todo — e sua presença em nossa vida hoje.

Quando senti a direção do Espírito Santo para escrever este livro, a confirmação veio por outros dois líderes cristãos que exercem influência divina sobre minha vida. Na verdade, eles falaram comigo sobre o assunto antes mesmo que eu tivesse a chance de revelar-lhes meus pensamentos. Aquilo foi evidência suficiente para mim.

No início, a ideia de escrever um livro sobre o Espírito Santo parecia assustadora, pois eu sabia que nem mesmo uma enciclopédia de cinquenta volumes conseguiria reunir tudo o que é possível saber sobre o Espírito Santo de Deus, ou mesmo chegar perto de descrevê-lo e relatar suas obras. Conforme comecei a escrever, porém, não parecia mais assustador

— parecia completamente impossível. No entanto, sabendo que a Bíblia me assegura de que nada é impossível para Deus, orei com fervor para que ele me capacitasse a escrever este livro de acordo com sua vontade. Tudo o que busquei foi a direção do Espírito, dia após dia.

O título deste livro apareceu imediatamente, e eu sabia que seria escrito desta perspectiva: a de que o *Espírito Santo guia* nossa vida. Existem incontáveis aspectos do Espírito Santo sobre os quais não estou escrevendo porque quero focar o modo como ele nos guia — você e eu — pessoalmente. Meu maior desejo é que você, leitor, conheça-o melhor, ame-o mais, e que cresça nesse conhecimento e amor todos os dias. Há muito tempo sinto em meu coração que, ao seguirmos a direção do Espírito Santo em nossa vida, coisas boas acontecem. E o oposto disso também é verdadeiro. Ou seja, muita coisa ruim, e desnecessária, acontece em nossa vida porque não seguimos a direção do Senhor.

Quando ouvimos a direção do Espírito Santo, ele nos atrai a lugares de segurança e bênção. Quando ignoramos sua direção — ou não a buscamos em primeiro lugar — acabamos em posições vulneráveis e perigosas; podemos ser afastados do caminho que Deus nos preparou e rumar para longe de sua proteção. Quantas coisas ruins acontecem conosco porque não seguimos a direção do Senhor, seja porque não a buscamos, seja porque não prestamos atenção ao que ele sussurrou à nossa alma?

Isso não significa que a vida é perfeita quando seguimos a direção do Espírito Santo. Vivemos num mundo imperfeito com pessoas imperfeitas, iludidas e, muitas vezes, servas do mal, que não apenas *não* seguem o Espírito, mas zombam de

Deus, falam maldades a seu respeito, negam sua existência e perseguem seu povo. Temos um inimigo espiritual que deseja destruir nossa vida, e ele encontra muitas pessoas dispostas a cumprir suas ordens. A vida não é perfeita quando somos guiados pelo Espírito de Deus. A boa notícia, porém, é que sempre teremos a vitória final.

Quando recebemos Jesus, recebemos também o Espírito do Criador do universo, acompanhando-nos o tempo todo, guiando-nos através, acima e além de tudo o que é imperfeito em nossa vida. Esse conhecimento é o que definitivamente faz surgir a confiança. Não confiança em si mesmo — afinal, quem não perdeu contato com a realidade está bem ciente de suas limitações — mas confiança em Deus, que está *conosco* pelo poder de seu Espírito Santo *em nós*. Como poderíamos não vencer no final?

Não permita que outras pessoas ou tradições mortas ditem sua resposta ao Espírito de Deus. Esqueça todas as coisas estranhas, confusas, incômodas e suspeitas que você ouviu a respeito de certas pessoas e suas experiências com o Espírito Santo, e apenas leia o que a Bíblia diz. Deixe de lado todo medo e preconceito baseados em algo que alguns filhos de Deus disseram ou fizeram. Suas ideias preconcebidas acerca de quem o Espírito Santo é, e como ele se manifesta em sua vida, afetarão sua abertura a ele. Deixe Deus falar a você por meio de sua Palavra. Ouça o que *ele* está dizendo.

Tenho a forte sensação — e estou certa de que você e a maioria dos fiéis sentem o mesmo — de que um grande mover do Espírito Santo está prestes a irromper de maneira nunca vista.

E queremos estar prontos para servir a Deus como for possível quando isso acontecer. Para isso, temos de ouvir a voz divina falando a nosso coração, alma e espírito dia após dia através de sua Palavra, em oração, e em nosso louvor e adoração a ele. Temos de ser guiados pelo Espírito Santo e desistir de tentar encontrar o caminho sem ele.

Deus quer guiá-lo a lugares aonde você não chegaria sozinho, e ele faz isso pelo poder de seu Espírito. Ele pode levá-lo ao reino do milagre — não como uma exibição de poder, mas como demonstração de seu amor e compaixão pelos perdidos, feridos e carentes —, e quem é que não deseja ou não precisa disso? Ele pode levá-lo ao mundo do invisível, que é maior e mais real que o visível. Ele consegue isso tudo ao fazer que você dependa dele, seja guiado por ele, e capacitado por seu poder. Quando você reconhecer claramente a voz dele falando a seu coração, sua vida nunca mais será a mesma.

E você não vai querer que seja.

1
Guiado a receber

Deus tem para você muito mais do que pode imaginar. Mas, se você não conhece Deus em todos os aspectos, não será capaz de receber tudo o que ele planejou.

Em primeiro lugar, saiba que Deus é um Deus só. Mas existem três pessoas distintas, eternas e coexistentes na Divindade:

- *Deus*, que é o Criador de todas as coisas.
- *Jesus*, que é o Filho de Deus — e também é Deus.
- O *Espírito Santo*, que é o Espírito de Deus — e também é Deus.

Deus, o Filho e o Espírito são inseparáveis. Estão sempre juntos um no outro, mas separados (Jo 14.10-11). Três pessoas separadas, mas um só Deus.

Deus sempre existiu e sempre existirá. Pai, Filho e Espírito Santo estavam juntos na criação. Quando Deus criou o homem, ele disse: "Façamos o homem à *nossa* imagem, conforme a *nossa* semelhança" (Gn 1.26). O homem é criado à imagem de Deus.

Deus não é criado. Ele *é*. Ele sempre foi. E ele sempre será.

Jesus, o Filho de Deus, não foi criado ou produzido. Ele é eternamente *gerado* do Deus Pai.

O Espírito Santo também não foi criado ou produzido. Ele é *procedente* do Pai.

Devemos reconhecer as particularidades dessas três pessoas de nosso único Deus, mas sem separá-las umas das outras. Elas são igualmente importantes. Se ignorarmos qualquer uma dessas três pessoas divinas, o prejuízo será nosso. Jamais entenderemos tudo o que Deus quer que saibamos sobre ele se não tivermos o pleno conhecimento de cada uma de suas representações. Uma vida inteira adquirindo novos níveis de compreensão sobre Deus, Jesus e o Espírito Santo não bastaria para tudo o que há para aprender.

Meu objetivo não é dividir Deus em partes e focalizar uma pessoa mais do que outra. Existe um único Deus, e ele não divide a si mesmo para realizar algo. Mas quero de fato que você entenda melhor uma das pessoas da Trindade, pois acredito que é a menos conhecida e a mais negligenciada em nossa vida pessoal.

Antes de prosseguir, vamos deixar uma coisa bem clara. Sim, Deus está em toda parte. E ele é visto de diversas maneiras na terra que criou. Mas o *poder* de sua presença só é revelado pessoalmente àqueles que creem que ele existe e escolhem ter um relacionamento com Deus nos termos *dele*. Ele os recompensa com muitas coisas, e a maior delas é a sua presença.

Quando ouço pessoas se esforçando para provar que Deus não existe — mesmo com toda evidência contrária —, sinto vontade de rir, de tão patético que é tal comportamento. A incredulidade lhes endureceu o coração a tal ponto que, mesmo se Deus aparecesse em pessoa e eles caíssem prostrados diante dele, tremendo de medo por causa da imensa magnitude de sua presença, ainda assim o rejeitariam.

Lamento muito pelos inimigos de Deus. Fico triste que eles jamais testemunhem a beleza e o amor transformador de Deus, nem conheçam a plenitude da presença dele, nem entendam a segurança, a confiança e a alegria experimentadas por quem segue a direção do Espírito Santo em sua vida. Essas pessoas jamais serão capazes de ir além de seus limites, nem serão movidas pela grandeza e plenitude da comunhão com o Espírito. Elas estão extremamente carentes, embora acreditem que não precisem de nada.

Existem os que dizem crer em Deus, mas não em Jesus. Essas pessoas jamais conhecerão a salvação, libertação, cura e redenção que ele tem para a vida delas. Ouço-as dizer: "Nunca conseguirei acreditar num Deus que manda alguém para o inferno", como se pudéssemos escolher o tipo de Deus em que queremos acreditar. Você consegue imaginar um Deus criador que se adapta à *nossa* imagem — seja lá qual ela for? Que pensamento assustador! Além disso, Deus não *manda* pessoas para o inferno. O inferno é o lugar para onde elas acabam indo quando não creem no Deus capaz de salvá-las das consequências de seus pecados.

Sim, é verdade que existem alguns incrédulos que são boas pessoas, que agem mais como cristãos do que alguns cristãos. E não parece justo que esses indivíduos acabem no inferno eternal enquanto uma pessoa horrível, que fez maldades a vida toda, recebe Jesus no fim da vida e termina no céu, com fiéis que devotaram a vida ao Senhor. Mas, repetindo, não temos um Deus que possamos definir segundo nossos propósitos. Ele é Deus, e nós não.

Outros acreditam em Deus e em Jesus, mas negam a existência e o poder do Espírito Santo. Contudo, sem a ação do Espírito de Deus na vida deles, jamais poderão ser moldados à bela imagem de Cristo. Jamais experimentarão o Espírito Santo realizando algo neles e através deles, algo muito maior do que poderiam fazer por conta própria. A negação do Espírito Santo sempre limita o que Deus pode realizar na vida de alguém.

Tenho certeza de que você quer saber tudo o que há para aprender sobre seguir a direção do Espírito Santo, ou não estaria lendo este livro. O primeiro passo é certificar-se de que seu relacionamento com Deus está estabelecido da maneira como ele quer. Mesmo se você já iniciou uma relação com Deus, continue lendo para entender como torná-la mais profunda. Existem quatro bênçãos que Deus quer que você receba neste momento:

- O relacionamento que você precisa ter com Deus.
- O dom do Espírito Santo sem o qual você não pode viver.
- A liberdade e plenitude que ele tem para você.
- A herança que ele lhe preparou como filho ou filha dele.

GUIADO A RECEBER O RELACIONAMENTO COM DEUS DE QUE VOCÊ SEMPRE PRECISOU

Precisamos de ar para respirar, alimento para comer e água para beber. Deus não precisa de nada. Ele é "todo-suficiente". Ele não precisa de nós; nós precisamos dele. Mas ele nos ama. O amor não é apenas algo que Deus exerce. O amor é um de seus atributos. Um atributo de Deus é quem Deus realmente *é*. Deus não apenas *tem* amor; ele *é* amor. Porque Deus nos ama, tornou possível que tivéssemos um relacionamento eterno com ele.

Para estabelecer esse relacionamento, existem cinco coisas que Deus quer de você.

Deus quer que você o conheça. Ele quer que você entenda quem ele é. Quer que você ande intimamente com ele. E possibilitou que você fizesse isso enviando seu Filho Jesus para a terra a fim de tomar sobre si tudo o que estava reservado a você — as consequências merecidas pelos pecados que você cometeu. Em troca, Jesus lhe deu todas as coisas que estavam reservadas para ele — e a maior delas é a vida com ele agora e com Deus para sempre. Jesus disse: "Aquele que crê em mim tem a vida eterna" (Jo 6.47). Ele assumiu a culpa em seu lugar. Era o único que podia fazer isso.

Quando você recebe Jesus, o relacionamento que sempre precisou ter com Deus é estabelecido, quer você reconheça plenamente quer não que ele é aquilo de que necessitou durante todo o tempo.

Deus quer que você receba o Espírito Santo. Quando você recebe Jesus, ele envia o Espírito Santo para viver em você. Jesus disse: "E eu pedirei ao Pai, e ele lhes dará outro Conselheiro para estar com vocês para sempre" (Jo 14.16). Portanto, Deus pode se comunicar não somente por meio de sua Palavra, mas também por meio do Espírito Santo que habita em você. Deus quer que você siga o Espírito todos os dias, de modo que ele possa guiá-lo aonde você precisa ir e capacitá-lo a fazer o que ele deseja que seja feito.

Uma vez que você recebe Jesus, ele lhe dá o Espírito Santo como uma dádiva para habitar em seu interior, ajudando-o a viver a vida que Deus tem para você.

Deus quer que você o ame. Deus o ama mais do que você imagina. E ele sabe o que é melhor para você. Ele diz que o melhor para você é amá-lo acima de todas as coisas. Ele o amou tanto que enviou Jesus para morrer em seu lugar, a fim de que você fosse poupado do sofrimento interminável e da separação eterna de Deus. Jesus demonstrou seu amor por nós, pois "morreu em nosso favor quando ainda éramos pecadores" (Rm 5.8). Compreender a profundidade do amor de Jesus certamente inspirará você a amá-lo ainda mais.

Jesus e o Espírito Santo são as duas maiores demonstrações do amor de Deus por você, bem como as maiores dádivas que ele lhe deu.

Deus quer que você lhe obedeça. Ele quer que você viva do jeito *dele.* De fato, as leis e os mandamentos de Deus foram estabelecidos para seu benefício. Ele pede que você demonstre seu amor obedecendo a ele em cada aspecto de sua vida. Jesus disse: "Se vocês me amam, obedecerão aos meus mandamentos" (Jo 14.15). Precisa ser mais claro? No momento em que recebe Jesus e o Espírito Santo habita em seu interior, você tem ao seu dispor os meios pelos quais pode obedecer a Deus em todas as coisas.

O Espírito Santo o capacita a viver no caminho de Deus quando você busca e segue sua orientação todos os dias.

Deus quer que você entregue sua vida completamente a ele. Quando você recebe Jesus, ele deve se tornar o Senhor de sua vida. Do contrário, seu relacionamento com ele enfraquece. Se você se preocupa mais com o que as outras pessoas pensam do que com o que Deus pensa, sua vida ainda não está totalmente entregue. Se só se importa com o que *você* quer, e não com o que *Deus* quer, sua vida nunca será tudo o que pode ser. Quando se agarra à vida tentando manter controle total de tudo, você a perde. Mas, quando entrega sua vida ao Senhor e a coloca sob o controle dele, encontra a vida que Deus preparou para você. "E toda língua confesse que Jesus Cristo é o Senhor, para a glória de Deus Pai" (Fp 2.11).

Entregar a Deus o controle sobre sua vida é um ato seu, mas o Espírito Santo ajuda você a realizar essa ação.

Pense em algo pelo qual você anseia mais que qualquer coisa na vida. Confie que Deus lhe dará algo ainda maior.

Pense na coisa mais dolorosa que você já vivenciou. Acredite que Jesus não somente curará essa dor, mas trará restauração a essa área de sua vida.

Pense no maior vazio que você conheceu. Entenda que o Espírito Santo não apenas preencherá esse lugar vazio, mas também lhe dará uma sensação de satisfação em sua vida.

Pense em tudo de que você precisa neste momento. Louve o Pai, o Filho e o Espírito Santo por já terem atendido a essa carência e concedido a você a dádiva necessária.

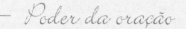

Poder da oração

Senhor, ajuda-me a conhecer mais de ti. Capacita-me a entender plenamente meu relacionamento contigo por meio de Jesus, teu Filho. Ajuda-me, Jesus, a compreender tudo o que realizaste por mim na cruz. Obrigado por teu sofrimento e morte, que me salvaram das consequências de minhas ações e pensamentos maus. Sou eternamente grato porque foste crucificado, mas ressuscitaste dos mortos para provares que és quem dizes ser, e que tuas palavras e promessas não falham. Ninguém jamais fez isso por mim. Somente tu.

Quando bateres na porta de meu coração, ensina-me a ouvir tua voz e abrir a porta, não apenas para te receber em minha vida, mas para submetê-la diariamente a ti. Declaro que és Senhor sobre cada aspecto do meu ser, agora e pelo resto dos meus dias aqui na terra, até que eu me vá e esteja contigo para sempre. Tu és aquilo pelo que eu ansiava, mesmo sem saber. Obrigado por continuamente me ajudares a enxergar quem realmente és. Obrigado por perdoares todos os meus pecados e me dares um novo início em minha vida. Obrigado, Espírito Santo, por me ajudares a viver corretamente, de modo que eu possa demonstrar meu amor ao Senhor vivendo em obediência a teus mandamentos.

Em nome de Jesus, amém.

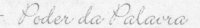

Poder da Palavra

Eis que estou à porta e bato. Se alguém ouvir a minha voz e abrir a porta, entrarei e cearei com ele, e ele comigo.

APOCALIPSE 3.20

Não há salvação em nenhum outro, pois, debaixo do céu não há nenhum outro nome dado aos homens pelo qual devemos ser salvos.

ATOS 4.12

Guiado a receber a promessa do Espírito de Deus em você

Todo aquele que recebe Jesus tem o Espírito Santo em sua vida. Qualquer pessoa que diz não ter o Espírito Santo, não recebeu Jesus. A Bíblia diz que "ninguém pode dizer: 'Jesus é Senhor', a não ser pelo Espírito Santo" (1Co 12.3). Diz também que "se alguém não tem o Espírito de Cristo, não pertence a Cristo" (Rm 8.9). Portanto, não pense que o Espírito Santo não está agindo em sua vida. Para começar, ele atraiu você a Deus. Ao crer em Jesus, você é "selado em Cristo com o Espírito Santo da promessa" (Ef 1.13).

Quando recebemos Jesus, ele nos concede o Espírito Santo de Deus para habitar em nós. Não temos Jesus vivendo conosco em carne e osso, mas temos seu Espírito vivendo em nós neste momento.

Um de meus sobrinhos recebeu Jesus em seu coração bem cedo, e, não muito tempo depois, foi acometido por uma gastroenterite. Vomitando sem parar, ele disse à sua mãe: "Acho que Jesus quer sair". Adoro essa história. A mãe, é claro, explicou ao filho que não era bem assim. Às vezes, porém, me pergunto se não existe muita gente que acredita em algo parecido, como se Jesus entrasse e saísse de acordo com a bondade dessas pessoas naquele instante ou conforme ele se "sentisse" bem ou mal a respeito delas. A verdade é que o selo de nosso renascimento é a presença do Espírito Santo em nós. Ele é a prova. É um negócio fechado. Ele jamais vai embora.

O Espírito Santo estava presente e ativo na criação quando a terra era sem forma "e *o Espírito de Deus se movia sobre a face das águas*" (Gn 1.2). A presença dele é poderosamente notável ao longo de toda a Bíblia, do início ao fim, em que "o Espírito e a noiva dizem: 'Vem!'" (Ap 22.17).

Jesus, que foi concebido pelo poder do Espírito Santo (Lc 1.35), pediu a João Batista que o batizasse em água, não porque precisasse de arrependimento por seus pecados, uma vez que não tinha pecados, mas porque sabia que o Espírito Santo desceria sobre ele, e *ele tinha de ser capacitado para dar início a seu ministério.* Quando Jesus saiu da água, os céus se abriram, e ele viu *"o Espírito de Deus descendo como pomba* e pousando sobre ele"(Mt 3.16).

Se Jesus precisava ser capacitado pelo Espírito Santo para fazer o que tinha de fazer, que dizer de nós?

Antes de ser crucificado, Jesus disse a seus discípulos: "É para o bem de vocês que eu vou. Se eu não for, o Conselheiro não virá para vocês; mas se eu for, eu o enviarei" (Jo 16.7). *O Espírito Santo foi prometido.* Depois da ressurreição e antes de subir aos céus, Jesus lhes disse: *"Mas receberão poder quando o Espírito Santo descer sobre vocês"* (At 1.8). Existe uma correlação direta entre o Espírito Santo e o poder.

Se os discípulos e os seguidores de Jesus precisavam do derramamento do Espírito Santo sobre eles a fim de serem capacitados a fazer o que Deus os chamava a fazer, que dizer de nós?

O Espírito Santo não podia habitar em nós antes que Jesus morresse em nosso lugar e fosse para o Pai, pois Jesus tinha de pagar por nossos pecados com sua morte e ressurreição, para que pudéssemos ser declarados justos. O Espírito Santo não habita num lugar não santificado. Mas somos purificados pela justificação de Jesus quando o recebemos. Desse modo, o Espírito Santo pode habitar em nós.

Isso significa que ninguém tinha o Espírito Santo antes da morte e ressurreição de Jesus? É óbvio que o Espírito Santo agiu ao longo de todo o Antigo Testamento, mas fez isso na companhia de Deus, capacitando certas pessoas a realizar coisas específicas. O Espírito Santo desceu sobre líderes espirituais como Abraão, Moisés, Josué e Davi, e estes foram guiados por ele. O Espírito Santo também trabalhou como soberano na vida de outros fiéis, ordenando e conduzindo essas pessoas a cumprir coisas importantes que Deus queria que fizessem ou falassem. Mas o Espírito Santo não era enviado para habitar todos os crentes como acontece com os que creram desde a época em que Jesus subiu aos céus.

No Antigo Testamento, o Espírito Santo se afastava daqueles que lhe eram desobedientes. Saul é um bom exemplo disso. Ele desobedeceu a Deus, e assim "o Espírito do SENHOR se retirou de Saul, e um espírito maligno, vindo da parte do SENHOR, o atormentava" (1Sm 16.14). Mas com Jesus veio o Espírito Santo, que reside *em* nós e jamais nos abandona nem se afasta de nós.

Embora o Espírito Santo esteja em nós e não nos abandone, somos capazes de entristecê-lo e de sufocar sua obra em nossa vida. Nós o entristecemos com nosso pecado e sufocamos sua obra quando o ignoramos e o negligenciamos, não reconhecendo sua presença ou recusando seguir sua direção. É por isso que devemos responder diariamente à presença dele em nós, e não apenas quando estamos desesperados à procura dela.

Jesus falou sobre o pecado imperdoável contra o Espírito Santo. Ele estava respondendo aos fariseus que haviam blasfemado o Espírito dizendo que o que Jesus fizera ao curar um homem cego, mudo e endemoninhado era obra do demônio. Jesus entendeu isso como uma rejeição intencional da ação evidente do Espírito Santo. Por isso, disse a eles: "Todo aquele que disser uma palavra contra o Filho do homem será perdoado, mas *quem falar contra o Espírito Santo não será perdoado*, nem nesta era nem na que há de vir" (Mt 12.32).

Se alguma vez você ficou preocupado com a possibilidade de ter cometido o pecado imperdoável — que é a blasfêmia contra o Espírito Santo —, então certamente não o cometeu. Qualquer pessoa que fale contra o Espírito Santo teria de estar tão entregue ao diabo, e com o coração tão endurecido contra Deus, que nem sequer se importaria em blasfemar contra ele. Aquele que recebeu Jesus e tem o Espírito dele dentro de si não vai rejeitar o Conselheiro, Guia, Consolador e fonte de tudo que há de bom em sua vida. Seria algo impensável.

Existem pessoas que acham que não existe pecado imperdoável. Elas acreditam que até a blasfêmia contra o Espírito Santo é perdoável. Afinal, Jesus estava se referindo apenas aos fariseus. Bem, é perigoso explicar a Bíblia desse jeito — dizer que essa passagem se refere somente aos fariseus, que aquela se refere apenas aos discípulos, e aquela outra só diz respeito aos romanos. Desse jeito, a Bíblia logo será apenas mais um livro de história. Se Jesus — que é o mesmo ontem, hoje e para sempre (Hb 13.8) — disse que há um pecado imperdoável, então devemos acreditar no que ele diz.

Se você recebeu Jesus, o Espírito Santo está agindo em sua vida. Mas Jesus disse: "Se vocês, apesar de serem maus, sabem dar boas coisas aos seus filhos, quanto mais o Pai que está nos céus dará o

Espírito Santo a quem o pedir!" (Lc 11.13). Ora, se já possuímos o Espírito Santo, por que temos de pedir por ele? A razão é que existe um derramamento mais profundo do Espírito, o qual Deus deseja que recebamos. E ele quer que peçamos por isso.

A Bíblia diz: "deixem-se encher pelo Espírito" (Ef 5.18). Isso significa *continuem se enchendo*. O Espírito Santo não se cansa nem se exaure, mas Deus quer que busquemos ser mais cheios do Espírito, e depois busquemos mais, sempre que desejarmos. E precisaremos dele, porque *é através do Espírito Santo em nós que Deus atua na terra*. Ele enche seus filhos de tudo o que ele é, para que sejamos a mão dele estendida ao mundo. Aonde quer que vamos, levamos o Espírito conosco. Quanto mais o acolhermos, mais receberemos dele, mais seremos guiados por ele, e mais o mundo ao nosso redor será tocado por ele.

Não se pode viver bem sem o Espírito Santo. Talvez você tenha sido um excelente aluno, um profissional exemplar, que nunca assaltou bancos nem matou ninguém, mas se o Espírito Santo não vive poderosamente em sua vida porque nunca foi convidado, então não tem acesso a tudo que Deus preparou para você. E não é possível obter isso apenas sendo bonzinho.

A vida guiada pelo Espírito Santo é a única que faz sentido. É a única maneira de você atingir sua meta mais alta e receber tudo o que Deus lhe tem reservado. Para ser *guiado* pelo Espírito, porém, é preciso estar *cheio* dele. Quando você está cheio do Espírito Santo, ele se torna seu Guia e Conselheiro. Sem a direção e os conselhos do Espírito Santo, não será capaz de alcançar a maravilhosa e incrível vida de elevado propósito que Deus preparou para você. A vida cheia do Espírito e guiada por ele é uma vida de poder.

O Espírito Santo age por seu intermédio de maneiras que lhe possibilitam fazer coisas que você jamais conseguiria fazer sozinho.

Não devemos pensar no Espírito Santo como um acessório para nossa vida. Ele *é* nossa vida. Somos dependentes da ação *dele* em nós para vivermos a vida que ele deseja. A razão por que Deus deseja que sejamos guiados pelo Espírito dele é que ele quer nos levar a lugares aos quais jamais chegaríamos por conta própria.

Você precisa de Jesus para ter um relacionamento profundo com Deus. E, a fim de se tornar tudo o que foi criado para ser e tudo o que foi chamado a fazer, você precisa do Espírito Santo. Ele é um cavalheiro. Jamais se impõe. Nunca desrespeita sua vontade. Ele espera ser convidado para agir poderosamente em sua vida.

Poder da oração

Senhor, eu te peço que derrames grandiosamente teu Espírito Santo sobre mim. Capacita-me a "conhecer o amor de Cristo que excede todo conhecimento", a fim de que eu fique cheio "de toda a plenitude" que existe em ti (Ef 3.19). Não quero mais desprezar o fato de que tu enviaste teu Espírito para habitar em mim, para guiar e me ajudar a viver a vida que tens para mim. Ensina-me as coisas mais profundas que tu queres que eu conheça de tua Palavra. Ajuda-me a ouvir a direção de teu Espírito dizendo-me como andar. Dá-me entendimento acerca de tudo o que tu desejas fazer em mim e através de mim.

Eu te agradeço, Deus, por estares sempre comigo. Anseio conhecer-te melhor a cada dia, por isso peço que faças teu Espírito fluir em mim mais e mais. Oro a ti, Espírito Santo, para que faças morada em meu coração. Impede-me de permitir a entrada de qualquer coisa que sufoque ou entristeça a ti. Não quero mais atrapalhar tua obra em minha vida. Convido-te a agires poderosamente através de mim, pois sei que tu alcanças o mundo ao meu redor por meio de teu Espírito que em mim habita. Mantém-me sempre ciente disso. Desejo ser sempre sensível à tua direção.

Em nome de Jesus. Amém.

Poder da Palavra

Sabemos que permanecemos nele, e ele em nós, porque ele nos deu do seu Espírito.

1João 4.13

Arrependam-se, e cada um de vocês seja batizado em nome de Jesus Cristo para perdão dos seus pecados, e receberão o dom do Espírito Santo.

Atos 2.38

Guiado a receber a liberdade e a plenitude que Deus tem para você

Jesus disse que veio para dar vida plena (Jo 10.10). Isso não significa uma vida de férias o ano todo num hotel cinco estrelas. Não quer dizer uma garagem cheia de carros, uma mesa cravejada de diamantes, roupas suficientes para não precisar usar a mesma peça duas vezes, e muito dinheiro para torrar. Pelo contrário: significa plenitude de tudo o que é necessário para a vida de propósitos que Deus planejou para você. Uma das coisas de que você precisa é tornar-se uma pessoa completa. Para isso, você deve reivindicar a liberdade em Cristo que está à sua espera.

O Espírito Santo sempre o guiará para a libertação de tudo o que separa você de Deus e o impede de se tornar tudo aquilo para o qual ele o criou.

Apesar de Jesus ter perdoado todos os nossos pecados do passado quando o recebemos em nossa vida, ainda existem hábitos de mente, sentimentos e comportamento que precisam ser submetidos ao trabalho de limpeza do Espírito Santo. Além disso, ainda somos suscetíveis ao pecado e a sofrer suas consequências. Mas Deus nos concedeu uma forma de nos libertamos disso tudo: estar na presença dele.

Quero que você se lembre das próximas quinze palavras pelo resto de sua vida e aja de acordo com elas: "O Senhor é o Espírito e, *onde está o Espírito do Senhor, ali há liberdade*" (2Co 3.17). Repita tais palavras em voz alta tantas vezes quanto for preciso para sentir essa verdade ser introduzida no fundo de sua alma e de sua memória.

O Espírito Santo é o Espírito da libertação, e estar em sua presença é suficiente para ter liberdade.

A Bíblia nos diz que, quando Deus estava presente, as pessoas se prostravam. Elas não conseguiam ficar diante dele. A luz era intensa demais para ser vista; a presença dele era poderosa demais para ser suportada. De fato, as pessoas poderiam ser consumidas na presença divina. Uma vez que também não somos capazes de suportar a presença de Deus, ele nos dá seu Espírito Santo para estar conosco. Na presença do Espírito Santo, somos aquecidos e energizados — e não queimados — por sua luz e fogo. Quanto mais tempo você passa na presença dele, mais livre se torna.

Jesus é o Redentor que veio para nos libertar. E o Espírito Santo continua a nos guiar para uma liberdade cada vez maior em Cristo — isto é, liberdade do inimigo de nossa alma, da tentação do mundo, e de nossos pensamentos, hábitos e comportamentos perigosos e autodestrutivos. O inimigo quer nos manter em escravidão, mas Jesus já nos libertou do controle dele. Jesus disse: "O príncipe deste mundo já está condenado" (Jo 16.11). Neste exato momento, o inimigo está derrotado em sua vida. A única forma de ele exercer alguma influência é fazendo que você acredite nas mentiras dele.

Alguns de nós passamos por dores e sofrimentos em razão de coisas ruins que nos acontecem e das quais não temos culpa nem controle. Jesus tem a cura e a restauração total para isso tudo. Mas alguns de nós sofremos em decorrência de problemas causados por nós mesmos. E nenhum de nós suporta viver com a culpa de ter se afastado do caminho pretendido por Deus para nossa vida. A culpa nos destrói. Nossos ombros não conseguem suportar tamanho peso. Com muita frequência, não *sentimos* a culpa, mas muitas vezes somos sim culpados, quer reconheçamos isso quer não. O apóstolo Paulo disse: "Embora em nada minha consciência me acuse, nem por isso justifico a mim mesmo" (1Co 4.4).

Paulo também disse: "Portanto, agora nenhuma condenação há para os que estão em Cristo Jesus, que não andam segundo a carne, *mas segundo o Espírito*" (Rm 8.1, RC). Quando você é guiado pelo Espírito Santo, ele o leva para longe da culpa, da condenação e das mentiras do inimigo, na direção da confissão, do arrependimento e de um coração renovado perante o próprio Espírito.

Muitas vezes o sofrimento em nossa vida resulta da falta de intimidade com Deus. E a única forma de experimentarmos essa intimidade consiste em manter uma comunicação próxima com ele. Procure diariamente um lugar calmo e reservado para esse contato. Acredite em mim, eu sei como isso pode ser difícil, especialmente em determinadas fases da vida, mas tente. Vá até o Senhor e despeje nas mãos dele cada problema, ansiedade, pessoa, medo, obrigação ou preocupação de sua mente. Dê nome a essas coisas. Enquanto estiver na presença do Senhor, concentre-se na bondade e no amor dele, e receba o conforto do Espírito Santo. Permita que Deus o liberte de tudo aquilo que o impede de acessar a alegria plena que ele tem para você.

Peça que Deus ajude você a se livrar de pessoas e circunstâncias negativas. Moisés teve de montar sua tenda do lado de fora do acampamento, para longe daquele povo teimoso e cabeça-dura, de modo que pudesse escutar Deus (Êx 33.7). Pode ser que você precise fazer o mesmo. Se há pessoas negativas ou incrédulas à sua volta, faça o que for possível para se afastar delas a fim de conversar com Deus e ouvir o que ele tem a dizer.

Pode acontecer de seu sofrimento ou desconforto — físico, mental ou emocional — tomar uma proporção tão grande a ponto de ser difícil se concentrar ao reservar tempo para ficar na presença do Senhor. Se for o caso, tome consigo cada obstáculo imaginável, apresente-o a Deus e peça que ele o remova de sua vida. *Quando* o Senhor fizer isso, agradeça. *Até* ele fazer, agradeça por ele ser o Libertador e Médico de sua alma. Peça que Deus o liberte de todas as suas preocupações e lhe traga a paz que só ele pode dar.

O Espírito Santo de Deus está em você, e isso significa que você jamais está sozinho. Não há por que se sentir desamparado ou incapaz. Ele está *em* você e *com* você aonde quer que vá. Ele nunca está distante. Você pode sentir a presença dele tanto quanto sente o coração bater no peito. Sempre que precisar de maior sensação da presença divina, aquiete-se diante dele e ore. Você pode se livrar de tudo aquilo que não é da vontade de Deus para sua vida. Se ainda não se livrou daquilo que o prende, continue buscando a presença divina. Talvez você *ainda* não esteja livre, mas vai ficar.

Uma vez que estiver livre de algo, peça ajuda ao Espírito Santo para *permanecer* livre. Paulo disse: "Foi para a liberdade que Cristo nos libertou. Portanto, permaneçam firmes e não se deixem submeter novamente a um jugo de escravidão" (Gl 5.1). Ele estava falando sobre não buscar a justificação por meio de nossas ações, mas por meio daquele a quem conhecemos — Jesus. Temos de permanecer firmes em tudo o que Cristo fez para nos libertar e não permitir que nada nos afaste dessa liberdade.

Deus quer que você seja mais semelhante a ele. É por isso que o Espírito Santo sempre o guiará a um estado de maior completude. Você deve estar sempre cheio da plenitude do Espírito Santo, de modo que ele possa permear sua vida com tudo o que ele é.

Poder da oração

Senhor, eu te agradeço pela vida plena que me tens concedido. Eu preciso de plenitude de tudo o que tu és. Quero receber a completude que tu tens para mim. Obrigado por me guiares na direção da grandiosa liberdade de tudo aquilo que me impede de ser a pessoa que me criaste para ser. Obrigado, Espírito Santo, por seres o Espírito da libertação, e por haver liberdade onde quer que tu estejas (2Co 3.17). Livra-me de tudo *em mim* e *ao meu redor* que não seja da tua vontade para minha vida. Liberta-me de toda obra maligna. Capacita-me a permanecer firme para não cair novamente em nenhum tipo de escravidão ou erro. Ajuda-me a resistir e a não ser atraído a um estilo de vida que não se adéque a teus padrões.

Enche-me continuamente de teu amor, paz e poder. Faze-me completo de dentro para fora. Limpa meu coração de qualquer coisa que não venha de ti. Consome toda escuridão com o esplendor de tua luz em mim. Obrigado, Jesus, por me libertares. Obrigado por me encheres com teu Espírito Santo. Obrigado, porque teu poder é maior que qualquer coisa com que eu depare. Fala comigo, Espírito Santo, e dize-me o que preciso saber. Dá-me maior percepção da tua presença. Acalma minha mente, cura todo sentimento negativo, fala ao meu coração e afasta de mim as coisas que não pertencem a ti.

Em nome de Jesus. Amém.

De fato, já tínhamos sobre nós a sentença de morte, para que não confiássemos em nós mesmos, mas em Deus, que ressuscita os mortos. Ele nos livrou e continuará nos livrando de tal perigo de morte. Nele temos colocado a nossa esperança de que continuará a livra-nos.

2Coríntios 1.9-10

*O ladrão vem apenas para roubar, matar e destruir; eu vim para
que tenham vida, e a tenham plenamente.*

João 10.10

Guiado a receber a herança reservada para você como filho de Deus

Você, como filho ou filha de Deus, tem no Pai uma herança muito maior que qualquer legado terreno que alguém poderia receber. Você e eu somos "herdeiros de Deus e co-herdeiros com Cristo" (Rm 8.17). Ser co-herdeiro com Cristo significa que tudo o que Deus deu a seu Filho Jesus ele dará a você e a mim. Como herdeiro de Deus por meio de Cristo (Gl 4.7, RC), você tem direito à herança do Pai. A garantia dessa herança é a presença do Espírito Santo habitando em você.

A melhor parte de sua herança é que você passará a eternidade com o Senhor. "E, se o Espírito daquele que ressuscitou Jesus dentre os mortos habita em vocês, aquele que ressuscitou a Cristo dentre os mortos também dará vida a seus corpos mortais, por meio do seu Espírito, que habita em vocês" (Rm 8.11). De modo geral, alguém morre para que outra pessoa receba a herança. Nesse caso, foi Jesus quem morreu. E essa parte especial da herança é recebida quando *você* morre. Sua herança é a vida eterna com ele.

Mas entenda isto: você também herda uma mansão. Jesus disse: "Na casa de meu Pai há muitos aposentos; se não fosse assim, eu lhes teria dito. Vou preparar-lhes lugar. E se eu for e lhes preparar lugar, *voltarei e os levarei para mim, para que vocês estejam onde eu estiver*" (Jo 14.2-3). Jesus lhe preparou essa mansão para quando você partir da terra para estar com ele por toda a eternidade. Acredite, essa incrível herança estará lá para você. Glória a Deus!

Como se isso não fosse bom o bastante, a herança recebida de seu Deus Pai não está reservada apenas para a próxima vida. Existe herança para esta vida também. Grande parte de sua herança já foi recebida mediante a habitação do Espírito Santo em sua vida. Na verdade, ele é sua garantia de que um dia você viverá no céu. O Espírito Santo é a mão de Deus estendida dos céus. E, quando for a hora de ir para lá, o Espírito se certificará de que você chegará ao lar no momento apropriado. Do mesmo modo que guia você na terra, ele o guiará à eternidade.

Deus diz que até os cabelos de nossa cabeça estão contados e que somos mais valiosos do que muitos pardais (Mt 10.29-31). É seguro presumir, portanto, que Deus se importa com cada aspecto de nossa vida. E parte de nossa herança é a provisão, proteção, libertação e capacitação que ele nos dá, além de muitas outras coisas. (Veja mais nos capítulos a seguir.) Você tem um destino. A palavra "predestinado" significa que existe um destino designado para todo aquele que recebe Jesus. Você está destinado para grandes coisas. O Espírito Santo *em* você é a garantia dessa herança.

Parte de receber uma herança consiste em saber que ela está disponível. Alguém enviou correspondências (agrupadas na Bíblia) informando a respeito dessa herança, mas, se você não abrir e ler essas cartas, não saberá o que herdou. E não saberá o que fazer para tomar posse disso.

Em uma de minhas malas existe uma trava que é bem difícil de abrir. Primeiro eu tenho de indicar a combinação correta, mas depois tenho de puxar a tranca para baixo com bastante força. Quando não estava certa de ter indicado a combinação certa, eu não puxava com força suficiente porque tinha medo de quebrar a trava. Mas, quando tinha certeza de ter usado a sequência correta, eu me sentia encorajada a puxar a tranca o mais forte que pudesse, sabendo que a trava abriria.

Existe uma janela em nossa casa que também é difícil de abrir. Eu tenho de girar o trinco com bastante força para abri-la. Se não tivesse certeza de que ela abriria, jamais giraria o trinco com toda aquela força. Quando nos mudamos para nossa casa, presumi que a trava dessa janela estava quebrada. Mas era porque eu não girava com a força necessária. Sendo assim, durante meses a janela permaneceu fechada. Certo dia, alguém me mostrou como eu precisava girar com força para abrir, e nunca mais tive problemas com isso. Eu poderia ter desfrutado de ar fresco aqueles meses todos, mas, como não sabia a verdade, a janela permaneceu fechada.

O que quero dizer é que, por vezes demais, não nos esforçamos o suficiente para abrir e tomar posse de coisas que estão ali à nossa espera porque não captamos a verdade em nossa vida. Não estamos certos de ter a combinação correta ou a força necessária para abrir o trinco. Acontece que temos de conhecer a verdade sobre as coisas que são possíveis e saber o que fazer para torná-las realidade. Quando você conhece a verdade, sabe qual é a promessa e entende qual é sua herança, pode pressionar com mais força do que o normal para receber aquilo que já lhe foi concedido.

Deus disse ao seu povo que se obedecessem aos seus mandamentos, se o amassem e se andassem em seus caminhos, apegando-se a ele, então ele expulsaria todos os que se opusessem a eles e os impedissem de receber tudo o que lhes havia reservado (Dt 11.22-23). Ele disse: "Todo lugar onde vocês puserem os pés será de vocês" (Dt 11.24). Isso significa que eles tomariam posse de tudo o que Deus prometera. A mesma coisa acontece hoje. Ao amar e obedecer a Deus e seguir a direção do Espírito, você, como filho de Deus, pode tomar posse da herança que ele lhe prometeu.

Poder da oração

Senhor, eu venho a ti e te agradeço pela herança que tu me deste como um pai. Aprofunda meu entendimento do que Jesus efetuou na cruz. Fala comigo sobre a herança que tenho em virtude do que Jesus fez. Eu te agradeço por ser co-herdeiro com Cristo. Ajuda-me a compreender todas as coisas que me deste e a entender como tomar posse delas em minha vida. Mostra-me tudo o que preciso destrancar e enxergar em tua Palavra. Revela as coisas que não enxerguei antes e traze-as à vida de maneiras que jamais vi. Espírito Santo, ensina-me o que desejas que eu veja. Venho diante de ti agora e peço que fales ao meu coração sobre tudo o que queres que eu ouça.

Obrigado, Deus, por seres meu Pai celestial e tornares possível que eu fosse chamado teu filho (1Jo 3.1). Capacita-me a entender o que significa ser teu filho e herdeiro de tudo o que tens para mim. Obrigado, Jesus, pela mansão que me preparaste no céu. Obrigado por tuas promessas, que são verdadeiras e perfeitas. Revela-te a mim de maneiras cada vez mais profundas. Busco conhecer a ti cada dia mais. Ajuda-me a estar atento a tudo o que tens provido para minha vida.

Em nome de Jesus, amém.

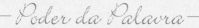

Tudo o que fizerem, façam de todo o coração, como para o Senhor, e não para os homens, sabendo que receberão do Senhor a recompensa da herança. É a Cristo, o Senhor, que vocês estão servindo.

COLOSSENSES 3.23-24

O próprio Espírito testemunha ao nosso espírito que somos filhos de Deus. Se somos filhos, então somos herdeiros; herdeiros de Deus e co-herdeiros com Cristo, se de fato participamos dos seus sofrimentos, para que também participemos da sua glória.

ROMANOS 8.16-17

Guiado a ser cheio

Um dos piores pesadelos que tive desde que me tornei cristã aconteceu logo nos primeiros anos após minha conversão. Sonhei que havia caído em pecado e perdido a presença do Espírito Santo e a unção dele em mim. Senti um terrível remorso e fiquei desolada. Quando acordei, descobri pela leitura das Escrituras que isso jamais aconteceria, porque Deus nos perdoa quando nos arrependemos e confessamos nosso pecado. Mas creio que esse sonho tinha a ver com meu chamado e futuro ministério. Era um alerta de que tentações viriam e que eu não deveria ceder a elas, nem mesmo em pensamento. A ideia de perder o Espírito Santo é assustadora, mas não menos assombrosa que a ideia de que existem pessoas não dispostas a receber tudo o que o Espírito tem para elas. E isso, sim, *pode* acontecer.

Jesus não deve ser visto apenas como nosso Salvador e nada mais — embora isso fosse mais que suficiente. Devemos enxergá-lo também como aquele que nos capacita a viver a vida que Deus planejou para nós. A maneira como ele faz isso é concedendo seu Espírito Santo para que jorre em nossa vida como uma fonte que nunca seca. Somente essa água é espiritual e eterna, que flui e se renova continuamente, contendo tudo o que é necessário para a vida.

Jesus se referiu ao Espírito Santo como água viva. Depois de pedir água à mulher à beira do poço, ele disse: "Quem beber desta água terá sede outra vez, mas *quem beber da água que eu lhe der nunca mais terá sede*. Ao contrário, a água que eu lhe der se tornará nele *uma fonte de água a jorrar para a vida eterna*" (Jo 4.13-14).

O Espírito Santo é a fonte de que Jesus falou, que jorra em nós para o resto de nossa vida na terra.

Depois, Jesus voltou a falar sobre a *corrente que flui continuamente de nosso coração* a partir do Espírito Santo. A Bíblia diz: "'Quem crer em mim, como diz a Escritura, *do seu interior fluirão rios de água viva'*. Ele [Jesus] estava se referindo ao Espírito, que mais tarde receberiam os que nele cressem. Até então o *Espírito ainda não tinha sido dado*, pois Jesus ainda não fora glorificado" (Jo 7.38-39). Esses rios de água viva fluem de uma fonte eterna — o Espírito Santo — e são um manancial constante e infindável de tudo o que Deus é.

O primeiro derramamento do Espírito Santo depois da ressurreição de Jesus aconteceu no Pentecoste, quando seus discípulos estavam esperando no lugar onde ele havia dito que aguardassem. "De repente veio do céu um som, como de um vento muito forte, e encheu toda a casa na qual estavam assentados" (At 2.2). Essa manifestação inicial da presença do Espírito Santo vindo habitar neles deve ter sido espantosa — uma experiência extremamente impressionante e transformadora. Mas, se você ficou preocupado, saiba que esse não é o modo como o Espírito entra em sua vida hoje, embora eu não duvide de que isso pudesse acontecer. Se você recebeu Jesus, o Espírito Santo está em você. Contudo, existe um derramamento ainda maior do Espírito, e o Senhor quer que estejamos dispostos a receber isso e a ficar cheios de tudo o que ele é.

Isso significa que existe para você uma corrente dessa mesma água viva de que Jesus falou. Ela não se esgota. Você jamais sentirá sede se beber dela. Mas tampouco receberá essa fonte de água viva se nunca estiver sedento por ela. Por isso, toda vez que você buscar um novo fluir do Espírito, os rios de água vida virão sobre você.

O Espírito Santo é Deus *conosco*. Ele é o meio pelo qual Deus partilha a si mesmo conosco. Não adquirimos sua presença; nós a *buscamos*. Não temos de implorar por sua presença; ele espera que *optemos* por ela. O Espírito Santo é dom de Deus. E precisamos estar dispostos a receber tudo o que ele nos dá.

Se você preparasse o presente mais maravilhoso possível para oferecer a alguém que ama, e esse alguém rejeitasse o presente, você se sentiria magoado e rejeitado. Seria como um tapa no rosto. Para você, essa pessoa não o amou o suficiente para entender que aquele presente havia sido especialmente escolhido para ela.

Existem diversas razões de as pessoas agirem assim. Pode ser que não queiram se sentir obrigadas a dar algo em troca. Pode ser que não se sintam dignas de receber um presente desse. Pode ser que não tenham condições de dar um presente do mesmo valor. Ou talvez simplesmente não gostem de quem ofereceu o presente e queiram tornar isso bem claro. Seja qual for a razão, isso magoa a pessoa que quis presentear. Ela fica pensando que o presente não era bom o bastante, ou que ela não tem valor aos olhos de quem o rejeitou.

Agora, imagine como Deus se sente quando não aceitamos o presente que ele nos oferece. A rejeição mostra que não o respeitamos o suficiente para crer em sua Palavra. A rejeição pode mostrar também que temos nossas próprias opiniões sobre o que queremos ou não receber de Deus. Quando não recebemos tudo o que o Espírito Santo tem a nos oferecer, rejeitamos a dádiva pela qual Jesus pagou um alto preço.

Deus nos enche de seu Espírito a fim de nos ajudar a ser muito mais do que somos capazes de ser por conta própria.

Há muito a aprender sobre o Espírito Santo, mas, conforme você se abre para ele, ele lhe ensinará a respeito dele mesmo. O Espírito possui dádivas incontáveis e quer lhe presentear com todas elas: poder e força, verdade e entendimento, sabedoria e revelação, amor e esperança, e muito mais.

GUIADO A SER CHEIO DE SEU PODER E FORÇA

Quando somos habitados pelo Espírito Santo, a fonte do poder de Deus reside em nós. Como crentes em Cristo, o Espírito Santo nos dá acesso ao mesmo poder incrível que ressuscitou Jesus dos mortos. E, da mesma forma que ele ressuscitou Jesus no fim de sua vida na terra, esse poder nos ressuscitará no fim de nossa vida aqui. Não há poder maior.

Deus pode fazer muito mais em sua vida do que você jamais sonhou ser possível, pois o poder do Espírito dele está agindo em você.

O poder do Espírito Santo em nós é descrito na língua grega como *dunamis*. É daí que vem o termo "dinamite". Paulo disse: "O nosso evangelho não chegou a vocês somente em palavra, mas também em poder, no Espírito Santo" (1Ts 1.5). Isso significa uma explosão de poder.

Você não quer viver "tendo aparência de piedade, mas negando o seu poder" (2Tm 3.5). Você quer uma vida dinâmica, ativada pelo poder do Espírito.

Deus não quer que você apenas reconheça a existência dele. Ele não quer um relacionamento desinteressado; quer um relacionamento explosivo! O desejo dele é que você anseie estar com ele todos os dias e confie nele para tudo o que for preciso. Não devemos ter uma vida pela metade, dizendo: "Acho que nasci de novo. Tipo, recebi Jesus e tal, e tem um pedacinho do Espírito Santo vivendo em mim de vez em quando". Há apenas duas opções: ou você nasceu de novo e está cheio do Espírito Santo, ou não. Ele não nos enche pela metade, não enche mais ou menos. Ele enche. Não permita que ele seja diluído em sua vida.

O Espírito Santo está sempre em movimento, e ele continua enchendo sua vida. Sabe aquela sensação de que as coisas parecem não sair do lugar? Se você é guiado pelo Espírito, sua vida sempre segue adiante. Como um rio. Como um poço profundo. Se você não sai do lugar, sua vida está de fato retrocedendo.

O Espírito Santo tem o poder de mudar sua vida, e isso começa com seu refinamento. João Batista estava falando sobre Jesus quando disse: "Ele os batizará com o Espírito Santo e com fogo" (Mt 3.11). Ele não estava falando sobre fogo de verdade *nesta* dimensão. *É* um fogo de verdade, mas na dimensão espiritual. Não irá nos queimar, mas é um fogo consumidor no qual o Espírito Santo incendiará — como num "refinamento" — todas as impurezas que existem em nós e que não deveriam estar ali. Ele nos refinará como o ouro, enchendo-nos de mais dele próprio e consumindo tudo o que não vem dele.

O Espírito Santo lhe dá a força necessária para viver a vida que ele tem para você. Sem a força que o Espírito Santo nos dá, somos incapazes de enfrentar o que vem adiante. Não conseguimos superar nossa tendência para o pecado. Não temos coragem de enfrentar nosso inimigo. Sem a força do Espírito, somos "como crianças, levados de um lado para outro pelas ondas" e "jogados para cá e para lá por todo vento de doutrina e pela astúcia e esperteza de homens que induzem ao erro" (Ef 4.14). Paulo orou pelos crentes de Éfeso, pedindo que "ele [Deus] os *fortaleça no íntimo do seu ser com poder, por meio do seu Espírito*" (Ef 3.16). Precisamos disso também.

Não é sinal de fraqueza depender de Deus, pois nossa fraqueza significa que a força dele se fará evidente. Quando Paulo pediu para Deus remover uma aflição que o atormentava, Deus falou: "Minha graça é suficiente para você, pois o meu poder se aperfeiçoa na fraqueza". Em resposta, Paulo disse: "Portanto, eu me gloriarei ainda mais alegremente em minhas fraquezas, para que o poder de Cristo repouse em mim [...]. *Pois, quando sou fraco é que sou forte*" (2Co 12.9-10). Temos de admitir nossa fraqueza e reconhecer que Deus é a única fonte de nossa força.

Isso é que é poder!

No Antigo Testamento, sempre que Sansão precisou de força sobrenatural, "*o Espírito do SENHOR apossou-se*" dele, a fim de capacitá-lo a fazer o que devia (Jz 14.6). Certa vez, Sansão rasgou um leão com as próprias mãos. Noutra, matou trinta homens (Jz 14.19). Ele usou a queixada de um jumento para matar mil filisteus inimigos de Israel (Jz 15.15). E Deus o capacitou a se tornar juiz sobre os israelitas por vinte anos.

Sansão sabia que havia sido consagrado ao Senhor e que não deveria cortar o cabelo; do contrário, perderia sua força sobrenatural. Entretanto, ele não obedeceu a Deus. Envolveu-se amorosamente com Dalila, e seu desejo por ela se tornou mais importante que seu amor por Deus. Um estilo de vida imoral sempre afasta a sabedoria concedida por Deus. Insensatamente, Sansão contou o segredo de sua força a Dalila, dizendo: "Se fosse rapado o cabelo da minha cabeça, a minha força se afastaria de mim, e eu ficaria tão fraco quanto qualquer outro homem" (Jz 16.17). Ele sabia que seu poder vinha do Espírito Santo de Deus, mas mesmo assim não valorizou esse dom. Não o estimou devidamente e o desperdiçou.

Então, enquanto Sansão dormia no colo de Dalila, os filisteus cortaram o cabelo dele. Quando despertou, nem sequer percebeu que havia perdido toda a sua força, pois não sabia que *o Espírito do Senhor o tinha deixado*. Os filisteus furaram-lhe os olhos e o prenderam. Na prisão, seus cabelos começaram a crescer, e Deus permitiu que sua força voltasse mais uma vez. Sansão teve a última chance de fazer a vontade de Deus. Quando o povo filisteu o trouxe da prisão para diverti-los, Sansão forçou os pilares do templo onde os filisteus estavam reunidos e matou mais pessoas — incluindo a si mesmo — do que havia matado ao longo da vida.

O Espírito Santo dá a *você* a força e o poder necessários para fazer o que *ele* o chama a fazer. Esse poder, porém, jamais deve ser usado por motivos egoístas, mas somente para a vontade de Deus.

O Espírito Santo é o poder de Deus fluindo através de você, e isso o põe em terreno sólido, como uma casa construída na rocha. A casa onde moro hoje em dia foi construída sobre rocha sólida. Sei disso porque tivemos de usar dinamite para abrir um buraco amplo o suficiente para construir nosso alicerce, e todos os vizinhos me falaram sobre isso. Eles disseram que a vizinhança inteira tremeu. Senti-me mal por eles, mas me senti bem pela casa. Quando estou nessa casa, posso sentir sua solidez. Vivemos antes em outras casas não construídas na rocha, e a diferença é perceptível — fica a impressão de que uma tempestade ou terremoto poderá derrubá-la ou soprá-la para longe. De fato, foi o que aconteceu com uma delas. Um terremoto a destruiu. Felizmente, o Espírito Santo nos levou a mudar de casa antes desse desastre, e a casa estava vazia quando houve o terremoto. Eu claramente ouvi o Espírito dizer que deveríamos sair de nossa casa em Los Angeles, embora a adorássemos, e nos mudarmos para o Tennessee. Foi assim que escapamos do terremoto de Northridge no ano de 1994 — seguindo a direção do Espírito Santo.

Quando construímos nossa casa espiritual na rocha sólida da obra de Jesus na cruz, ficamos cheios do poder inabalável do Espírito Santo e nada pode nos abalar ou destruir.

O Espírito Santo lhe dá acesso a tudo o que Deus é — incluindo o poder dele —, mas você não controla esse acesso. O Espírito Santo nos capacita de acordo com a vontade dele. *Ele* nos guia. Não somos *nós* que o guiamos nem lhe dizemos o que fazer. "Quem definiu limites para o Espírito do Senhor"? (Is 40.13).

Deus é onipotente. Isso significa dizer que ele é todo-poderoso. Não é *nosso* poder que realiza algo. "'Não por força nem por violência, mas pelo meu Espírito', diz o Senhor dos

Exércitos" (Zc 4.6). Ele capacita, da maneira que considera adequada, aqueles que o servem, a fim de cumprir sua vontade. O poder dele não se destina ao nosso uso pessoal, embora esse poder nos beneficie pessoalmente.

Vejo pessoas tentando forçar o Espírito Santo a fazer o que elas desejam que ele faça. Elas querem que ele cure agora, manifeste-se neste momento, e as capacite já. Mas não querem ir humildemente *diante* dele, buscando-o e convidando-o e entregando-se a ele. Não podemos ser como o mágico na Bíblia que tentou comprar dos discípulos o poder do Espírito Santo. Pedro lhe disse: "Pereça com você o seu dinheiro! Você pensa que pode comprar o dom de Deus com dinheiro?" (At 8.20). O poder do Espírito Santo não pode ser comprado, exigido ou usado por motivos egoístas. Devemos sempre medir as intenções que temos em relação ao desejo de que o poder dele atue através de nós. O segredo é ficar próximo de Deus e permanecer com humildade diante dele.

O Espírito Santo nos capacita a fazer o que ele quer que façamos. O poder do Espírito é todo *dele*. Não temos nada a ver com a origem desse poder, mas temos de *cooperar* com o Espírito para ver seu poder agindo *em* nós e *através* de nós. Quando cooperamos com o Espírito Santo, acontecem coisas especiais em nossa vida. Deus quer que vivamos de acordo com a vontade dele, obedecendo a suas leis e mandamentos e seguindo para onde o Espírito nos conduzir. Desse modo — obedecendo a Deus — Pai, Filho e Espírito Santo — convidando-o, acolhendo-o e adorando-o, ele nos dará tudo de que precisamos para cumprir o que nos chamou a fazer.

Deus quer que entendamos a ação do Espírito em nossa vida. Ele sabe o que é melhor para nós, e é por isso que quer que o reconheçamos, que desejemos conhecê-lo mais, ansiemos por sua voz e aprendamos a seguir o caminho dele. Mas não podemos fazer essas coisas sem que o poder do Espírito Santo se manifeste em nossa vida. Devemos, portanto, desejar esse poder a fim de servir a Deus e fazer sua vontade.

Poder da oração

Senhor, eu te agradeço pelo dom de teu Espírito Santo em mim. Ajuda-me a jamais impedir que o Espírito flua livremente em mim e através de mim, transformando-me à tua semelhança e alcançando outros para teu reino. Oro por uma presença renovada de teu Espírito neste exato momento, uma presença maior que qualquer outra que já conheci. Obrigado, Espírito Santo, por teu poder e força em meu favor. Obrigado por me dares acesso a teu poder visando a teus propósitos. Sei que não é por meio de minha força ou poder, mas por meio do poder do teu Espírito que sou capaz de fazer grandes coisas por ti (Zc 4.6).

Obrigado pelos rios de tua água viva que fluem em mim e jamais me farão sentir sede. Obrigado por teu poder que, como dinamite, pode alterar o curso de qualquer coisa em minha vida que esteja na direção errada. Obrigado por teu Espírito em mim, que é "fonte de água a jorrar para a vida eterna" (Jo 4.14) e manancial de poder inimaginável. Não desejo mais nem sequer tentar usar incorretamente teu poder de modo egoísta, para ganhos pessoais. Mantém meu coração puro diante de ti em todos os momentos. Ajuda-me a ser um instrumento pelo qual teu poder se manifeste a fim de servir teus santos propósitos.

Em nome de Jesus. Amém.

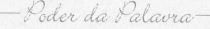

Fortaleçam-se no Senhor e no seu forte poder.

Efésios 6.10

Pois a mensagem da cruz é loucura para os que estão perecendo, mas para nós, que estamos sendo salvos, é o poder de Deus.

1Coríntios 1.18

Guiado a ser cheio de sua verdade e entendimento

O Espírito Santo também é chamado de Espírito da verdade. Jesus disse: "Mas quando o Espírito da verdade vier, ele os guiará a toda a verdade" (Jo 16.13). O Espírito da verdade o ajudará a conhecer a verdade. Ele falará a palavra de Deus ao seu coração e lhe dará a percepção do que é verdade em todas as coisas.

O Espírito Santo nos capacita a discernir entre verdade e mentira. Em nosso mundo, existem espíritos de enganação por toda parte. De fato, um espírito mentiroso é até bem recebido em alguns círculos. As pessoas nesses grupos acreditam que é bom mentir quando se quer conseguir alguma coisa. Nós, por outro lado, acreditamos na verdade — a verdade de Deus — e vivemos de acordo com ela.

O Espírito Santo lhe concede grande percepção do que é verdadeiro e do que é falso. Ele ajuda você a saber em seu íntimo quando alguém está mentindo ou dizendo a verdade. Ao seguir a direção do Espírito Santo, você ganhará um entendimento do que é verdade e do que não é.

O Espírito Santo pode lhe dar conhecimento de determinado assunto. Seu coração e mente podem ser iluminados de um jeito que jamais seriam sem a luz do Espírito. Quando você recebe esse tipo de entendimento, sabe que não surgiu por acaso. *Sabe* que é algo que vem de Deus. Você não quer ser como aquelas pessoas que "estão sempre aprendendo, e jamais conseguem chegar ao conhecimento da verdade" (2Tm 3.7). Queremos *saber* a verdade, e o Espírito da verdade nos ensinará.

Acabe, rei de Israel, pediu a Josafá, rei de Judá, que se unisse a ele e juntos guerreassem contra seu inimigo comum (2Cr 18.2). Mas Josafá disse a Acabe que *primeiro ele deveria buscar o conselho do Senhor*. Então o rei Acabe juntou quatrocentos profetas, e estes disseram que os dois reis deveriam guerrear, pois Deus entregaria o inimigo nas mãos deles (2Cr 18.4-5).

O rei Josafá, por sua vez, mandou chamar Micaías, profeta do Senhor, para que este lhes desse a palavra divina sobre essa decisão. Micaías disse: "Direi o que meu Deus mandar" (2Cr 18.13). Ele vivia de acordo com a verdade de Deus e jamais a violaria. Micaías disse ao rei Josafá que Deus havia mandado *um espírito mentiroso na boca dos profetas de Acabe*, de modo que eles persuadiriam o rei de Israel a guerrear e ser derrotado (2Cr 18.19-22). Isso aconteceu para que Deus trouxesse juízo sobre Acabe e seus pecados.

Tanto o rei Acabe quanto o rei Josafá ignoraram Micaías — o único profeta a falar a verdade de Deus — e acreditaram nos quatrocentos profetas que estavam guiados por um espírito mentiroso. Em consequência disso, o rei Acabe foi morto em batalha, mesmo depois de se disfarçar para esconder sua identidade. O rei Josafá *não* foi morto porque *clamou ao Senhor* quando percebeu o que estava acontecendo, e Deus o ajudou a escapar (2Cr 18.31).

Essa história ilustra como devemos buscar a verdade de Deus em vez de tentar encontrar alguém que justifique o que *queremos* fazer. E mesmo quando acreditamos numa mentira e agimos de acordo com ela, se recorrermos a Deus de todo o coração, ele é misericordioso para nos perdoar e nos proteger de nosso erro. É por isso que devemos sempre orar para que nossos conselheiros estejam alinhados com o Espírito da verdade.

Quando você vive *na* verdade e *pela* verdade, o Espírito Santo em seu interior o guiará em toda verdade. Você terá a percepção do que é verdade e do que não é. Isso é extremamente importante nos dias de hoje, em que o engano é desenfreado. Sem essa percepção, você pode ser enganado e cometer erros terríveis em suas decisões. Pode acabar confiando em alguém em quem não deveria, ou fazer algo que parece certo, até descobrir que era a coisa mais errada a se fazer.

Certa vez meu marido contratou um pedreiro para fazer alguns reparos na frente de casa. O sujeito queria metade do dinheiro adiantada. Era uma quantia considerável. Meu marido pediu que eu fizesse o cheque para ele, mas tive a percepção de que o pedreiro não estava dizendo a verdade. Porém, meu marido insistiu, e eu acabei fazendo o cheque. Em nenhum momento disse a meu marido como estava me sentindo em relação àquela percepção. Aconteceu que o sujeito pegou o dinheiro e nunca mais deu as caras. Prometi desde então jamais ir contra aquilo que o Espírito Santo me diz a respeito da honestidade de alguém.

Existem ocasiões em que quase podemos ver a falsidade no rosto da pessoa, porque a mentira nos é revelada por meio do Espírito Santo da verdade.

Não se dê ao luxo de tomar decisões baseadas numa mentira. Você precisa ser capaz de discernir entre mentira e verdade. O hábito da mentira, que atinge tantas pessoas, certamente confrontará você algum dia, se é que já não confrontou. Haverá uma decisão a tomar, um ponto crítico em que será preciso decidir qual caminho seguir, uma pessoa sobre a qual se deverá ter certeza se é confiável, uma situação em que você não poderá se permitir uma má interpretação dos fatos, um documento cuja assinatura requererá que você se certifique de que tudo o que lhe disseram está correto — e você precisará, sobretudo, ouvir a voz mansa e suave do Espírito da verdade dizendo o que é real ou não. Peça a ele que o guie em toda verdade e lhe dê entendimento. Algum dia, esse pode ser o diferencial entre a vida e a morte.

Poder da oração

Senhor, eu te agradeço por me concederes a mente de Cristo, e, em virtude desse presente, posso conhecer as coisas que preciso entender. Obrigado, Espírito Santo da verdade, por me encheres de tua verdade e entendimento. Sei que não enxergarei a verdade sem que teu Espírito Santo encha-me desse conhecimento. Guarda-me do engano. Ajuda-me a jamais ser influenciado por um espírito mentiroso — mesmo na boca de alguém que supostamente seja teu mensageiro. Quero ser influenciado somente por pessoas que eu saiba que estão determinadas a ouvir apenas a ti. Guarda-me de ser iludido. Capacita-me a ouvir tua voz acima de todas as outras, de modo que eu possa sempre distinguir a verdade da mentira.

Senhor, dá-me a capacidade de entender teus conselhos. Instrui-me pelo poder de teu Espírito conselheiro dentro de mim. Orienta-me sobre tudo o que faço e em cada decisão que tomo. Obrigado, pois "tu me diriges com o teu conselho, e depois me receberás com honras" (Sl 73.24). Dá-me a verdade e também o conhecimento e o entendimento de que preciso para tomar as decisões corretas acerca de toda pessoa e toda situação. Guia-me sempre no caminho da verdade.

Em nome de Jesus. Amém.

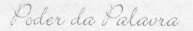

Poder da Palavra

Nós, porém, não recebemos o espírito do mundo, mas o Espírito procedente de Deus, para que entendamos as coisas que Deus nos tem dado gratuitamente.

1Coríntios 2.12

Quando vier o Conselheiro, que eu enviarei a vocês da parte do Pai, o Espírito da verdade que provém do Pai, ele testemunhará a meu respeito.

João 15.26

GUIADO A SER CHEIO DE SUA SABEDORIA E REVELAÇÃO

Você já percebeu que pessoas sem sabedoria divina não têm bom senso? Não sabem discernir nada. Pode ser que tenham conhecimento adquirido de livros, mas nada de sabedoria. É por isso que fazem coisas tão estúpidas. Quando não temos sabedoria divina, fazemos coisas estúpidas também. O Espírito Santo de Deus nos concede a sabedoria e a revelação de que precisamos.

Quando você ouve falar no noticiário sobre pessoas que jogam a vida fora pelas razões mais tolas, saiba que isso acontece por que elas não possuem a sabedoria que vem de Deus. De modo geral, são pessoas ímpias ou que criaram um deus à sua própria imagem e teoricamente fazem o que desejam fazer. Elas não conhecem o onisciente Deus do universo; por isso, não estão conectadas a ele através de seu Espírito de sabedoria e revelação. As verdadeiras sabedoria e revelação vêm somente de Deus, por meio do poder de seu Espírito. E a sabedoria divina produz bom senso da melhor espécie.

A presença do Espírito Santo em sua vida permite que você saiba certas coisas que de outro modo não teria como saber. Por exemplo, você já sentiu algo perturbador a respeito de alguém, e essa percepção acabou se revelando completamente acertada — embora não houvesse nada em que se basear, além desse conhecimento interior? Isso é a direção do Espírito Santo. Deus lhe revelará coisas acerca do caráter de alguém. Talvez você não seja capaz de provar isso de imediato, mas pode agir com base nesse conhecimento.

Você já orou em relação a uma decisão crítica em sua vida e em certo momento soube exatamente o que fazer? Isso é a direção do Espírito Santo. Mas não podemos jamais ficar autoconfiantes a esse respeito, porque isso não significa que sabemos de tudo. Significa que podemos conhecer as coisas que Deus quer que conheçamos.

O Espírito Santo nos dará sabedoria e revelação sobre algo somente quando pedirmos isso a ele.

Foi profetizado a respeito de Jesus que "o Espírito que dá sabedoria e entendimento" repousaria sobre ele (Is 11.2). E esse mesmo Espírito que repousa nele vive em você. É por isso que você pode ser sábio, e não insensato, ao ser guiado pelo Espírito Santo a fazer escolhas.

Paulo disse aos efésios que ele orava pedindo que "o Deus de nosso Senhor Jesus Cristo, o glorioso Pai", lhes desse "*espírito de sabedoria e de revelação*, no pleno conhecimento dele" (Ef 1.17). Ele orava dessa forma a fim de que os olhos deles se abrissem para a verdade. Paulo não apenas falava *sobre* Jesus. Ele teve um encontro *com* Jesus. E Jesus deu a Paulo a revelação de que ele precisava para fazer o que Deus o chamou a fazer. Paulo sabia do que estava falando.

Sabedoria e revelação são duas coisas sem as quais não podemos viver. A sabedoria divina nos ajuda a conhecer as coisas práticas necessárias para fazer a vida funcionar. A revelação de Deus nos concede percepções que de outro modo não teríamos. A revelação se refere ao momento em que Deus abre nossos olhos para ver o que precisamos ver.

A revelação nos dá percepções da Palavra de Deus. E Deus revela coisas a respeito de si mesmo. O reino de Deus é um mistério que não pode ser entendido sem a revelação divina. Ele diz: "Clame a mim e eu responderei e lhe direi coisas grandiosas e insondáveis que você não conhece" (Jr 33.3). E pode crer que ele está falando sério.

Existe uma conexão óbvia entre caminhar sob a direção do Espírito Santo e possuir a sabedoria de Deus.

Há diversas histórias na Bíblia sobre pessoas que não possuíam sabedoria divina e fizeram coisas estúpidas e terríveis. O rei Saul é um grande exemplo. Ele ficou com medo de Davi, pois viu que "ele tinha êxito em tudo o que fazia, pois o SENHOR estava com ele" (1Sm 18.14). Saul reconheceu que Davi seguia a Deus intimamente, ao contrário dele — ou seja, reconheceu que Deus estava com Davi, e não com ele. Viu que Deus amava a Davi, e viu que seu filho Jônatas e sua filha Mical também o amavam (1Sm 18.1,28). Além disso, Davi se tornou altamente estimado pelo povo, enquanto a reputação de Saul diminuía (1Sm 18.30). Isso tudo assustou Saul e aumentou sua inveja e determinação de destruir Davi.

Sem nenhuma sabedoria divina — pois nem sequer tentou buscar a direção do Espírito Santo —, Saul continuou a afundar no pecado, planejando assassinar Davi. Sem a presença do Espírito Santo, Saul sentiu um ciúme descontrolável de Davi e o ameaçou, mesmo que Davi não lhe fizesse mal algum. Quando Jônatas apareceu para defender Davi, Saul tentou matar seu próprio filho.

Conhecemos a história sobre como Deus apareceu a Salomão — o filho de Davi que se tornou rei depois de seu pai — num sonho. Deus perguntou a Salomão o que ele queria, e Salomão humildemente pediu sabedoria e conhecimento. Satisfeito com o pedido de Salomão, Deus lhe disse: "Já que este é o desejo de seu coração e você não pediu riquezas, nem bens, nem honra, nem a morte seus inimigos, nem vida longa, *mas sabedoria e conhecimento* [...] você receberá o que pediu, mas também lhe darei riquezas, bens e honra, como nenhum rei antes de você teve e nenhum depois de você terá" (2Cr 1.11-12).

Um exemplo conhecido e importante da sabedoria de Salomão vem da história de duas prostitutas que haviam dado à luz. A primeira mulher veio até Salomão e lhe disse que o filho da outra mulher tinha morrido na noite anterior e essa mãe trocou os bebês, de modo que a primeira mulher acordou com o bebê morto. Mas ela tinha certeza de que esse filho morto não era o seu. Então pediu a ajuda de Salomão para recuperar seu filho.

Em sua sabedoria, Salomão disse: "Cortem a criança viva ao meio e deem metade a uma e metade à outra" (1Rs 3.25). Mas a primeira mulher, cujo filho havia sido roubado, chorou e implorou a Salomão que entregasse o menino para a outra mulher e não o matassem. A outra mulher, porém, disse: "Não será nem minha nem sua. Cortem-na ao meio!" (1Rs 3.26).

Imediatamente Salomão soube que a mulher que clamou pela vida da criança era a mãe verdadeira. Então o rei respondeu, dizendo: "Não matem a criança! Deem-na à primeira mulher. Ela é a mãe" (1Rs 3.27).

Infelizmente, Salomão não continuou a buscar a sabedoria de Deus. Ao longo do tempo, ele se tornou luxurioso e entregou seu coração a muitas esposas estrangeiras, mesmo sabendo que

Deus lhe tinha dito para não casar-se com elas, porque elas acabariam conduzindo seu coração aos falsos deuses. E foi exatamente o que aconteceu. O coração dele não era mais leal a Deus, e não seguiu mais a direção do Espírito. Ele fez o que era mal aos olhos do Senhor, e essa foi a sua ruína.

Deus revela coisas. Pode haver um aviso que você precisa ouvir para sua proteção e para a proteção de outros, e o Espírito Santo revelará isso a você. Ele pode revelar uma compreensão errônea, e a verdade subitamente se tornará clara como cristal. Ele pode lhe mostrar algo que vai acontecer e que você ignora completamente; de repente, você vê. A Bíblia diz: "Certamente o Senhor, o Soberano, não faz coisa alguma sem revelar o seu plano aos seus servos, os profetas" (Am 3.7). Portanto, se Deus não lhe revelar diretamente, ele revelará a outros para você.

Poder da oração

Senhor, eu te agradeço porque teu Espírito Santo de sabedoria e revelação vive em mim. Obrigado porque tua sabedoria me concede bom senso e capacidade para tomar decisões e fazer escolhas sábias. Obrigado por reservares sensatez para o justo e, como um escudo, protegeres quem anda com integridade (Pv 2.7). Obrigado porque o temor de ti é o princípio da sabedoria, e o conhecimento de ti é entendimento (Pv 9.10).

Oro por sabedoria em todas as coisas. Obrigado por concederes sabedoria àqueles que a pedem a ti (Tg 1.5). Ajuda-me a sempre buscar tua sabedoria, e não a sabedoria do mundo. Ajuda-me a aumentar meu conhecimento de ti e a sempre ter orientação quando precisar (Pv 1.5). Oro por sabedoria que me guarde e me livre "do caminho dos maus" (Pv 2.10-12). Ajuda-me a jamais abandonar a sabedoria, de modo que não encontre obstáculos nem tropece quando correr (Pv 4.12). Dá-me a revelação necessária quando eu precisar dela. Revela a mim as coisas que preciso entender — as coisas secretas que só tu sabes e que eu devo conhecer.

Em nome de Jesus. Amém.

Poder da Palavra

Mas Deus o revelou a nós por meio do Espírito. O Espírito sonda todas as coisas, até mesmo as coisas mais profundas de Deus.

1 Coríntios 2.10

Se algum de vocês tem falta de sabedoria, peça-a a Deus, que a todos dá livremente, de boa vontade; e lhe será concedida.

Tiago 1.5

Guiado a ser cheio de seu amor e esperança

Deus é amor. Portanto, o Espírito dele *em* nós é amor. E isso significa que, quanto mais nos abrimos para o suprimento contínuo do Espírito Santo *em* nós, mais teremos uma infusão do amor de Deus fluindo *através* de nós.

O Espírito Santo jamais demonstra outra coisa senão amor puro. Se você vir alguém afirmando agir no Espírito e essa pessoa não manifestar o amor de Deus, ela certamente não está fazendo o que afirma. Essa pessoa está agindo na carne. É dessa forma que descobrimos se alguém é um crente verdadeiro ou não. Jesus disse que seu povo será conhecido pelo amor recíproco entre os que dele fazem parte.

A Bíblia diz que o amor nunca falha (1Co 13.8, RC). Isto é, o amor *de Deus* nunca falha. O amor humano falha o tempo todo. E nós não sabemos disso. A Bíblia diz também que devemos *seguir* o caminho do amor (1Co 14.1). Não significa que devemos seguir pessoas e pedir que elas *nos* amem. Significa buscar o amor de Deus e abrir caminho para que mais e mais do Espírito de amor flua em nós. Isso faz que nosso senso de esperança no Senhor aumente. "E a esperança não nos decepciona, *porque Deus derramou seu amor em nossos corações, por meio do Espírito Santo* que ele nos concedeu" (Rm 5.5).

O amor incondicional e infalível que Deus tem por nós sempre nos dá razão para ter esperança.

Ficar cheio do Espírito Santo significa ter acesso ao amor de Deus. Estar aberto ao fluir do amor divino faz que esse amor possa correr através de você e chegar às outras pessoas. O amor de Deus, então, começa a guiar e a motivar seus pensamentos, ações e palavras, de modo a modelar seu caráter a uma maior semelhança com Cristo. O amor de Deus em você muda tudo — dissipa o que é negativo e amplia o que é positivo.

Paulo disse que somente a fé que atua pelo amor tem efeito (Gl 5.6). Tudo o que fazemos sem o amor de Deus fluindo em nosso coração é inútil, sem sentido e não produz nada de bom. É por isso que devemos ficar cheios do Espírito Santo, de modo que sejamos *continuamente* cheios do amor de Deus. Quando você busca um novo suprimento do Espírito todos os dias, o amor de Deus transforma seu coração. Em seguida, esse amor flui por você, e o coração *de outras pessoas* também se transforma.

O Espírito Santo é o canal pelo qual o amor de Deus nos enche e flui através de nós. Jesus e o Espírito Santo são nossas maiores dádivas de amor.

Lembro-me quando estive certa vez extremamente doente e sofrendo muito num hospital. Permaneci ali por vários dias e recebi a visita de muita gente calorosa, confortante e amável. Essas pessoas eram todas crentes cheias do Espírito de Deus, bem como todo o pessoal da enfermagem. Que grande dádiva essa! Numa ocasião, porém, um casal que eu não conhecia apareceu no quarto. Uma igreja os havia mandado para lá. Ficaram ali, frios e apáticos, como se tivessem um dever a cumprir e quisessem terminar logo sua tarefa. Havia outras poucas pessoas me visitando naquele momento, e elas tiveram a mesma impressão. Eu queria animá-los, contando como Deus havia me salvado, mas o homem me interrompeu e disse: "Não fale! Estamos aqui para orar, e temos outras pessoas para visitar". Senti-me mal pelas outras pessoas que receberiam a visita deles, pois, a menos que o relacionamento desses enfermos com Deus fosse bastante forte, uma visita daquele casal não os ajudaria de forma alguma.

Se não é o amor de Deus que motiva nosso coração, então até mesmo as boas coisas que fazemos têm pouco ou nenhum proveito. "Ainda que eu dê aos pobres tudo o que possuo [...], se não tiver amor, nada disso me valerá" (1Co 13.3). Certamente não quero parecer ingrata pelo esforço daquele casal em me visitar no hospital, mas o encontro foi mais triste que animador. Era um contraste total em relação aos outros que vinham motivados pelo amor de Deus derramado pelo Espírito Santo.

A resposta para tudo o que fazemos na vida é o amor de Deus. Todo o amor que somos capazes de produzir sozinhos não basta. A esperança que podemos nos convencer a sentir não é suficiente. Sem o amor de *Deus* e a esperança que temos nele, jamais alcançaremos a paz que excede todo o entendimento.

Uma vez que o amor de Deus por nós nunca falha, sempre teremos esperança. Esse amor em plena medida fluindo através de nós pelo Espírito Santo nos aponta para nossa esperança. De fato, podemos transbordar de esperança pelo poder do Espírito Santo em nós (Rm 15.13). Nossa esperança é Cristo em nós (Cl 1.27). A esperança que temos no Senhor é "âncora da alma, firme e segura" (Hb 6.19). Jamais nos desapontaremos ao colocar nossa esperança nele, porque ele provou seu amor por nós na cruz e agora seu Espírito Santo vive em nós.

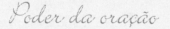

Poder da oração

Senhor, eu te adoro e te agradeço por teu amor por mim. Obrigado pela presença de teu Espírito de amor em meu coração, fazendo que eu esteja arraigado e alicerçado no teu amor (Ef 3.16-17). Ajuda-me a compreender a largura, o comprimento, a altura e a profundidade de teu amor (Ef 3.18). Capacita-me a continuamente receber o amor de Cristo que excede todo o entendimento, enchendo-me de toda a plenitude de Deus (Ef 3.19).

Ó Deus, eu abro meu coração para receber mais do teu amor que enche a minha vida. Diariamente me entrego a ti e peço que ingresses em minha mente, em minhas emoções e em meu coração com teu amor, de maneira cada vez mais profunda. Ajuda-me a ser guiado e controlado pelo teu Espírito a cada hora de cada dia. Ensina-me teu maravilhoso amor, de modo que eu possa aprender a amar as outras pessoas como tu as amas. Ajuda-me a ver cada pessoa da perspectiva do teu amor por elas.

Estou certo de que, ainda que eu fale como os anjos, mas não tenha amor, seria apenas ruído inútil; e se tiver fé para mover montanhas, mas não tiver amor, "nada serei" (1Co 13.1-2). Oro para que teu Espírito de amor flua poderosamente em mim em todos os momentos. Ajuda-me a ser motivado por teu amor em tudo o que faço, e possa assim fazer o que tu queres.

Em nome de Jesus. Amém.

E vivam em amor, como também Cristo nos amou e se entregou por nós como oferta e sacrifício de aroma agradável a Deus.

EFÉSIOS 5.2

Que o Deus da esperança os encha de toda alegria e paz, por sua confiança nele, para que vocês transbordem de esperança, pelo poder do Espírito Santo.

ROMANOS 15.13

3
Guiado a ouvir

Deus se comunica conosco. É por isso que ele não é um Deus frio e distante que não podemos conhecer. Ele *quer* que o conheçamos. E ele deseja que o ouçamos falando conosco por meio de sua Palavra e por meio de nossa oração e adoração. É por isso que o Espírito Santo em você sempre o guiará a escutar a voz de Deus que fala a seu coração.

No início de minha caminhada com o Senhor, o pastor Jack me disse: "Não permita que o lugar onde você está se torne uma profecia de onde você vai ficar". Jamais me esqueci disso. Ainda posso ouvir, na mente e no coração, a voz dele dizendo essas palavras, em razão do impacto que elas tiveram em minha vida.

Você provavelmente passou pela mesma experiência. Alguém lhe disse algo que você precisava ouvir — um aviso, talvez, ou um conselho necessário — e você se lembra da voz dessa pessoa. Ouvir a voz de Deus falando ao seu coração é assim. Não se ouve necessariamente uma voz audível — embora seja possível, mas não provável. De fato, não desejamos ouvir a voz plena de Deus, pois, pelo que entendo das Escrituras, isso é algo assustador.

Lembro-me de uma vez em que eu estava trabalhando na mesa de meu escritório, no segundo andar de nossa casa na Califórnia. A mesa ficava sob uma ampla janela, e eu me sentava defronte a essa janela, com vista para a rua em que vivíamos, passando pelo quintal. Conforme escrevia, ouvi o rugido de um motor. Olhei para o alto pela janela e avistei um enorme avião de caça em minha direção, voando bem baixo. Quanto mais perto, mais barulhento, até que o ruído envolveu tudo ao redor. Pensei que o avião alçaria voo, mas não aconteceu, e ele parecia aproximar-se mais e mais de nossa casa. O ruído crescia insuportavelmente, e não havia tempo suficiente para fugir até algum lugar onde não houvesse janelas. Então, agachei-me debaixo da mesa, caso o vidro da janela se despedaçasse com a passagem do avião. O ruído passou pelo meu corpo e sacudiu meus ossos. Era mais que assustador. Imediatamente liguei para o aeroporto e lhes informei o caso. Eles disseram que havia ocorrido uma apresentação aérea nas redondezas, e esse avião havia participado, mas agora ele estava voando baixo demais. Relataram também que já haviam recebido diversas reclamações a respeito.

A julgar pelo Antigo Testamento, é desse modo que imagino a voz de Deus, caso ele falasse conosco. De fato, penso que deveríamos ser muito gratos por essa voz mansa e suave do Espírito de Deus em nós.

A fim de seguir a direção do Espírito Santo, devemos dar ouvidos a Deus, e não se pode ouvir algo de Deus de modo confiável se não existe um alicerce firme em sua Palavra pelo qual possamos julgar o que ouvimos.

Ao familiarizar-se com a Palavra de Deus em sua mente e ao ouvi-lo falar por meio das Escrituras, você começará a perceber a voz dele falando ao seu coração em outras ocasiões. Haverá impulsos por parte do Espírito direcionados a *seu* espírito, e você aprenderá a identificá-los. Ouvir Deus se comunicar dessa maneira guiará você em sua caminhada com ele e o ajudará a entender a vontade dele para sua vida.

GUIADO A OUVIR A PALAVRA DE DEUS EM SUA MENTE

A pessoa que conduz um avião deve ser capaz de interpretar e confiar no painel de instrumentos. O ambiente em volta pode ficar nebuloso. Padrões de temperatura podem atrapalhar a visibilidade e o controle, de modo que não se consegue enxergar de forma clara. Nem sempre o piloto é capaz de dizer exatamente para onde está indo, e não se pode confiar nos sentimentos. Influências externas podem derrubar o avião, e é possível que isso leve a um desastre.

Acontece a mesma coisa em sua vida. Para voar num curso constante e na direção correta, acima ou ao largo dos perigos da vida, você deve ter pleno conhecimento e compreensão do plano de voo e do painel de instrumentos. A Bíblia é esse painel e lhe oferece o plano básico de voo. Não basta apenas saber como interpretá-lo e entendê-lo; você também tem de aprender a confiar e segui-lo com precisão. Esse plano o guiará com segurança para onde você precisa ir — sem acidentes.

É incrível a maneira como a Palavra de Deus ganha vida quando você recebe o Senhor e se enche do Espírito Santo. Tudo começa a fazer sentido. A Palavra de Deus afeta positivamente sua vida, em todos os aspectos. Ela o fortalece. Ela corrige seus caminhos tortuosos e faz você andar em terra firme. Quanto mais você lê a Bíblia, mais o Espírito Santo fala ao seu coração. Quanto mais você ouve o ensino da Palavra,

74 GUIA-ME, ESPÍRITO SANTO

mais a retém. Quanto mais a entende e a grava na mente, mais é capaz de contar com ela.

Conforme você aprende sobre os caminhos de Deus, o Espírito Santo coloca em sua vida um maior desejo de viver de acordo com a vontade dele. Quanto mais você vive no caminho de Deus, mais permanece no curso correto, a fim de chegar onde deveria.

Toda vez que você lê a Bíblia, o Espírito Santo lhe ensina coisas novas e lhe dá compreensão mais profunda sobre elas. Certamente você será capaz de deduzir algo particular para sua vida. Seus olhos estarão abertos para receber um novo nível de compreensão a cada leitura. O Espírito dará vida a algum versículo especial, mesmo que você o tenha lido centenas de vezes, ainda assim ele lhe falará de maneira inédita e pessoal. É por essa razão que você deve ler repetidas vezes. Porque, a cada leitura, adquirirá um novo nível de compreensão e aprenderá mais a respeito de quem Deus é, sendo mais capaz de ouvir a voz dele falando ao seu coração.

Se você não ouvir Deus falando primeiramente por meio da Palavra, não será capaz de ouvi-lo falando ao seu coração.

Tente ler alguma passagem da Bíblia todos os dias — mesmo que sejam poucos versículos. A Palavra de Deus é viva, e você tem de alimentar seu espírito a fim de se fortalecer. Ela é também seu painel de instrumentos, lembra-se? Você deve ter um senso preciso de seu plano de voo. Ainda que não saiba exatamente aonde ir, ele o ajudará a saber com certeza aonde você *não* deve ir.

Toda vez que lê a Bíblia, você está mudando para melhor. Mesmo um único versículo pode firmar seu coração na direção correta para aquele dia. E não se preocupe com o fato de não poder fazer tudo com perfeição. Ninguém pode. É por isso que Jesus enviou o Espírito Santo como seu Auxiliador. Deus pôs um barômetro sagrado dentro de você — o Espírito Santo —, e o Espírito não apenas o *guiará* até a Palavra e o caminho da obediência, mas também o *capacitará* a fazer o que ela diz.

Não se preocupe se você não entender plenamente tudo o que ler. Afinal, você vive com o Autor, e ele o ensinará mais a cada leitura. E, embora não seja necessário memorizar a Bíblia, comprometer-se a guardar alguns versículos-chave na memória é algo bom a se fazer. Quanto mais você os lê em voz alta, mais fundo eles entram, até fazer parte de sua vida. Contudo, mesmo se você fixar as palavras na mente, ainda precisará do Espírito Santo para torná-las vivas em seu coração.

As leis de Deus são o sinal do amor *dele* por *nós*, pois elas atuam em *nosso* benefício. Nossa *obediência* às leis de Deus é o sinal de *nosso* amor por ele. Jesus disse: "Quem tem os meus mandamentos e lhes obedece, esse é o que me ama. Aquele que me ama será amado por meu Pai, e eu também o amarei e *me revelarei a ele*" (Jo 14.21). Quanto nós desejamos que Jesus se revele a nós? Tanto quanto possível, eu diria. Jesus comparou o amor a ele à obediência à sua Palavra. Ele disse que, se acatarmos a Palavra dele, ele e seu Pai farão morada em nós (Jo 14.22-23). Quanto mais seu amor por Deus e pela Palavra divina crescer, mais você desejará fazer o que ele diz.

Moisés — que era forte o suficiente na fé para que Deus o usasse a fim de libertar os israelitas da escravidão no Egito — desobedeceu a Deus e, em consequência, perdeu o maior desejo de seu coração: entrar na terra prometida. Apesar de Moisés orar pedindo para atravessar o Jordão e ver a terra prometida, Deus disse que, por causa de sua desobediência, ele teria de permanecer onde estava e morrer ali.

Nós também devemos obedecer a Deus a fim de ingressar em tudo o que ele nos preparou. O pecado enfraquece e encurta nossa vida, enquanto a obediência a fortalece e a estende. Não podemos tomar posse de tudo o que Deus tem para nós, a menos que façamos o que ele nos pede. Não importa onde você esteja, Deus o está guiando para um novo lugar e um novo tempo. Você não chegará ao lugar correto se não ouvir a voz de Deus na Palavra dele e obedecer a ela — além disso, você pode perder o cumprimento de seu maior desejo.

A obediência à Palavra de Deus traz grande recompensa; a desobediência ou a rejeição às leis divinas nos impede de entrar nos lugares que Deus preparou para nós.

Se não guardarmos a Palavra de Deus em nossa mente todos os dias, nós nos esqueceremos dela. Somos assim. Cada dia longe da Palavra é capaz de diluí-la de nossa memória. O inimigo de nossa alma vem para roubá-la ou para tentar nos convencer a duvidar dela. Somos facilmente atraídos por influências externas. E, quando as coisas começam a dar certo em nossa vida, esquecemos que Deus nos fala por meio das Escrituras. Somos especialmente vulneráveis quando estamos prestes a entrar em nossa terra prometida do sucesso.

Com muita frequência, quando não contamos com Deus para todas as coisas, pensamos que não temos de contar com Deus para coisa alguma.

Diversas vezes na Bíblia Deus diz para seu povo ter "muito cuidado, para que não se corrompam" (Dt 4.15-16). Ou, se não "tomarmos cuidado", podemos esquecer a aliança que temos com Deus e começar a adorar outras coisas capazes de encurtar nossa vida (Dt 4.23-26). Uma das formas como "tomamos cuidado" com o que está acontecendo em nosso coração consiste em enchê-lo diariamente da Palavra de Deus. Deus abençoa aquele que guarda suas leis. Mas não guardaremos as leis de Deus se não lembrarmos quais são elas. Temos de relembrá-las continuamente.

Deus "*foi em pessoa*" tirar os israelitas "do Egito com o seu *grande poder*" (Dt 4.37). Deus tem a capacidade de ir pessoalmente tirar *você* de qualquer lugar com o seu grande poder. Isso acontece porque você tem acesso a ambos, o poder e a pessoa de Deus, por causa do Espírito Santo que vive em seu interior. Mas, se você quer tomar posse de tudo o que Deus lhe reservou, tem de obedecer aos mandamentos dele. E não é possível fazer isso sem a Palavra de Deus em seu coração. Deus deseja convencê-lo de que não podemos viver só de pão, mas de toda palavra que procede dele (Mt 4.4).

Quando você está sendo guiado pelo Espírito Santo, nunca haverá oposição à Palavra de Deus, mas, sim, um alinhamento com o que as Escrituras dizem.

Devemos ter fé para agradar a Deus (Hb 11.6). E não é possível ter uma fé firmada sem ler a Palavra, ouvi-la, conhecê-la e confiar nela. As promessas de Deus são muitas, e para recebê-las você deve crer em Deus e no que a Palavra diz a respeito delas. O mesmo Espírito que inspirou os homens a escrever as Escrituras também inspirará você e lhe ensinará durante sua leitura.

Logos é a mensagem completa — a Bíblia em sua totalidade. *Rhema* é uma parte da mensagem — a palavra falada na comunicação da mensagem. É um versículo da Bíblia que o crente usa como arma na batalha espiritual. Você deve possuir ambos, *logos* e *rhema*. É por isso que você precisa ler a Bíblia inteira diversas vezes e conhecer versículos específicos que Deus desperta em seu coração. Isso fará que sua fé cresça e você confie plenamente na verdade da Palavra.

Deus honra aqueles que o honram vivendo de acordo com a Palavra dele; a desobediência às leis de Deus abre a mente humana para a invasão do engano.

Deus quer que você se abra para a entrada e a atuação do Espírito Santo em sua vida, mas você deve sempre visualizá-lo por meio da iluminação das Escrituras. O Espírito Santo espera que você libere o poder dele pronunciando sua Palavra. Ele espera que você não apenas fale dela com sua boca, mas também creia nela suficientemente em seu coração para fazer isso. Peça ao Espírito Santo para guiá-lo mais fundo na Palavra, de modo que você possa conhecer e reconhecer a voz dele falando ao seu coração por meio dela.

Deus deseja realizar tantas coisas por seu intermédio. A Palavra de Deus — seu livro de instruções — trata de maneira específica do que ele quer. Reserve tempo para a Bíblia todos os dias, pois as coisas ocultas de Deus são encontradas ali.

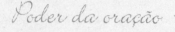

Senhor, eu te agradeço porque pelo poder de teu Espírito Santo tu me concedeste tua Palavra. Vejo que é impossível conhecer a *ti* sem conhecê-*la*. Peço que teu Espírito Santo, que inspirou as Escrituras, conceda vida à tua Palavra em minha mente e em meu coração toda vez que eu ler ou ouvir teus ensinamentos. Faze cada versículo claro a meu entendimento, de modo que eu tenha uma compreensão mais profunda do significado pleno de cada um deles. Ajuda-me a reter as Escrituras. Prepara-me com tua Palavra para que eu esteja completa e totalmente equipado para fazer tudo o que desejas realizar através de mim.

Fortalece-me com o conhecimento de tua verdade e ajuda-me a obedecer os teus mandamentos. Ensina-me o que eu não entendo. Faze tua Palavra integrar a estrutura do meu ser. Tece-a em minha alma de modo que ela modele o meu ser. Ilumina cada palavra e me dá o conhecimento que, sozinho, não sou capaz de obter. Ajuda-me a ouvir tua voz falando a mim toda vez que eu ler a Bíblia. Não quero ser alguém que se recusa a ouvir tua lei até que minhas orações se tornem detestáveis (Pv 28.9). Quero a paz que tu prometeste àqueles que amam a tua lei (Sl 119.165). Tua Palavra é perfeita — ela me transforma, me torna sábio, dá alegria e traz luz aos olhos (Sl 19.7-8).

Em nome de Jesus. Amém.

Poder da Palavra

Pois a palavra de Deus é viva e eficaz, e mais afiada que qualquer espada de dois gumes; ela penetra até o ponto de dividir alma e espírito, juntas e medulas, e julga os pensamentos e intenções do coração.

HEBREUS 4.12

Toda a Escritura é inspirada por Deus e útil para o ensino, para a repreensão, para a correção e para a instrução na justiça.

2TIMÓTEO 3.16

Guiado a ouvir a voz de Deus ao seu coração

Quanto mais você guarda a Palavra de Deus na mente, mais ouvirá a voz de Deus falando ao seu coração. Ele jamais o guiará a um caminho que não seja totalmente condizente com as Escrituras.

Deus é bastante específico. Quando instruiu Moisés em relação a ofertas, festas, sábados, cuidado com o tabernáculo, rituais de limpeza, normas para o sacerdócio, e muitas outras coisas, ele apresentou instruções bem específicas. Todo mundo sabia exatamente o que devia fazer, bem como o que *não* devia fazer. Nada era deixado ao acaso. Deus deu a promessa da bênção caso obedecessem, e a promessa do castigo caso não obedecessem (Lv 26).

Deus também é bastante específico em relação ao que ele deseja que você faça e *não* faça em sua vida. É por isso que ele falará ao seu coração sobre coisas específicas que são relevantes para sua situação individual, particularidades que não são mencionadas de forma literal na Bíblia. Por exemplo, Deus não diz especificamente na Palavra qual emprego escolher ou qual casa comprar, mas ele falará ao seu coração acerca dessas decisões quando você orar e pedir que ele lhe mostre.

Quanto mais você ouve a voz de Deus na Palavra, mais reconhecerá a voz do Espírito falando a você à medida que ora pela direção dele.

Deus prometeu a Josué que ele expulsaria o inimigo em Jericó, mas eles tinham de agir *especificamente* como Deus os instruísse (Js 6.1-5). Desse modo, os israelitas caminharam sete vezes ao redor de Jericó, exatamente como Deus disse, e na sétima vez o povo gritou quando ouviu os sacerdotes tocarem as trombetas.

Então, os muros enormes em torno de Jericó caíram, e o povo tomou a cidade (Js 6.20). Os muros caíram porque os israelitas obedeceram à palavra *específica* de Deus. (No caso de você ser do tipo sensível e ter ficado preocupado pelo povo de Jericó, que perdeu seus muros e muito mais, saiba que essa foi uma ação de Deus para trazer juízo àquela cidade corrupta. Portanto, não se sinta mal por eles.)

Deus é específico, e, se quisermos sucesso em nossa vida pessoal, devemos ouvir o que o Espírito Santo nos diz especificamente para fazer.

Josias foi um dos grandes reis de Judá. Ele seguiu a lei de Deus e realizou grandes reformas. Também buscou constantemente o Senhor e purificou a terra de falsos deuses e ídolos. Mas ele não ouviu quando Deus lhe falou por meio de Neco, rei do Egito. Embora Neco o tivesse alertado de que Deus estava com *ele*, e não com *Josias* — e por isso Josias não deveria enfrentá-lo —, o rei de Judá não quis ouvir. *E ele não buscou o conselho de Deus* sobre guerrear contra o rei do Egito. Todavia, Josias o enfrentou, sem reconhecer que as palavras de Neco eram um alerta de Deus (2Cr 35.21-22).

Se Josias tivesse perguntado a Deus, ele teria ouvido em seu coração uma palavra vinda do Espírito Santo, dizendo-lhe que Deus estava falando por meio do rei do Egito e alertando-o a não guerrear. Mas Josias não perguntou e, por isso, foi morto na batalha.

Quantas vezes essa mesma situação ocorre conosco ou com conhecidos nossos? Quantas vezes um aviso é dado por meio de alguém a quem não damos atenção e os resultados são desastrosos? Quantas vezes algum conhecido se meteu em sérios problemas porque não buscou a palavra do Senhor? Ou até buscou, recebeu um aviso em seu coração, mas o ignorou vezes demais, receio eu.

A Bíblia fala de uma profecia trazida pelo profeta Joel que é uma promessa de Deus para as pessoas nos últimos dias. Estamos nesses últimos dias; quem pode negar isso? Que privilégio assistir ao desenrolar dos acontecimentos ao redor do mundo — por mais duro que seja ver — dizendo-nos que os eventos que Deus anunciou por meio de seu Espírito, seu Filho e seus profetas estão acontecendo neste momento. A profecia diz: "Nos últimos dias, diz Deus, *derramarei do meu Espírito sobre todos os povos*. Os seus filhos e as suas filhas profetizarão, os jovens terão visões, os velhos terão sonhos. [...] *E todo aquele que invocar o nome do Senhor será salvo*" (At 2.17,21).

Essa palavra é para nós, os que cremos, chamados filhos e filhas de Deus. Podemos esperar que Deus fale conosco e use cada um de nós para pronunciar a palavra dele a outras pessoas. E isso não se refere somente a um grupo especial de indivíduos. Refere-se a todos, a "todos os povos". Deus pode lhe dar uma palavra para falar a outra pessoa. Pode ser um aviso de algo que vai acontecer. Ou uma advertência do que a pessoa deveria ou não fazer. Pode muitas vezes acontecer durante uma oração por essa pessoa.

Quando você tem a sensação de que recebeu uma palavra do Senhor para outra pessoa, certifique-se de buscar Deus em primeiro lugar, *antes* de dizer qualquer coisa a alguém. Esteja plenamente convicto de que essa sensação vem de Deus, e não de sua própria alma. Não é que você não possa ter certos sentimentos intensos e pessoais sobre a situação. Acontece apenas que você não quer que seus sentimentos atrapalhem a compreensão dessa pessoa de que a palavra vem de Deus, e não de você. Ao partilhar uma mensagem que você sente que Deus falou ao seu coração, as pessoas precisam sentir a magnitude do que é dito — isto é, que essa palavra é divina. Além disso, certifique-se de que você *deve* transmitir a mensagem a essa pessoa. Pode ser apenas um impulso para que você *ore* por ela. Não faça nada até confirmar que a palavra que ouviu veio de Deus.

Lembre-se sempre de que a palavra de Deus a alguém somente deveria ser entregue com o amor de Deus em seu coração. Sua postura não deve ser do tipo "Você está sendo estúpido, e eu tenho de detê-lo", mas, sim, "Eu me preocupo com você. Porém, *mais* que isso, *Deus* o ama e cuida de você, e ele quer lhe dar essa mensagem". As pessoas sempre receberão a palavra de maneira receptiva se acreditarem que ela vem de Deus e é transmitida com amor.

Nas vezes em que tive de dizer uma palavra do Senhor a alguém, foi ele que me encorajou a dizê-la. E eu sabia que jamais ficaria em paz enquanto não fizesse o que ele me mandava fazer. E também não teria dito sozinha. Não é algo que costumo fazer. Não vou até as pessoas e lhes digo coisas a respeito delas, a menos que saiba com absoluta certeza que aquilo vem de Deus. Quando é o Senhor, eu sei.

Se alguém lhe der "uma palavra do Senhor", considere a fonte com seriedade. Examine se essa pessoa é firme na Palavra e guiada pelo Espírito Santo. Não rejeite nem aceite de imediato, sem antes pedir a Deus que fale ao seu coração. Devemos pôr à prova todas as coisas e ficar com o que é bom (1Ts 5.21). Deus pode confirmar essa palavra ao seu coração no mesmo instante, ou talvez mais tarde, ou talvez nunca.

Aconteceu de muitas pessoas me darem "uma palavra do Senhor", e eu sabia que vinha de Deus. Mas houve ocasiões em que eu soube que não era de Deus, porque o Espírito em mim não testemunhou a respeito. A "palavra" mais tarde provou-se, sem sombra de dúvida, imprecisa. Em casos assim, a pessoa era espiritualmente imatura. Uma vez que eu não as conhecia, não sabia dizer na época se a caminhada delas com Deus era sólida — se ele ou ela era uma pessoa da Palavra que foi guiada pelo Espírito Santo.

Na primeira vez em que aconteceu, eu era uma convertida relativamente nova e estava grávida de meu primeiro filho. Uma jovem na igreja, sentada perto de mim, me deu uma "palavra de Deus", dizendo que eu teria uma garota. Entretanto, eu havia ouvido claramente a voz de Deus ao meu coração meses antes, dizendo que eu daria à luz um menino, e o chamaríamos de Christopher. Na época, tínhamos escolhido outro nome, por isso mudamos. A palavra dessa jovem me deixou triste, porque me fez duvidar por um momento de que eu realmente havia escutado Deus. Quando, porém, orei a esse respeito, soube com certeza que eu ouvira a voz divina. Depois disso, jamais duvidei. Poucos meses depois, nosso filho nasceu.

Mais tarde, a jovem se desculpou por precipitar-se com uma palavra sem confirmá-la antes com o Senhor. Eu disse a ela que não havia mal nenhum, pois eu já tinha ouvido a palavra de Deus ao *meu* coração. Existe o perigo de pensar que tudo o que vem à mente é de Deus. Nem sempre. E você saberá com certeza quando for. Se você tiver alguma dúvida, não diga nada.

Peça que Deus ajude você a ouvir a voz dele em seu coração, para que não perca o que ele deseja dizer. Cale o ruído e as distrações ao redor. Peça que ele silencie qualquer ansiedade em seu interior. Talvez Deus deseje falar com você neste exato momento sobre algo bastante específico.

Poder da oração

Senhor, ajuda-me a ouvir a tua voz falando a mim quando leio tua Palavra, de modo que possa reconhecer-te falando ao meu coração também em outros momentos. Sei que te importas com os detalhes de minha vida, por isso te peço ajuda para entender quando me dás instruções específicas. Impede-me de agir antes de saber para onde tu me guias. Não quero fazer nada sem buscar-te em primeiro lugar.

Há muitas coisas de que não estou certo ao longo de cada dia, e não posso transitar pela vida sem ouvir tua voz me dizendo qual caminho seguir. Sei que tu és específico sobre as coisas que desejas que eu faça, pois almejas o melhor para minha vida. Ajuda-me a andar no caminho correto todos os dias. Se existem palavras que tu queres que eu fale a outra pessoa, dá-me a "língua instruída, para conhecer a palavra que sustém o exausto" (Is 50.4). Impede-me de dizer algo a alguém na forma de conselhos ou avisos que não venham de ti. Se alguém falar uma palavra a mim, ajuda-me a saber com certeza se vem de ti ou não. Ensina-me cada vez mais a ouvir tua voz e seguir tua direção em minha vida.

Em nome de Jesus. Amém.

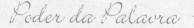

Todavia, como está escrito: "Olho nenhum viu, ouvido nenhum ouviu, mente nenhuma imaginou o que Deus preparou para aqueles que o amam"; mas Deus o revelou a nós por meio do Espírito.

1Coríntios 2.9-10

Nós, porém, não recebemos o espírito do mundo, mas o Espírito procedente de Deus, para que entendamos as coisas que Deus nos tem dado gratuitamente.

1Coríntios 2.12

Guiado a ouvir o impulso de Deus ao seu espírito

Não muito tempo atrás, eu estava prestes a sair de casa para um compromisso. Quando estava entrando no carro, senti o impulso do Espírito Santo para atentar a algo que, até então, nem havia passado pela minha cabeça. Isso levou alguns minutos, o que me fez sair um pouco mais tarde do que pretendia. Depois de cinco minutos na estreita rodovia de duas faixas pela qual sempre viajo, deparei com um enorme acidente envolvendo pelo menos cinco carros, talvez mais. Eles estavam enfileirados na pista, com danos e prejuízos graves. Aparentemente, houvera pelo menos uma colisão que afetou os demais

GUIADO A OUVIR   87

carros. Nunca tinha visto nada parecido nesse longo trecho da rodovia. Depois de superar o choque inicial, percebi que, se não tivesse voltado para fazer o que Deus me impulsionou a fazer, eu poderia estar envolvida naquele acidente.

Quantas pessoas morreram ou foram assassinadas porque não consultaram o Senhor sobre o que estavam fazendo, ou consultaram, mas não ouviram o impulso do Espírito Santo? Ou então foram avisadas sobre algo, mas não reconheceram a voz do Senhor lhes falando por meio de outra pessoa? Isso não significa que você deve tomar qualquer instrução ou aviso como uma palavra de Deus. Mas você deveria perguntar a Deus se *é* ou não. Não *presuma* que não é. Não ignore o impulso do Espírito Santo ao seu coração. Muitas pessoas fazem isso porque não reconhecem o Espírito falando a elas, ou porque pensam que são mais espertas.

Quanto mais tempo você passa com Deus lendo a Palavra dele, orando e adorando-o, e quanto mais lhe obedece, mais ouvirá o Espírito Santo impulsionando seu espírito. Você terá a sensação de que existe algo errado, mesmo se não souber exatamente o que é. Talvez não ouça uma instrução específica, mas saberá quando precisa sair de um lugar ou ir a outro. Ou nem mesmo sair. Ou parar para ver se alguém está bem. Ou dar um telefonema. Ou mudar seus planos. Você começará a confiar nas instruções e impressões do Espírito Santo a respeito de coisas específicas.

Nós, que andamos com Deus, devemos ser receptivos ao impulso do Espírito Santo. Nesse caso, um impulso é como um empurrão. É diferente de uma mensagem clara da parte dele, quando você ouve as palavras na mente e no coração. Outros termos para "impulso" são "informação interna", "conselho", "palavra de sabedoria", "sussurro", "aviso", "alerta", "sinal", "informação particular" e "forte impressão". É a sensação que você tem a respeito de algo. E isso se origina no Espírito Santo.

Frequentei um fisioterapeuta para tratar de minhas costas por alguns dias antes do casamento de meu filho. No caminho para casa, senti o impulso de que deveria parar numa loja para confirmar que algo muito importante que eu precisava escolher para o casamento estaria pronto a tempo. Com certeza eu não queria fazer aquilo, porque estava atrasada para um jantar, havia sido um dia longo, seria inconveniente parar, sentia muito cansaço, e era doloroso ficar entrando e saindo do carro. Mas eu sabia que não deveria ignorar o impulso em meu espírito, dizendo-me para parar e ver se tudo estava dentro do programado.

Eu havia orado especificamente nesse dia, e na verdade em todos os outros, pelos detalhes do casamento. Foi por essa razão que pensei que devia ser o Espírito Santo me guiando. Se dependesse de mim, não teria nem sequer pensado em parar ali. Sendo assim, parei na loja justamente quando a estavam fechando, às 6 da tarde. Um minuto a mais, e eles teriam ido embora. Fiquei chocada ao descobrir que a loja estava tão sobrecarregada na última semana que aquilo de que eu precisava para o casamento havia sido prorrogado para o final da agenda deles. O proprietário da loja havia se esquecido completamente da data do casamento e presumiu que havia algumas semanas a mais, quando na verdade restavam apenas dois dias. Se eu não tivesse parado naquele momento para checar, as coisas do casamento jamais ficariam prontas a tempo.

Durante toda a viagem para casa, agradeci muito a Deus por esse impulso. O Espírito Santo cuidou dos detalhes porque eu o havia convidado para isso. Ele impulsionou meu coração a fazer algo que eu não queria fazer, e graças a Deus prestei atenção.

Quanto mais próximo de Deus, mais você acolhe a plenitude do Espírito dele em seu interior, e mais aprende a identificar os impulsos do Espírito ao seu coração, bem como a confiar neles.

Isso aconteceu incontáveis vezes comigo. Poderia escrever um livro inteiro sobre esse assunto. Tenho certeza de que essas coisas acontecem com você também, se seu coração é sensível ao Espírito Santo. Para não perder o impulso de sua alma pelo Espírito Santo, permaneça próximo do Senhor e caminhe com ele em sua Palavra, em oração, em louvor e em adoração, todos os dias. Isso fará você muito feliz!

Poder da oração

Senhor, ajuda-me a sempre andar tão intimamente contigo que eu jamais deixe de reconhecer o impulso de teu Espírito em minha alma. Capacita-me a não somente identificar esse impulso, mas também a jamais ignorá-lo. Ensina-me a estar em tamanha sintonia contigo que eu saiba de imediato quando és tu me impulsionando a fazer algo. Ajuda-me a confiar nesse impulso e a agir de acordo com ele. Obrigado pelas muitas vezes que tu inculcaste algo em meu coração e me poupaste de tanta dor e angústia. Ensina-me a estar tão firme em tua Palavra que eu ouça a voz de teu Espírito falando ao meu coração e perceba teu impulso em minha alma sobre os detalhes de minha vida.

Dá-me, Senhor, calma e tranquilidade de espírito, de modo que eu possa te ouvir sussurrando à minha alma. Quero escutar tua voz em todos os momentos, para que eu sempre seja sensível ao alerta de teu Espírito. Impede-me de ficar aborrecido e não prestar atenção, a fim de que eu possa permanecer em sintonia com tua voz dentro de mim. Não quero ser como as pessoas que, ao serem chamadas por ti, não respondem e, quando tu falas, não te dão ouvidos (Is 65.12). Mantém-me sempre longe de lugares onde eu não possa ouvir teu impulso ao meu coração.

Em nome de Jesus. Amém.

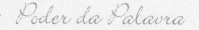

Aquele que pertence a Deus ouve o que Deus diz.
JOÃO 8.47

Quer você se volte para a direita quer para a esquerda, uma voz atrás de você lhe dirá: "Este é o caminho; siga-o".
ISAÍAS 30.21

GUIADO A OUVIR A VONTADE DE DEUS PARA SUA VIDA

O Espírito Santo sempre guiará você na direção da vontade de Deus para sua vida. A maneira de você viver na vontade do Senhor consiste em caminhar com ele passo a passo, fazendo o que sabe ser a vontade divina a cada dia. Por exemplo, é sempre da vontade de Deus que o adoremos, oremos sem cessar, estudemos sua Palavra e lhe rendamos graças. É sempre da vontade de Deus que vivamos no temor do Senhor e sejamos encorajados pelo Espírito Santo (At 9.31). Quando você que sabe que está fazendo a vontade de Deus claramente expressa na Palavra, essa vontade divina se revela de modo pessoal.

Se você deseja descobrir os intentos de Deus para seu futuro, escute atentamente a orientação do Espírito à medida que caminha com ele a cada instante de seu dia. Quando você conta com o Espírito para cada passo, ele o conduz até onde precisa ir a fim de avançar para o futuro que ele reservou para você.

Nunca conhecemos todos os detalhes do porvir. Às vezes, tudo o que realmente sabemos é que existe um futuro, e isso é bom. Mas *de fato* sabemos que o futuro que Deus tem para nós é muito melhor que aquele que podemos imaginar por conta própria, pois o Senhor assim o disse. Abraão não sabia para onde estava indo quando saiu na jornada à qual Deus o estava levando. Mas ele sabia que seguir a direção de Deus e fazer a vontade dele era a única forma de viver. Desse modo, sua vida se tornou uma das histórias de maior sucesso de todos os tempos. E tudo o que Abraão fez foi seguir fielmente a direção do Senhor.

Quando Deus o conduz a fazer algo através da voz do Espírito falando ao seu coração, e você diz "sim" a essa voz, está declarando que deseja a vontade dele acima da sua própria.

Uma vez que Deus nos deu livre-arbítrio, o Espírito Santo não vai nos deter se escolhermos fazer *nossa* vontade, e não a *dele*. Mas não importa quanto oramos por algo que não é da vontade de Deus, ele não nos dará coisa alguma que seja ruim para nós.

Davi ignorou o que ele sabia ser a vontade de Deus. Ele contou os guerreiros que o acompanhavam para que pudesse julgar a força de Israel de acordo com seu exército em vez de confiar na força do Senhor, como deveria ter feito. Ele percebeu que havia cometido um pecado contra Deus, distante da vontade dele (2Sm 24.10). Deus concedeu a Davi a chance de escolher qual consequência horrível ele teria de suportar por seu pecado. Davi escolheu uma praga, que matou setenta mil de seus homens. Quando nos afastamos da vontade de Deus, podemos ser perdoados, mas ainda assim sofreremos as consequências.

Aprender a ouvir a voz de Deus é fundamental para permanecer na vontade dele. E não pense nem por um momento que não é possível ouvir Deus. Se o demônio pode induzi-lo a fazer algo errado, Deus certamente pode lhe dizer para fazer algo certo. E o Espírito Santo lhe dará a capacidade de saber a diferença.

Jesus disse: "Nem todo aquele que me diz: 'Senhor, Senhor', entrará no Reino dos céus, mas apenas aquele que faz a vontade de meu Pai que está nos céus" (Mt 7.21). Não basta conhecê-lo; temos também de viver de acordo com sua vontade.

As promessas de Deus para nós são cumpridas à medida que o seguimos e vivemos conforme sua vontade. Quando agimos assim, encontramos a provisão, a vitória, as bênçãos e o alívio necessário. Quanto mais amadurecemos no Senhor, mais dependentes dele nos tornamos. E isso é algo bom, pois não podemos chegar aonde ele deseja que cheguemos, a menos que dependamos inteiramente dele para nos guiar. Se, em vez de o seguirmos, atendermos às vontades de nosso coração, não chegaremos aonde deveríamos e perderemos as bênçãos que Deus tem para nós.

Deus não faz da vontade dele um segredo que você deve se esforçar para descobrir; antes, deseja que você o busque para alcançá-la.

Deus abre e fecha portas em sua vida. Quando você busca a vontade divina acima de todas as coisas, ele fechará a porta para tudo o que não seja do agrado dele. Se você está prestes a fazer algo que não deve ser feito, não terá a paz de Deus. Você se sentirá inquieto, perturbado, ou com o coração pesado. Se uma decisão que você está prestes a tomar *é* da vontade de Deus, terá paz e alegria, mesmo que esse passo de fé lhe pareça assustador. O Espírito "intercede pelos santos de acordo com a vontade de Deus" (Rm 8.27). O Espírito conhece a vontade de Deus porque ele *é* Deus, e guiará você a orar de acordo com a vontade dele. Fique próximo dele e verá.

Senhor, ajuda-me a ouvir tua voz falando a mim e me dando direção para minha vida. Capacita-me a te seguir tão intimamente que eu jamais ande em qualquer tipo de rebeldia contra ti. Impede-me de ficar teimosamente preso aos meus desejos, vontades ou obstinações. Ensina-me a não ficar preocupado com a estima dos homens, mas instrui-me a ser diligente em agradar a ti. Jamais me permite rejeitar tua direção. "Ensina-me a fazer a tua vontade, pois tu és o meu Deus; que o teu bondoso Espírito me conduza por terreno plano" (Sl 143.10).

Sou grato porque tua vontade para minha vida é boa e pode ser conhecida. Dá-me sabedoria para compreender qual é a tua vontade (Ef 5.17). Capacita-me a cumpri-la. Ajuda-me a orar de acordo com teu querer, pois sei que tu ouves de modo especial orações desse tipo (1Jo 5.14-15). Escolho entregar-me à tua vontade todos os dias, de modo que eu jamais me afaste do caminho que tens para mim. Guia-me, Espírito Santo, a fazer o que é certo em toda situação. Alinha meu coração ao teu. Ajuda-me a ouvir claramente tua direção, para que eu esteja sempre em tua vontade. Capacita-me a ser plenamente capaz de fazer o que desejas que eu faça, de modo que eu possa realizar teu querer na minha vida e teu propósito neste mundo. "Tenho grande alegria em fazer a tua vontade", todos os dias (Sl 40.8).

Em nome de Jesus. Amém.

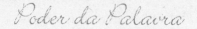

Portanto, não sejam insensatos, mas procurem compreender qual é a vontade do Senhor.

EFÉSIOS 5.17

Assim, meus amados, como sempre vocês obedeceram, não apenas na minha presença, porém muito mais agora na minha ausência, ponham em ação a salvação de vocês com temor e tremor, pois é Deus quem efetua em vocês tanto o querer quanto o realizar, de acordo com a boa vontade dele.

FILIPENSES 2.12-13

Guiado a adorar

Eu nunca soube o que era alegria até experimentá-la pela primeira vez na adoração. A alegria do Senhor invadiu minha alma como o nascer do sol, enchendo de luz os lugares sombrios de meu coração e derretendo as áreas endurecidas e congeladas, como cubos de gelo num dia quente. Lágrimas fluíam sem esforço de minha alma exausta, como uma suave chuva de verão; algo em mim se desprendeu, e eu fui transformada. Eu senti. Eu sabia. Nunca mais fui a mesma. E isso aconteceu todas as vezes em que estive num culto de adoração na igreja.

Essa manifestação da presença de Deus não pode ser obtida por uma fórmula ou algum tipo de manipulação. Acontece apenas quando temos um coração de profundo amor e reverência por Deus e sentimos alegria em expressar isso a ele. Acontece quando voltamos nossos olhos completamente na direção dele, exaltando-o por ele ser quem é e louvando Jesus pelo que ele fez. Acontece quando pessoas de mentalidade parecida se juntam com o coração unido em amor pelo Senhor e convidam o Espírito Santo a agir poderosamente por meio delas.

Para mim, sempre foi um milagre a maneira como Deus transforma *meu* coração toda vez que *o* adoro. Ele fará isso com todo aquele que se desprender de si mesmo com o intuito de concentrar-se inteiramente nele. Eu aprecio isto em Deus: o fato de que tudo se designa a *ele* acaba por ser *nossa* maior bênção.

Quando toda a sua adoração se destina a Deus, ele se derrama sobre você. De fato, existem certas bênçãos que ele deseja lhe dar e que você só pode receber em adoração.

O Espírito Santo sempre guiará você a adorar a Deus, mas ele não exige; ele inspira. Não é uma espécie de controle mental em que o líder do culto deseja que você o adore. Deus não é inseguro e não precisa que lhe digam quão grandioso ele é. A adoração é o pleno reconhecimento da verdade definitiva: Deus é o altíssimo, o todo-poderoso Criador de tudo o que existe, o Pai celestial de amor, graça e misericórdia. E seu Filho Jesus entregou a vida por nós e depois ressuscitou para provar que é Deus e que podemos também ser ressuscitados.

Quanto mais você conhece Deus, mais deseja adorá-lo. E, toda vez que o adora, você o conhece melhor. Se entende quem Deus de fato é, será impossível impedir a si mesmo de adorá-lo.

Sua adoração determina à imagem de quem você será formado. Você se torna mais parecido com o Senhor à medida que o adora.

A adoração deve se tornar um estilo de vida — algo que acontece diversas vezes ao dia, todos os dias. Não é apenas uma coisa pouco frequente que ocorre só às quartas e domingos. A adoração deve ser contínua e permanente, como o ar que respiramos. *A única maneira de manter a adoração viva em nosso coração é fazer dela um estilo de vida.* O Espírito Santo ajuda você com isso. Ele o guiará a adorar a Deus sempre que seu coração ou mente estiverem dispostos.

Você não pode ser íntimo de Deus se não adorá-lo. E, se não adorá-lo diariamente, nunca ficará tão próximo dele quanto pode estar. Você se torna o mais íntimo possível de Deus na terra quando o adora, pois ele está "entronizado entre os louvores" (Sl 22.3, RA).

Quando adoramos a Deus por ele ser quem é, começamos a entender melhor quem nós somos em relação a ele.

Tomamos decisões todos os dias a respeito de quem e o que iremos adorar. Uma vez que Deus nos deu livre-arbítrio — em vez de criar robôs que ele pode programar para sua adoração —, podemos *escolher* adorá-lo. É assim que definimos o andamento de nossa vida, pois nossa escolha de adoração determina nossas prioridades e valores. Deus quer que o adoremos de todo o coração, em espírito (conforme somos capacitados pelo Espírito Santo) e pautados na verdade que ele nos concedeu.

GUIADO A ADORAR COM TODO O SEU CORAÇÃO

Deus quer que o amemos de todo o nosso coração, alma e entendimento. Ele disse: "Vocês me procurarão e me acharão quando me procurarem de *todo o coração*" (Jr 29.13). E é também desse modo como devemos adorá-lo. A coisa mais importante que fazemos na terra é adorar a Deus.

Você nasceu para glorificar a Deus, e a forma mais significativa de fazer isso é em adoração a ele.

Conforme nos derramamos em adoração a Deus, ele se derrama sobre nós. Conforme você abre seu coração para Deus em louvor, ele amplia a capacidade de seu coração de receber amor, paz, alegria e poder. Conforme você permite que a alegria do Senhor cresça em seu coração, ele afasta o medo, a ansiedade e a dúvida. Conforme você ajusta sua mente e se concentra em Deus, ele remove toda confusão e lhe dá clareza. Conforme você põe de lado sua fraqueza e se preocupa em adorar ao Senhor, ele o renova, refresca, ilumina e liberta de qualquer coisa que o prenda. Conforme você oferece a Deus tudo o que há em seu interior, ele enche sua vida com o Espírito dele e satisfaz sua carência por intimidade. Conforme você ergue suas mãos e seu coração para Deus, ele o eleva sobre as circunstâncias que o preocupam. Conforme você quebra seu silêncio e adora a Deus em voz alta, ele quebra as cadeias que o aprisionam.

A adoração consiste em expressar todos os motivos por que Deus é digno de ser exaltado. Se você não sabe por onde começar, deixe-me dar algumas ideias.

Louve a Deus como seu Criador e Pai celestial, que ama você incondicionalmente e para sempre. Louve a Jesus por ter entregado a vida em seu favor, de modo que você possa viver em completo perdão e ter refúgio seguro e glorioso eternamente com ele no céu. Louve-o pela salvação, redenção, cura, providência, proteção e libertação. Adore-o pelo dom do Espírito Santo que vive em você e age por seu intermédio. Louve a Deus por sua Palavra, que lhe dá firme alicerce e é uma carta de amor a ser lida ao longo de toda a vida. Louve-o por sua bondade. Adore-o por ele ser todo-poderoso. Louve-o por ser o mesmo ontem, hoje e para sempre. Adore-o, ele que é a luz infalível neste mundo de trevas. Louve-o por ele ter um grande propósito para sua vida, por estar sempre ao seu lado e por jamais abandonar você.

Comece por aí!

Se isso tudo não despertar algo em seu coração, comece com o básico: o fato de que Deus lhe deu vida, você acordou esta manhã e não morreu durante a noite.

A adoração é a resposta à grandeza de Deus por meio da exaltação dele, mas você não o exaltará como deve se não entender plenamente quão grandioso ele é.

Deus quer que sua adoração seja pessoal. Ele certamente deseja que você o adore com outros fiéis, mas deseja também que o faça sozinho — só você e ele. Deus também requer que sua adoração não seja apenas com os lábios. Ele quer que venha de *todo* o seu coração. Jesus disse: "Este povo me honra com os lábios, mas o seu coração está longe de mim. Em vão me adoram; seus ensinamentos não passam de regras ensinadas por homens" (Mc 7.6-7). Ele estava citando as palavras de Isaías, de centenas de anos antes, e, como Isaías, Jesus não aprovava a adoração manifestada por pessoas que pronunciavam palavras de louvor, mas cujo coração estava distante disso. A verdadeira adoração flui do coração; do contrário, não passamos de hipócritas.

Se estamos apenas fazendo movimentos, cantando ou recitando palavras que ouvimos, tudo não passa de atuação ou imitação de uma tradição morta. Somos chamados a adorar a Deus com louvor genuíno, que flui do coração. A adoração não deveria ser *forçada* para fora de nós. Deveríamos ter tanta gratidão e reverência por Deus que simplesmente não conseguiríamos impedir o louvor de fluir.

Mas se, por alguma razão, não conseguimos adorar a Deus, temos então problemas de coração. Não estou dizendo que você não pode começar a expressar ou cantar palavras de louvor se o seu coração não está presente, porque, uma vez que você começa, seu coração o acompanha. Se você se considera incapaz de adorar a Deus em razão de dor, depressão, raiva, falta de perdão, ou qualquer mentira que o inimigo lhe contou, interrompa essa paralisia dizendo com sinceridade: "Deus Pai, eu adoro a ti acima de todas as coisas. Jesus, tu és Senhor dos céus e da terra, e eu te louvo por me salvares e libertares". Depois, cante um hino de adoração, mesmo que, naquele momento, não sinta vontade de adorar. Isso não é hipocrisia. Isso é resistir ao inimigo.

Um hipócrita é alguém que realiza ações rituais sem fundamento em nenhum sentimento real, como se fosse apenas uma exibição pública. Uma pessoa que tenta romper um muro de desencorajamento ou sofrimento, erigido pelo inimigo de sua alma em meio às circunstâncias, não é hipócrita por expressar palavras de louvor e adoração, mesmo que não sinta essa vontade em seu coração naquele momento. Se você tem dificuldade para fazer isso, ouça canções de adoração numa altura suficiente para abafar as vozes negativas em sua cabeça. A adoração é poderosa e vai romper qualquer coisa. Cante junto. Comece cantarolando, se é o possível naquele momento. Não faça nada. Peça a direção do Espírito Santo.

Em adoração, erguemos nosso coração e nossas mãos para o céu e nos desprendemos de tudo o que há na terra.

A maior evidência de nosso amor e devoção a Deus é nossa adoração. A adoração demonstra que todo o nosso foco está *nele*. Não está em nós, nem nas pessoas ao redor, nem no líder de adoração, nem no grupo de louvor. Deus quer lhe dar uma veste de louvor para o espírito angustiado. E essa é uma troca perfeita.

O temente rei Josias restaurou a adoração a Deus primeiramente *lendo a Palavra de Deus em voz alta* para os sacerdotes e para o povo (2Rs 23.2). Então ele se comprometeu a seguir Deus e a guardar seus mandamentos "*de todo o coração e de toda a alma*" (2Rs 23.3). De imediato, ele destruiu tudo que era profano na terra. Limpou o templo de tudo o que fosse usado na adoração de falsos deuses e ídolos (2Rs 23.4). Derrubou os altares que os reis antes dele não haviam removido e expulsou os sacerdotes que praticavam idolatria (2Rs 23.5-20). A Bíblia diz que "nem antes nem depois de Josias houve um rei como ele, *que se voltasse para o Senhor de todo o coração, de toda a alma e de todas as suas forças*" (2Rs 23.25).

Nós também devemos derrubar os altares de nosso coração e destruir tudo o que é profano em nossa vida. Também devemos nos livrar de todos os falsos deuses e ídolos, e de qualquer pessoa que exerça má influência sobre nós. Devemos pedir ao Espírito Santo que limpe nosso coração de tudo o que não vem dele, de modo que possamos nos dirigir a Deus em adoração com todo o coração, toda a alma e toda a força.

O rei Davi e o povo de Israel traziam a arca de Deus de volta a Jerusalém. Puseram-na num carroção novo e adoraram a Deus "*com todo o vigor*" durante a viagem (1Cr 13.8). De fato, as pessoas *paravam frequentemente* para adorar. "Quando os que carregavam a arca do Senhor davam seis passos, ele sacrificava um boi e um novilho gordo. Davi, vestindo o colete sacerdotal de linho, foi dançando com todas as suas forças [...] enquanto ele e todos os israelitas levavam a arca do Senhor ao som de gritos de alegria e de trombetas" (2Sm 6.13-15).

Nós também devemos parar frequentemente para adorar a Deus com todas as nossas forças.

Quando não adoramos a Deus, o removemos de seu trono em nosso coração e colocamos a nós mesmos nesse lugar. É isso o que Lúcifer fez antes de cair do céu e se tornar Satanás na terra. Lúcifer era um belo ser — o líder da adoração no céu —, mas queria ser Deus. E não queremos ter nada a ver com o orgulho e o fracasso dele.

Quando o rei Davi comprou um terreno para construir um altar ao Senhor a fim de fazer ofertas a Deus, ele disse: "Não oferecerei ao SENHOR, o meu Deus, holocaustos *que não me custem nada*" (2Sm 24.24). Em consequência disso, o Senhor atendeu às suas orações em favor da terra e fez cessar a praga que destruía Israel (2Sm 24.25). Não podemos adorar a Deus com um louvor sem firmeza, sem vida e sem esforço, que não nos custa nada. Devemos sacrificar tudo o que há em nós — corpo, alma e mente. Isso significa que devemos fazer um esforço considerável.

Quando adoramos coisas que não podem nos salvar ou nos dar vida, ficamos tão mortos quanto essas coisas. Toda vez que adoramos a Deus por *ele* ser quem é, ele se infunde em nós com seu poder transformador. Esse poder suaviza nosso coração e nos deixa mais fortes. Deus nos concede sua alegria, que nos anima o coração e nos fortalece.

Nossa adoração influencia quem somos, porque nos tornamos parecidos com quem ou com aquilo que adoramos (Sl 115.4-8).

Quando as pessoas que estavam cativas retornaram a Jerusalém para reconstruir o templo, a primeira coisa que fizeram foi construir o altar e restaurar a adoração. E, quando o alicerce do templo estava lançado, o povo "louvou o Senhor em alta voz" (Ed 3.11). A expressão usada aqui significa "um grande barulho que não pode ser ignorado". Isso resume a maneira como devemos louvar a Deus certas vezes. Devemos louvá-lo em silêncio e reverência também, mas deve haver certos momentos em que cantamos ou proclamamos louvores a Deus com um som que não pode ser ignorado.

Embora esse versículo de Esdras trate da restauração do templo que havia sido arruinado, podemos compará-lo à nossa vida e aos lugares onde precisamos da restauração de Deus para uma parte morta ou danificada de nossa mente, coração ou memória, parte essa que se desviou da vontade divina. Qualquer restauração deveria provocar gritos de louvor e alegria, como aconteceu com o povo de Jerusalém, que viu a restauração do amado templo de Deus, outrora destruído.

Seja na privacidade de seu quarto, seja no meio da culto com sua igreja, cante e expresse palavras de louvor em seu momento de adoração. Para muita pessoas, o simples ato de expressar ou cantar em voz alta é um passo à frente. Não se trata de desordem ou de chamar atenção para si mesmo. Trata-se de exaltar a Deus de um modo que o inimigo ouvirá. O louvor é uma arma de guerra. Não se trata do volume. Trata-se do que está em seu coração.

Não é difícil encontrar razões para louvar a Deus, mas pode ser difícil adorá-lo com a frequência e o comprometimento devidos. É por isso que precisamos ser totalmente conduzidos pelo Espírito Santo. Ele nos guiará até a adoração. É *você* quem determina quanto de seu coração se dedica a isso. Deus quer que você o adore porque a adoração possibilita receber todas as bênçãos que ele tem para sua vida.

Poder da oração

Senhor, não quero mais ser fraco, ineficaz ou incompleto em minha adoração a ti. Tu és tudo para mim. Não quero ser como os que em tua Palavra possuíam tudo — tua presença e teu Espírito Santo com eles — e perderam. Eles possuíam o dom mais valioso e precioso da vida e o desperdiçaram porque seu coração estava distante de ti. Eles começaram como adoradores gratos e terminaram arruinados sem tua presença para protegê-los. Mantém-me longe disso. Ensina-me a adorar a ti de todo o meu coração. Faze-me lembrar de combater as dificuldades em minha vida com adoração, pois tu és maior que qualquer coisa que eu vier a enfrentar.

Não quero mais que minha adoração reflita qualquer coisa, senão reverência total e verdadeira por ti. Perdoa-me por alguma ocasião na qual eu não tenha dado graças a ti como deveria. Ensina-me a te adorar de todo o meu coração — com tudo o que há em mim. "A minha alma apega-se a ti" (Sl 63.8). Revela a mim tudo aquilo que há em meu coração e me impede de dar a ti toda a adoração e todo o louvor merecidos. Ajuda-me a fazer da adoração a ti o primeiro lugar ao qual me dirijo quando tiver preocupações. Capacita-me a fazer disso um estilo de vida.

Em nome de Jesus. Amém.

Poder da Palavra

*Bendirei o SENHOR o tempo todo! Os meus lábios
sempre o louvarão.*

SALMOS 34.1

*Sabemos que Deus não ouve pecadores, mas ouve o homem
que o teme e pratica a sua vontade.*

JOÃO 9.31

GUIADO A ADORAR COM O AUXÍLIO DO ESPÍRITO SANTO

O Espírito Santo nos ajuda a adorar a Deus. Sobre a verdadeira adoração, Jesus disse que *"é necessário que os seus adoradores o adorem em espírito e em verdade"* (Jo 4.24). O Espírito Santo nos guia à adoração. Ele a desperta em nosso coração e nos mostra como devemos realizá-la.

Temos o Espírito Santo quando recebemos Jesus, mas precisamos de um derramamento especial do Espírito que nos dá acesso ao mesmo poder que Jesus tinha. Depois de ser batizado por João e receber o Espírito Santo, Jesus passou a ter o *poder do Espírito* e a ser *"levado pelo Espírito"* (Lc 4.1). Nós também precisamos do poder e da direção do Espírito Santo. Deus não dá algo de valor inestimável a alguém que não quer ou não aprecia esse presente. Devemos desejá-lo.

A Bíblia também se refere ao Espírito Santo como "o Espírito do SENHOR" (2Cr 20.14), o "Espírito de Deus" (2Cr 15.1) e "o poder do SENHOR" (2Rs 3.15).

O profeta Eliseu precisava ouvir a voz de Deus, e ele sabia que *a adoração era a chave para que isso acontecesse*. Então, pediu que lhe trouxessem um músico. "Enquanto o harpista estava tocando, *o poder do SENHOR veio sobre Eliseu*" (2Rs 3.15). Isso significa que o Espírito Santo veio sobre Eliseu enquanto ele adorava. Nossa adoração prepara nosso coração para receber Deus.

A adoração é a chave para ouvir a voz de Deus. Quando adoramos a Deus, abrimo-nos ao fluir do Espírito Santo em nós, trazendo para nossa vida a plenitude do caráter divino. Quando adoramos a Deus, a presença dele está conosco poderosamente e somos capazes de ouvi-lo.

O contínuo fluir do Espírito Santo em você o inspirará a adorar a Deus, e, como resultado, você será mais capaz de ouvir a voz dele falando ao seu coração.

O Espírito Santo conhece as coisas de Deus. "Pois, quem conhece os pensamentos do homem, a não ser o espírito do homem que nele está? Da mesma forma, ninguém conhece os pensamentos de Deus, a não ser o Espírito de Deus" (1Co 2.11). O Espírito Santo sabe como devemos adorá-lo. Quando adoramos a Deus, abrimos todo o nosso coração a ele, e o Espírito Santo é o canal pelo qual Deus se derrama sobre nós. Ele derrama em nós seu amor, alegria, paz, poder, tudo o que ele é. Desse modo, partilha a si mesmo conosco.

O Espírito Santo — o selo de aprovação de Deus — o capacita a ter uma relação cada vez mais profunda com Deus. O Espírito Santo guia você não somente durante a oração, mas também durante a adoração. Ele é sua fonte de poder para que você possa realizar o que jamais conseguiria fazer sem ele. Ele dá significado e propósito à sua vida. Ele ilumina a Palavra e o guia a cada passo de sua caminhada com Deus.

O Espírito Santo jamais nos guia a reclamar; ele nos guia a adorar. De fato, se você anda reclamando, não está sendo guiado pelo Espírito, e precisa mudar isso. Reclamar não é o mesmo que ir até Deus em oração e lhe contar as preocupações de seu coração. Em oração você busca a perspectiva, o entendimento, a sabedoria e a ajuda de Deus. Reclamar sobre uma situação é algo que você faz *em vez de* levar suas preocupações a Deus. Você não pode adorar de todo o seu coração se vive reclamando e murmurando.

O povo de Israel reclamou contra Moisés, dizendo: "Por que vocês nos tiraram do Egito para morrermos no deserto? Não há pão! Não há água! E nós detestamos esta comida miserável!" (Nm 21.5). Isso significa que, na verdade, eles estavam reclamando contra Deus. Eles não foram até Deus humildemente para dizer: "Louvado seja o Senhor, nosso provedor. Adoramos a ti como nosso Deus Altíssimo, para quem nada é impossível. Oramos para que tu continues a prover a comida e a água de que precisamos".

Deus queria que o povo dependesse dele para suas necessidades, porque ele os estava conduzindo a um lugar ao qual não chegariam sozinhos. Porém, como resposta à reclamação, "o Senhor enviou serpentes venenosas que morderam o povo, e muitos morreram" (Nm 21.6). Não é impressionante como uma invasão de serpentes venenosas tem a capacidade de devolver a noção às pessoas? Então eles se arrependeram de suas reclamações e pediram que Moisés orasse a Deus para tirar as serpentes do meio deles (Nm 21.7).

Essa terrível praga das serpentes foi o resultado das reclamações e murmúrios contra Deus. O povo reclamou em vez de adorar. Mas Deus respondeu à *confissão* e ao *arrependimento* deles instruindo Moisés a fazer uma serpente de bronze e colocá-la num poste, para que todo aquele que fosse mordido olhasse para ela e sobrevivesse. Deus poderia simplesmente ter tirado as serpentes todas do meio deles, mas em vez disso providenciou uma forma de salvação.

Jesus falou sobre essa serpente de bronze erguida no deserto e a comparou consigo mesmo, quando fosse erguido na cruz, "para que todo o que nele crer tenha a vida eterna" (Jo 3.14-15). Em vez de reclamar, contemple Jesus na cruz e agradeça a Deus por ele ter a solução para tudo o que preocupa você.

A reclamação sempre volta para nos morder. O melhor a fazer é agradecer a Deus pelo Espírito dele em nós, que nos guia em todas as coisas. E isso inclui a adoração.

Poder da oração

Senhor, eu te agradeço pelo dom de teu Espírito Santo em mim. Eu valorizo isso acima de todas as coisas. Ajuda-me a estar sempre ciente de tua presença me guiando para adorar a ti. Sei que tu sempre ouves meus pensamentos, por isso guarda-me de ter a mente assaltada por ideias ímpias. Confesso a ti todas as vezes em que reclamei em vez de levar meus conflitos e decepções a ti em oração. Não quero mais levar meus desejos diante de ti de maneira descuidada.

Espírito Santo, sei que tu podes me dar as palavras que devo dizer (Lc 12.12), que ensinas todas as coisas (Jo 14.26) e que podes me ajudar a fazer a coisa certa (Rm 7.6). Por isso, sei que tu me ajudarás a adorar a ti em espírito, pois tu és o Espírito de Deus em mim. Limpa-me de toda iniquidade, a fim de que eu seja vaso puro capaz de adorar a ti na santidade para a qual me chamaste. Remove de minha mente ou comportamento tudo que não seja da tua vontade. Eu te exalto como Espírito de vida (Rm 8.2) e Espírito de santidade (Rm 1.4). Capacita-me a adorar a ti de todas as formas que te são aceitáveis.

Em nome de Jesus. Amém.

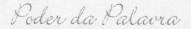

Deem graças em todas as circunstâncias, pois esta é a vontade de Deus para vocês em Cristo Jesus.
1 TESSALONICENSES 5.18

Quem entre os deuses é semelhante a ti, SENHOR? Quem é semelhante a ti? Majestoso em santidade, terrível em feitos gloriosos, autor de maravilhas?
ÊXODO 15.11

GUIADO A ADORAR COM O CONHECIMENTO DA VERDADE

O Espírito Santo é o Espírito da verdade. E ele quer que o adoremos na verdade de sua Palavra. Antes de ser crucificado, Jesus falou sobre o Conselheiro que enviaria: "*o Espírito da verdade* que provém do Pai, ele testemunhará a meu respeito" (Jo 15.26). O Espírito Santo da verdade nos guia em todas as coisas (Jo 16.13). Ele é o Conselheiro que nos ensina (Jo 14.26). Ele nos ensinará a adorá-lo da maneira como deseja ser adorado.

O Espírito Santo é a presença de Deus. Não podemos efetivamente ver Deus e sobreviver. Sendo assim, ele nos dá seu Espírito, que é onipresente. A obra do Espírito Santo consiste em encher-nos de tudo o que Deus nos dá e capacitar-nos a obedecer-lhe e a fazer o que não poderíamos fazer por conta própria.

Quando enchemos nosso coração da Palavra de Deus, isso nos faz lembrar quem Deus é e tudo o que ele fez por nós, bem como o que Jesus realizou na cruz. Ensina-nos, ainda, acerca de tudo o que o Espírito Santo está fazendo em nossa vida. Isso tudo nos leva a adorar a Deus em verdade.

Quando os israelitas chegaram à terra da qual tomaria posse, eles tinham de destruir completamente todos os lugares de idolatria e adoração de falsos deuses (Dt 12.2-4). Eles não deviam incorporá-los aos seus lugares de adoração. Deviam buscar a orientação do Espírito Santo para descobrir o que Deus queria que fizessem. Devemos agir da mesma forma. Não podemos fazer o que parece certo a nossos olhos (Dt 12.8). Devemos adorar a Deus da maneira como ele nos ordenou. Isto é, devemos saber a verdade sobre como adorar a Deus de acordo com o que está revelado na Palavra.

Peça a Deus um lugar onde possa adorá-lo com outros crentes. Existem bênçãos que ocorrem na adoração em grupo que não acontecerão de nenhuma outra forma em sua vida. Deus disse:

"Tenham o cuidado de não sacrificar os seus holocaustos em qualquer lugar que lhes agrade. Ofereçam-nos *somente no local que o Senhor escolher*" (Dt 12.13-14). Não frequente cultos de adoração em qualquer lugar, mas no lugar que Deus lhe mostrar por meio da direção do Espírito Santo. Isso não significa que você não pode visitar outras igrejas, mas não corra de um lugar para outro, sem nunca se fixar numa igreja.

Deus tem um lugar onde você pode adorar e crescer com uma família cristã. Descubra onde é esse lugar. Ore a esse respeito. Se tiver dúvidas, escolha uma boa igreja e veja se você sente a paz de Deus ao frequentá-la. Peça a orientação do Espírito Santo. Não vá a uma igreja onde a adoração não é prioridade, ou onde existe uma agitação no palco, mas nada de verdadeiro acontecendo no meio da congregação. Vá onde há *líderes* de adoração que *conduzem* o povo em adoração, e não apenas se exibem em público. Não se trata de estilos musicais ou volume. Trata-se de todo mundo firmando inteiramente a visão no Senhor, e não em si mesmo. Você deve ser *ensinado* a adorar, e não entretido enquanto outros adoram por você.

Sem a Palavra de Deus iluminando nossa vida, seremos mais persuadidos pelo mundo do que por Deus.

Deus nos concedeu sua Palavra para que soubéssemos como viver — e isso inclui a adoração. Ele tem regras para fazer nossa vida funcionar e para sermos capazes de evitar coisas que nos ferirão. Ele quer que saibamos a verdade. Sobre todas as coisas.

A verdade definitiva é a Palavra de Deus, infalível, confiável e absoluta. É nela que encontraremos tudo o que precisamos saber sobre como e por que devemos adorar a Deus.

GUIA-ME, ESPÍRITO SANTO

Toda vez que você ler a Bíblia, anote os nomes e descrições de Deus conforme aparecem. Isso o ajudará a honrá-lo por ele ser quem é. Por exemplo, quando você ler que a Bíblia se refere a Deus como Pai Celestial, Pão da Vida, Onisciente, Luz do Mundo, Senhor dos Senhores, Rei dos Reis, Fortaleza no Dia da Angústia, Lugar de Descanso, Refúgio em Meio à Tempestade, Sombra para o Calor, Galardoador, Escudo, Sustentador e Misericordioso, agradeça-lhe por ele ser todas essas coisas para *você*. Qualquer um desses nomes é motivo para louvor. Louve-o por ele amar você, por ser bom, puro e santo, por ter um propósito para sua vida, por redimir todas as coisas, por ouvir suas orações e responder a elas, por jamais deixá-lo ou abandoná-lo, por poder ser encontrado quando você o busca, e por ser mais poderoso que qualquer coisa com que você depare. Cada uma dessas verdades é encontrada na Palavra de Deus.

Você precisa saber a verdade sobre Jesus. Ele *é* a verdade. Quando você enxerga Jesus como seu Maravilhoso Conselheiro, Deus Poderoso, Pai Eterno e Príncipe da Paz, como não pode ficar sem adorá-lo (Is 9.6)? Ao lembrar-se de que Jesus possibilitou que orássemos em nome dele e tivéssemos a esperança pela alegria da prece atendida, você o adorará (Jo 16.23-24). Ao refletir em tudo o que Jesus fez por sua causa, você o adorará. Estou convencida disso.

Poder da oração

Senhor, eu te agradeço pela verdade da tua Palavra, que me mostra como viver. Ajuda-me a aprender, por meio dela, como adorar a ti de maneiras que te agradam. Eu te louvo por me perdoares e tornares possível que eu tenha um relacionamento contigo para sempre. Eu te exalto, Jesus, e te agradeço por teres ressuscitado dos mortos e rompido para sempre o poder da morte e do inferno em minha vida. Obrigado por me salvares de mim mesmo e me fazeres vivo em ti. Obrigado por me transformares em uma pessoa completa.

Eu te louvo, Senhor, pela dádiva de teu Espírito Santo em mim. Eu te louvo, Espírito Santo, por me guiares em todas as coisas. Sei que "a tua justiça é eterna, e a tua lei é a verdade" (Sl 119.142). "Voltado para o teu santo templo, eu me prostrarei e renderei graças ao teu nome, por causa do teu amor e da tua fidelidade; pois exaltaste acima de todas as coisas o teu nome e a tua palavra" (Sl 138.2). Pois tu estás à minha direita, e eu não serei abalado (Sl 16.8). Ajuda-me a entrar diariamente por tuas portas com ações de graças, e em teus átrios com louvor (Sl 100.4). Capacita-me a fazer da adoração a ti um estilo de vida, minha primeira reação a tudo o que acontecer, seja bom, seja mau.

Em nome de Jesus. Amém.

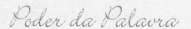

No entanto, está chegando a hora, e de fato já chegou, em que os verdadeiros adoradores adorarão o Pai em espírito e em verdade. São estes os adoradores que o Pai procura.

João 4.23

Vocês, porém, são geração eleita, sacerdócio real, nação santa, povo exclusivo de Deus, para anunciar as grandezas daquele que os chamou das trevas para a sua maravilhosa luz.

1Pedro 2.9

5
Guiado a ser separado

Nós, que temos o Espírito Santo, deveríamos ser diferentes daqueles que não o têm. Se as pessoas não conseguem enxergar ou perceber uma diferença positiva em nossa vida, então não estamos sendo guiados pelo Espírito em tudo o que fazemos.

A Bíblia diz: "Não entristeçam o Espírito Santo de Deus, *com o qual vocês foram selados* para o dia da redenção" (Ef 4.30). "Selar" algo é assegurar e confirmar um vínculo, aprovando-o e endossando-o para sempre. Não é maravilhoso saber que foi exatamente isso o que Jesus fez por seu relacionamento com ele ao presenteá-lo com o Espírito Santo? Quando você recebeu Jesus, ele lhe deu o Espírito Santo como *o selo que confirma e assegura esse vínculo entre você e Deus* — vínculo que, da parte dele, é inquebrável. O Espírito de Deus está comprometido a viver em você para sempre. Existe algo mais incrível?

Entretanto, o Espírito Santo só se *manifesta* em sua vida quando você lhe concede espaço. Ele jamais se manifestará se você não quiser que ele o faça. Por isso, pode ter certeza que algumas pessoas nem sequer suspeitam que ele esteja ali. Mas por que restringir o Espírito Santo de fazer o que ele deseja realizar em você? Por que mantê-lo em segredo? Não estou dizendo que você tem de divulgá-lo com um megafone por onde passe. (E todos preferiríamos que você não fizesse isso.) Mas por que suprimi-lo intencionalmente se ele pode manifestar o amor, a paz e a alegria de Deus e atrair as pessoas para ele?

Nós entristecemos o Espírito Santo quando pensamos, dizemos ou fazemos coisas que não são santas como ele é santo. Quando cometemos pecado em nossas ações, palavras ou pensamentos — como quando não perdoamos uns aos outros —, o Espírito Santo se entristece, assim como você ficaria magoado se um de seus filhos se recusasse a perdoar outro de seus filhos. Você ficaria triste com a situação até que a coisa certa fosse feita. Contudo, se somos guiados pelo Espírito em todas as coisas, jamais o entristeceremos.

O Espírito Santo sempre guiará você a se tornar mais e mais parecido com o Senhor. Deus sabe que não podemos fazer isso sem a capacitação dele, "pois a carne deseja o que é contrário ao Espírito; e o Espírito, o que é contrário à carne. Eles estão em conflito um com o outro, de modo que vocês não fazem o que desejam" (Gl 5.17).

Aí está. Nossa carne, deixada à própria vontade, estará em oposição ao Espírito Santo em nós. Ou estamos submissos a Deus e à direção do Espírito Santo, ou não. Ou somos os que pertencem a Cristo e "crucificaram a carne, com as suas paixões e os seus desejos", ou não (Gl 5.24).

Para que as outras pessoas vejam a beleza do Espírito de Deus em nós, devemos nos separar de tudo que não pertence a Deus.

Podemos *escolher* nos separar de todo pecado, da sedução profana do mundo, das armadilhas e dos planos do inimigo, de toda tentação, das falhas do passado, do orgulho e de tudo aquilo que nos afasta de Deus. Podemos escolher nossa maneira de viver.

Guiado a ser separado de todo pecado

A primeira coisa que o Espírito Santo faz, depois de levar você ao Senhor, é afastá-lo de todo pecado. Isso significa que o Espírito Santo chamará sua atenção para toda situação na qual você tem deixado passar o propósito elevado que Deus lhe designou. O povo de Israel recebeu o aviso: "Andem sempre pelo caminho que o Senhor, o seu Deus, lhes ordenou, *para que tenham vida, tudo lhes vá bem e os seus dias se prolonguem* na terra da qual tomarão posse" (Dt 5.33).

Isso é o que queremos — viver bem e bastante. O Espírito Santo nos convence acerca de qualquer pessoa, palavra ou ação que nos impeça de viver assim. E é por isso que não temos mais apreço pelo pecado, pois sentimos a tristeza do Espírito Santo e desgosto próprio quando pecamos. O Espírito Santo nos oferece o poder de nos afastar do pecado e de nos livrar de hábitos destrutivos dos quais não nos libertaríamos por conta própria.

O pecado nos separa de Deus. A separação acontece do *nosso* lado, mas muitas vezes pensamos que acontece do lado de *Deus*. Sabemos quando cometemos um pecado e, se *não* nos colocamos imediatamente diante de Deus em confissão, com um coração arrependido, permitimos que se erga um muro entre nós e ele. Pensamos que Deus está distante, mas na verdade nos distanciamos dele quando não confessamos o que fizemos nem nos arrependemos violando suas leis. "Se eu acalentasse o pecado no coração, o Senhor não me ouviria" (Sl 66.18).

Deus não ouvirá nossas orações se continuarmos vivendo longe de seus caminhos.

O pecado pode se arrastar de maneira sutil até nosso coração e nossa mente — por vezes sem que nem sequer o percebamos. A verdade é que sempre acabaremos vivendo de algum modo que não agrada a Deus quando não permitirmos que o Espírito Santo nos guie. Sobre Roboão, um dos reis de Israel, a Bíblia diz que "ele agiu mal porque *não dispôs o seu coração para buscar o SENHOR*" (2Cr 12.14). Temos sempre de firmar nosso coração na direção de Deus.

Um padrão de comportamento se repetia desavergonhadamente em Israel. Quando as coisas iam bem, o povo fazia maldades e abandonava Deus. Em seguida, Deus se enfurecia e permitia que seus inimigos o derrotassem e oprimissem (Jz 10.6-7). O povo de Israel clamava a Deus, confessava e se arrependia de seu pecado, e ele os perdoava. Então o padrão recomeçava, vez após vez (Jz 10.10).

Deus finalmente perdeu a paciência com o pecado frequente dos israelitas e lhes disse para clamarem aos deuses que haviam escolhido, para que *eles* os salvassem (Jz 10.14). Isso é assustador. É como dizer: "Que suas drogas e seu álcool salvem você", "Que seu caso ilícito salve você", "Que seu dinheiro salve você", "Que seus programas de televisão salvem você", "Que sua obsessão salve você". Ou qualquer outra coisa que as pessoas adoram em vez de adorar a Deus.

Depois disso, o povo de Israel *mais uma vez* confessou seus pecados e se afastou dos deuses estrangeiros, dizendo: "Nós pecamos. Faze conosco o que achares melhor, mas te rogamos, livra-nos agora" (Jz 10.15). E como Deus *"não pôde mais suportar o sofrimento de Israel"*, ele o perdoou (Jz 10.16). Deus tem sentimentos e misericórdia. Ele tem alma.

Assim como o povo de Israel, tendemos a repetir esses padrões em nossa vida, a menos que estejamos totalmente entregues a Deus. Quando as coisas vão bem, pensamos que podemos fazer qualquer coisa. Então, quando as coisas começam a dar errado — como sempre acontece —, voltamos ao Senhor com grande arrependimento. Contudo, todo dia em que somos guiados pelo Espírito Santo é um dia no qual podemos ser convencidos do pecado e interromper esse padrão de comportamento (Jo 16.8).

Se você peca e continua pecando, não significa que o Espírito Santo não está em sua vida. Significa que você não se rendeu totalmente a ele, e não tem escutado a direção dele todos os dias.

Temos de nos libertar de qualquer pecado em nossa vida. E todos temos pecados. "Se afirmarmos que estamos sem pecado, enganamos a nós mesmos, e a verdade não está em nós" (1Jo 1.8). Já vi pessoas dizerem que não tinham pecado e que não eram suscetíveis a pecar. Foram essas as pessoas que sofreram as maiores quedas. Quedas enormes! O orgulho as cegou para seu próprio caráter falível. Caíram porque pensavam que isso jamais aconteceria. E não perceberam o pecado se arrastando sutilmente, usurpando-lhes a vida. A essa altura, não era nem mais sutil: eles se *recusavam* a ver. Ficaram tão iludidos que estabeleceram para si mesmos um sistema de justificação humano. Isso pode acontecer com qualquer um que não segue a direção do Espírito Santo.

O Espírito Santo jamais guiará você à violação das leis de Deus. Certa vez ouvi um homem dizer que acreditava que o Senhor o estava guiando a deixar a esposa e casar-se com a secretária — que já era casada — porque a secretária estava mais em sintonia com seu ministério do que a esposa. É claro, ele não levava em consideração que sua esposa tinha de tomar conta de quatro crianças pequenas. A direção do Espírito jamais o levará na direção contrária aos caminhos de Deus. Nunca!

Peça a Deus que o faça se sentir perturbado pelo pecado, pois, se continuar pecando, você perderá sua capacidade de ouvir o Espírito Santo dizendo: "Volte".

Peça que o Espírito Santo revele todo pecado em sua vida *antes* que ele tenha de convencê-lo desse pecado. Se ele revelar algo a você, confesse e se arrependa humildemente, de modo a ser perdoado e purificado. Todo pecado ao qual você ceder lugar — mesmo em seus pensamentos — poluirá sua mente e corpo e o deixará infeliz. Então, desista. Não vale a pena.

Todo pecado em sua vida entristece o Espírito Santo que habita em você. Exatamente como você não toleraria um cheiro terrível em sua casa, existe um fedor de pecado humano que é intolerável para o Espírito Santo. Não conviva com essa poluição se você pode ser purificado pelo doce aroma do perdão de Deus. Peça que o Espírito Santo lhe conceda força para livrar-se por completo de todo pecado. Peça que ele remova qualquer desejo de até mesmo pensar nesse pecado.

O pecado mata. Mas o Espírito em você lhe dá vida (Rm 8.11). Deus odeia o pecado (Pv 8.13). Se você ama a Deus, também odiará o pecado. Você o odiará o suficiente para separar-se dele.

Poder da oração

Senhor, ajuda-me a separar-me de todo pecado. Espírito Santo, sei que me guias para longe do pecado, por isso oro pedindo que eu sempre ouça tua voz falando ao meu coração. Dá-me forte convicção em minha alma se eu hesitar em fazer a coisa certa. Impede-me de ficar ao redor de gente ou de coisas que possuam a mínima aparência de pecado. Acima de tudo, não quero jamais entristecer teu Espírito Santo. Impede-me de pensar, dizer ou fazer qualquer coisa que esteja em rebeldia contra os teus caminhos.

Ajuda-me a ser perdoador e compassivo para com os outros. Preciso de tua ajuda porque nem sempre faço ou digo coisas da maneira que agrada a ti. Capacita-me a crucificar quaisquer desejos profanos. Dá-me força para separar-me de tudo que não pertence a ti, de modo que eu possa desfrutar uma vida longa e feliz. Não quero nunca encontrar uma parede de separação que eu tenha erigido entre mim e ti por causa do meu desrespeito à tua vontade e aos teus caminhos. Rejeito todo orgulho que produz em mim o menor pensamento de que sou incapaz de pecar. Impede-me de ser enganada a esse respeito. Capacita-me a manter distância de todo desejo que me impeça de viver segundo tuas regras.

Em nome de Jesus. Amém.

Poder da Palavra

Todo aquele que nele tem esta esperança purifica-se a si mesmo, assim como ele é puro [...]. Todo aquele que nele permanece não está no pecado.

1João 3.3,6

Se continuarmos a pecar deliberadamente depois que recebemos o conhecimento da verdade, já não resta sacrifício pelos pecados.

HEBREUS 10.26

GUIADO A SER SEPARADO DO MUNDO

Deus é santo, o Espírito dele é santo, e ele quer que sejamos santos como ele. Não é tão impossível como parece, pois o Espírito Santo nos ajuda nisso. De fato, não há a menor possibilidade de viver uma vida de santidade — estar separado do mundo — sem que o Espírito Santo nos capacite. É fácil demais comprometer nossa caminhada com Deus mergulhando nas atitudes e práticas do mundo incrédulo que nos rodeia. Só podemos ser livres dessas armadilhas quando seguimos de perto a direção do Espírito Santo.

Deus deixou claro ao povo de Israel que este não deveria seguir "os deuses dos povos ao redor": "Pois o SENHOR, o seu Deus, que está no meio de vocês, é Deus zeloso; a ira do SENHOR, o seu Deus, se acenderá contra vocês" (Dt 6.14-15). Temos de nos separar das atitudes mundanas que Deus odeia.

Viver separado do mundo não significa uma vida de isolamento, sem nenhuma convivência com alguém que não seja um cristão nascido de novo e cheio do Espírito. Significa viver sob o controle de Deus e recusar ser influenciado por qualquer coisa ou pessoa ímpia. Significa que podemos tocar o mundo com o amor de Deus, sem, no entanto, sermos influenciados pelas práticas mundanas.

O meio para viver uma vida santa consiste em separar-se de toda transgressão dos caminhos de Deus. Mesmo que o mundo tente desviá-lo do propósito de Deus para sua vida, rejeite os conselhos mundanos e busque os conselhos divinos. Repetidas vezes lemos sobre reis que seguiram Deus e fizeram o que era certo em tudo, mas ainda assim não removeram os altares onde havia adoração de ídolos.

Salomão possuía tudo — destaque, fama, fortuna e favor divino —, mas permitiu que o mundo ao redor, especialmente suas muitas esposas pagãs, o afastassem de Deus. Salomão foi proibido por Deus de se casar com esposas estrangeiras, mas não obedeceu. E, exatamente como Deus havia dito que aconteceria, o coração de Salomão foi desviado por elas na direção de outros deuses. Por fim, ele não era mais fiel ao único Deus verdadeiro. Salomão se afastou tanto da direção do Espírito Santo que, mesmo depois de Deus proclamar pelo profeta Aías que tiraria o reino de suas mãos, Salomão não acreditou (1Rs 11.28-32). Uma vez que Salomão fez conforme o Senhor lhe havia instruído, Deus tomou o reino dele.

Quantas vezes perdemos algo valioso que Deus tinha para nós só porque não nos separamos do mundo?

Deus disse ao povo de Israel que não levasse nada detestável para suas casas. "Não levem coisa alguma que seja detestável para dentro de casa, senão também vocês serão separados para a destruição" (Dt 7.26). Não queremos ser separados para a destruição em nossa vida pelo fato de termos algo detestável em nossa casa. Peça que Deus lhe mostre isso. Muitas vezes, não achamos que possuímos algo desagradável a Deus, mas talvez existam coisas como artefatos ímpios, livros que exaltam o pecado ou outros deuses, cartas de algum antigo namorado ou namorada que você teve antes de se casar... Seja lá o que for. Examine tudo com cuidado. O Espírito Santo lhe mostrará. Livre-se de tudo o que encontrar. Separe-se completamente das coisas que são malditas aos olhos de Deus.

Viver em santidade significa que devemos ser separados de tudo que não é santo.

Moisés fez o povo de Israel lembrar como o Espírito de Deus havia andado com eles desde o tempo em que saíram do Egito até quando estavam prestes a entrar na terra prometida, quarenta anos depois. Ele os assegurou de que o Espírito Santo continuaria com eles e os guiaria caso fossem obedientes a tudo o que Deus havia instruído. Isso significava que eles tinham de rejeitar qualquer coisa adorada pelo povo da terra na qual estavam prestes a entrar.

Quantas vezes vemos certas pessoas cuja vida parece promissora — e elas parecem estar prestes a entrar na terra prometida de seus sonhos — quando algo acontece e atrapalha tudo? Meu marido e eu vemos isso acontecer com muita frequência no mundo da música, onde artistas jovens e promissores caem no orgulho e na adoração de ídolos, sem identificar o espírito da luxúria vindo para tentá-los. Depois da queda, nunca voltam a ser o que eram, e certamente não serão o que poderiam ser. Não digo isso como julgamento, mas, sim, com o coração quebrantado. Aquilo que Deus põe nessas pessoas — dons e capacidades — é desperdiçado porque elas não se separam da sedução do mundo. E, mesmo que encontrem perdão e restauração, jamais brilharão com a mesma intensidade. Os dons ainda estão ali, mas não a unção.

Como seria melhor ser guiado pelo Espírito Santo, que sempre nos conduz a estar *no* mundo, mas não pertencer *ao* mundo! Quando você fica cheio de si mesmo, não está cheio do Espírito. A voz do Espírito Santo não pode ser ouvida acima do ruído do mundo, a menos que ajustemos tudo o mais e voltemos o coração e os ouvidos para ele.

Poder da oração

Senhor, ajuda-me a ser separado do mundo e, ainda assim, estar nele de maneira efetiva para realizar a tua vontade. Mostra-me como viver neste mundo e ser uma extensão de tua luz, sem ser atraído para ele e influenciado por tudo aquilo que traz sombras e perigo à minha vida. Ajuda-me a amar os incrédulos sem ser atraído para sua autoproclamada liberdade de pecar. Dá-me forças para rejeitar toda a pressão de colegas para ser outra coisa senão a pessoa que tu me criaste para ser. Capacita-me a resistir a todo orgulho. Impede-me de ser enganado. Ajuda-me a jamais resistir àquilo que tu desejas fazer em minha vida.

Senhor, mostra-me onde tenho cedido a certas práticas da cultura em que vivo que não agradam a ti. Abre meus olhos para as coisas com as quais me acostumei, mas não deveria. Ajuda-me a desligar ou encerrar tudo aquilo que esteja poluindo minha mente. Mostra-me se tenho trazido algo à minha casa que não glorifica a ti. Não quero nada em minha vida que atrapalhe tudo o que tens planejado para mim. Mantém-me afastado de tudo aquilo que impede minhas orações de serem ouvidas. Espírito Santo, guia-me para longe da tentação do mundo que apenas me separará de ti.

Em nome de Jesus. Amém.

Poder da Palavra

Portanto, "saiam do meio deles e separem-se", diz o Senhor. "Não toquem em coisas impuras, e eu os receberei e lhes serei Pai, e vocês serão meus filhos e minhas filhas", diz o Senhor todo-poderoso.

2Coríntios 6.17-18

Agora confessem seu pecado ao Senhor, o Deus dos seus antepassados, e façam a vontade dele. Separem-se dos povos vizinhos e das suas mulheres estrangeiras.

Esdras 10.11

Guiado a ser separado do inimigo

O Espírito Santo nos ajuda a nos separarmos do mal ao redor. Quando seguimos o Espírito Santo, ele nos conduz para longe das armadilhas e ciladas que o inimigo monta para nossa destruição e nos auxilia a estabelecer prioridades corretas e bons limites. Para destruir a obra do inimigo em nossa vida, devemos separar nosso coração dos caminhos dele e não correr atrás de suas tentações. Peça que o Espírito Santo abra seus olhos para o que está acontecendo à sua volta.

O inimigo é mentiroso, e, embora você se oponha a ele, ainda assim pode ser enganado por uma de suas mentiras.

O Espírito Santo sempre nos guia à verdade e nos revela enganos. Uma vez que o mal está ao nosso redor, devemos tomar cuidado com a maneira como vivemos, para que não sejamos "como insensatos, mas como sábios, aproveitando ao máximo cada oportunidade, porque os dias são maus" (Ef 5.15-16). Se não formos sábios, podemos de fato ajudar o inimigo mediante aquilo que escolhemos fazer ou apoiar. Devemos ter cuidado para não unir forças com ele inconscientemente, apoiando suas causas e cumprindo sua vontade.

Atrás de cada armadilha do inimigo há uma mentira na qual ele quer que você acredite. Como dissemos no capítulo 2, o espírito mentiroso pode *fazer* alguém mentir (2Cr 18.18-22). Quanto mais uma pessoa mente, mais lugares o espírito mentiroso ocupa. À medida que a mentira continua, a pessoa sob essa influência mentirá mesmo quando não houver motivo. Ela perde todo discernimento sobre o que é verdade ou não. Pode ser que não enxergue mais aquilo como mentira, ou talvez passe a acreditar em suas próprias mentiras.

Mentir é algo bastante comum nos dias de hoje. Muitas pessoas mentem o tempo todo. Algumas pessoas estão tão cheias de um espírito mentiroso a ponto de não saber identificar uma verdade. Mas, quando você tem o Espírito da verdade vivendo em você, ele o capacita a discerni-la. Ele o ajudará a reconhecer a mentira quando ouvir uma. Pode acontecer de alguém estar falando e você então saber se ele ou ela está dizendo a verdade ou não.

Quando você pede que o Espírito Santo lhe mostre a verdade sobre algo ou alguém e revele alguma mentira, ele mostrará.

Quando os gibeonitas souberam o que Josué havia feito para destruir Jericó, ficaram com medo de também serem destruídos pelos israelitas. Então, espertamente se disfarçaram como um povo longínquo que viera para fazer paz com Israel e para servi-lo (Js 9.8). Porém, *Josué não pediu o conselho de Deus a respeito deles.* Em vez disso, fez uma aliança com eles e permitiu que vivessem no meio do povo. Depois, quando Josué descobriu que eram seus inimigos e que, na verdade, moravam perto dali, era tarde demais, pois ele já havia prometido não atacá-los (v. 11-16). Assim, Josué fez deles servos na casa de Deus (v. 23-24), e os gibeonitas concordaram, porque isso garantia sua segurança.

O povo de Israel deveria ser separado dessas pessoas; mas, uma vez que Josué não buscou a orientação do Senhor, preferindo acreditar nas mentiras dos inimigos, estes entraram no meio do povo, o que era contrário à vontade divina para os israelitas. Isso contribuiu para que o povo de Israel se afastasse dos mandamentos de Deus e fosse levado à queda definitiva.

Quando nosso inimigo vem até nós disfarçado, devemos ser capazes de identificá-lo a fim de que não o convidemos a entrar em nossa vida.

Forças malignas unirão forças para fazer o mal. Os fariseus e os herodianos eram inimigos, mas se uniram para destruir Jesus (Mc 3.6). Não se intimide por uma maioria, ou uma multidão, quando estiver em desvantagem. Peça a Deus que lhe mostre a verdade sobre a maioria ao seu redor. São pessoas com intenções más? Estão fazendo a vontade do inimigo, em oposição direta a Deus? Estão unindo forças com outros que também desejam fazer o mal? Peça que o Espírito Santo lhe mostre isso, de modo que você não empreste seu apoio a pessoas que estão do lado do inimigo. Esse engano pode ser algo bem sutil, por isso você precisa saber a verdade sobre os planos do adversário. Determine-se a ser guiado pelo Espírito da verdade.

Satanás levou Jesus a diferentes lugares para lhe mostrar o que poderia possuir caso se prostrasse diante dele. Mas Jesus sabia duas coisas:

- Ele sabia a verdade sobre si mesmo e qual era seu propósito.
- Ele sabia a verdade sobre Satanás e quais eram os planos dele.

Você também precisa saber disso. Satanás virá até você e lhe mostrará coisas que, segundo ele, você *deveria* ter ou *poderia* fazer. Lembre-se, porém, de quem você é e qual é o seu propósito e resista ao inimigo, como fez Jesus. Reconheça quem Satanás é e que o plano dele para sua vida é enganar, roubar, matar e destruir. Você tem um adversário que "anda ao redor como leão, rugindo e procurando a quem possa devorar" (1Pe 5.8). Não permita que ele tenha sucesso com você. Seja vigilante e permaneça o mais distante que puder do território inimigo.

Poder da oração

Senhor, ajuda-me a sempre reconhecer as tramas e táticas do inimigo, para que eu não o ajude nem o apoie de maneira nenhuma. Obrigado, Deus, pois "o Senhor me livrará de toda obra maligna e me levará a salvo para o seu Reino celestial" (2Tm 4.18). Obrigado, Jesus, por teres posto o inimigo sob teus pés. Oro para que tu reveles os lugares onde ele tenta erigir algum tipo de reduto em minha vida, e para que me capacites a separar-me de todos os planos dele. Impede-me de acreditar nas mentiras do inimigo. Ajuda-me a viver em autenticidade, firmado na verdade de tua Palavra.

Mostra-me tudo o que preciso ver a fim de que eu possa separar-me de todo mal. Mostra-me onde, sem perceber, eu me alinhei com o inimigo de minha alma. Ajuda-me a afastar-me de toda forma de mal (1Ts 5.22). Faze-me saber quando não estou tão claramente separado do mal como tu desejas. Se as coisas que estou fazendo, vendo ou dizendo dão apoio ao inimigo, ajuda-me a reconhecê-las e afasta-me delas. "Clamo ao Senhor, que é digno de louvor, e estou salvo dos meus inimigos" (Sl 18.3). Obrigado por jamais me deixares ou me abandonares, mas sempre me guiares para ti e para longe do inimigo.

Em nome de Jesus. Amém.

Estejam alertas e vigiem. O Diabo, o inimigo de vocês, anda ao redor como leão, rugindo e procurando a quem possa devorar.

1Pedro 5.8

Odeiem o mal, vocês que amam o Senhor, pois ele protege a vida dos seus fiéis e os livra das mãos dos ímpios.

Salmos 97.10

Guiado a ser separado de toda tentação

O Espírito Santo em Jesus o capacitou a resistir a toda tentação, e é o Espírito Santo em você que o capacitará a resistir a toda tentação.

A palavra *tentação* significa "ser seduzido a fazer o mal". O inimigo de nossa alma sempre tentará nos fazer seguir o plano dele para nossa vida ou atender aos nossos próprios desejos carnais. Nossa natureza carnal é fraca, mas podemos encontrar força por causa do Espírito de Deus em nós. Ele pode nos ajudar a permanecer firmes na Palavra tal como fez Jesus, de modo que possamos resistir a qualquer tentação à nossa frente.

Mesmo que em nosso espírito desejemos fazer a coisa certa, se não formos guiados pelo Espírito Santo todos os dias, acabaremos cedendo à nossa natureza fraca e pecaminosa. Quando Jesus foi até seus discípulos e os encontrou dormindo, ele disse: "Vocês não puderam vigiar comigo nem por uma hora? [...] *Vigiem e orem para que não caiam em tentação. O espírito está pronto, mas a carne é fraca*" (Mt 26.40-41). Ele está dizendo a mesma coisa para nós hoje.

A oração que Jesus ensinou diz em parte: "E não nos deixes cair em tentação" (Lc 11.4). Isso não significa que Deus vai colocar tentações em nosso caminho a não ser que oremos pedindo que ele não o faça. Jesus está dizendo que Deus sabe onde o inimigo armou ou deseja armar uma cilada de tentação para você, e que você está orando para que ele o afaste dessa armadilha. É como orar: "Senhor, quando me vires prestes a ser tentado, afasta-me dessa tentação e guia-me na direção correta". Não temos ideia de quão importante e profunda é essa oração para nossa vida.

Deus testará seu amor por ele permitindo que certas coisas apareçam em sua vida, coisas que você deve rejeitar. Deus deseja que *o* escolhamos — que *ele* seja o alvo de nossa obediência, serviço, reverência e dedicação — não importa qual tentação sobrevenha.

Deus disse que, se alguém aparecer diante de nós e disser: "Vamos seguir outros deuses que vocês não conhecem e vamos adorá-los", não devemos dar ouvidos "às palavras daquele profeta ou sonhador". O Senhor nosso Deus está nos pondo à prova para ver se o amamos "de todo o coração e de toda a alma" (Dt 13.2-3). A Bíblia diz: "Meu filho, se os maus tentarem seduzi-lo, não ceda!" (Pv 1.10). Mantenha-se firme. Sedutores do mal estão em toda parte.

Resista à tentação consultando a Palavra de Deus. A Bíblia lança luz sobre sua alma e revela o que nela existe. A Bíblia lhe concede a força necessária para permanecer firme, pois ela o convence de que Deus já venceu a batalha. Esta é sua arma mais poderosa, assim como foi para Jesus. Quando o demônio tentou Jesus a fazer o que ele sabia ser errado — comer quando havia sido chamado a jejuar, colocar Deus à prova pulando do templo para ver se os anjos o salvariam, e adorar Satanás para ganhar o mundo inteiro —, Jesus refutou todas as tentações do diabo citando a Palavra de Deus. Podemos fazer a mesma coisa. Temos conhecimento da Palavra e acesso ao mesmo Espírito Santo em nós.

Satanás tentou Jesus buscando minar a soberania de Deus e sua Palavra. Cuidado com quem usa uma passagem isolada das Escrituras e exclui todo o restante para induzi-lo a agir de modo contrário à direção do Espírito Santo. Jesus sabe como o inimigo tenta nos afastar do melhor que Deus tem para nós. "Pois não temos um sumo sacerdote que não possa compadecer-se das nossas fraquezas, mas sim alguém que, como nós, *passou por todo tipo de tentação*, porém sem pecado" (Hb 4.15). "Porque, tendo em vista o que ele mesmo sofreu quando tentado, ele é capaz de socorrer aqueles que também estão sendo tentados" (Hb 2.18). Jesus nos ajuda a resistir ao inimigo. O Espírito Santo que habita em você o alertará e o capacitará a permanecer firme contra ele.

Resista à tentação com oração. Quando enfrentar uma forte tentação, não pense que pode resistir a ela sozinho. "Aquele que julga estar firme, cuide-se para que não caia" (1Co 10.12). Lembre-se sempre de que "não sobreveio a vocês tentação que não fosse comum aos homens. E Deus é fiel; *ele não permitirá que vocês sejam tentados além do que podem suportar.* Mas, quando forem tentados, ele mesmo lhes providenciará um escape, para que o possam suportar" (1Co 10.13).

A oração guiada pelo Espírito Santo providencia um escape da tentação. A oração sinaliza sua fidelidade a Deus e sua rejeição aos planos do inimigo para sua vida.

Resista à tentação recusando-se a duvidar de Deus. Ezequias foi um bom rei de Judá que derrubou os altares de adoração a ídolos. Seu inimigo, o arrogante rei da Assíria, entrou em guerra contra ele e o tentou a não confiar em Deus para salvá-lo de seu ataque.

Mas Ezequias recusou-se a ser tentado a duvidar de Deus. Em vez disso, recorreu ao profeta Isaías para ouvir a palavra do Senhor. Deus lhe disse: "Não tenha medo das palavras que você ouviu, das blasfêmias que os servos do rei da Assíria lançaram contra mim" (2Rs 19.6). Deus prometeu enviar sobre o rei assírio um espírito que o faria voltar para casa, onde morreria pela espada em sua própria terra.

O rei da Assíria continuou a insultar o rei Ezequias: enviou-lhe uma carta dizendo que não se deixasse enganar por Deus, pois certamente perderia a guerra (2Rs 19.10-11). Mas Ezequias não respondeu às ameaças do inimigo. Em vez disso, levou seu problema a Deus mais uma vez. Ele estendeu a carta diante do Senhor e orou. Primeiro, declarou quem Deus era e o exaltou: "Só tu és Deus sobre todos os reinos da terra. Tu criaste os céus e a terra" (v. 15). Depois, apresentou seu pedido a Deus. "Agora, Senhor nosso Deus, salva-nos das mãos dele, para que todos os reinos da terra saibam que só tu, Senhor, és Deus" (v. 19).

Apresentar a carta de ameaça diante do Senhor foi um ato material de Ezequias, mas *simbolizava a ação de pôr a situação nas mãos de Deus*. Nós também podemos levar até Deus um símbolo de algo que nos assusta, ou age contra nós, ou tenta nos fazer duvidar do Senhor: a ação judicial, as enormes contas a pagar, o amigo desleal, o extrato com saldo bancário cada vez menor, o filho doente, o cônjuge difícil, o desastre... qualquer coisa que esteja contra nós. Podemos levar isso tudo a Deus humildemente em oração e recusar a tentação de duvidar dele.

Como resultado da oração de Ezequias, Deus enviou um anjo para destruir os soldados assírios — 185 mil deles (2Rs 19.35). Deus pode enviar qualquer coisa de que você precise para derrotar seu inimigo. Não ignore seus medos, mas não chafurde neles. Leve-os ao Senhor e coloque-os aos pés dele. Não dê ouvidos ao que as pessoas más dizem. Elas não conhecem Deus e não têm o Espírito Santo de Deus. Recuse-se a viver a infidelidade a que elas incitam.

Ser tentado não significa que você é uma pessoa ruim ou fez algo errado, porque ser tentado não é pecado. Ceder à tentação é pecado.

Jesus jejuou por quarenta dias e quarenta noites. E nesse momento — fazendo o que Deus o levou a fazer — ele foi confrontado por Satanás, que veio para tentá-lo afastar da vontade de Deus. O inimigo também faz isso conosco.

Se você está fazendo algo bom para o Senhor, pode se preparar para ser tentado pelo inimigo de sua alma a fazer algo errado. É por isso que pastores são especialmente visados pelo inimigo. Ele quer que os pastores fraquejem e falhem. E é essa a razão pela qual devemos orar frequentemente por nossos pastores e por sua família, bem como por nós mesmos e por outras pessoas. O inimigo quer destruir todos os que propagam as boas-novas.

Qualquer coisa que você coloca acima de Deus em sua vida — incluindo suas vontades, seus desejos e pedidos egoístas — é um ídolo. Peça a Deus que impeça você de acolher qualquer pensamento que dê espaço à menor sugestão de tentação. Pode ser mortal. Deixe o Espírito Santo capacitar você a *correr para o lado oposto!*

Poder da oração

Senhor, eu sei que tu jamais tentas uma pessoa, e que essa tentação vem apenas do inimigo. Oro para que tu me mantenhas sempre ciente de tudo o que se apresenta a mim como tentação. Ajuda-me a separar-me de tudo aquilo que me tente a ser ou fazer algo que esteja em oposição aos teus caminhos. Mostra-me minhas fraquezas ou tendências pecaminosas, para que eu possa evitar todo acesso àquilo que as alimenta. Quando eu sou tentado, ajuda-me a confiar em ti de todo o meu coração e a não me apoiar em meu próprio entendimento. Ajuda-me a te reconhecer em todos os meus caminhos, para que tu possas endireitar minhas veredas (Pv 3.5-6).

Espírito Santo, guia-me para longe de tudo aquilo que apresenta até mesmo a possibilidade mais remota de me afastar do caminho que tu tens para mim — isso inclui as coisas que vejo, assisto, leio, ou com as quais gasto tempo ou fico preocupado. Se não for teu melhor para mim, não quero nada mais em minha vida. Eu sei que "quem confia em si mesmo é insensato, mas quem anda segundo a sabedoria não corre perigo" (Pv 28.26). Eu escolho este dia para confiar em ti, e não em mim mesmo. Ajuda-me a ser sábio e a permanecer separado de tudo aquilo que me afaste do alvo elevado que tu tens para minha vida.

Em nome de Jesus. Amém.

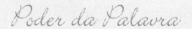

Não siga pela vereda dos ímpios nem ande no caminho dos maus.
PROVÉRBIOS 4.14

E não nos deixes cair em tentação, mas livra-nos do mal, porque teu é o Reino, o poder e a glória para sempre.
MATEUS 6.13

GUIADO A SER SEPARADO DO PASSADO

Você não encontrará a plenitude preparada por Deus se não se separar de seu passado. Carregar o passado nas costas esgotará você até o ponto da imobilidade. Deus tem a liberdade disso tudo. Jesus o libertará, e o Espírito Santo o guiará para longe do passado, na direção do futuro que Deus tem para você.

Você não é seu passado — você não é seu pai nem sua mãe —; você é a pessoa que Deus quis que fosse ao criá-lo.

Para que o Espírito Santo conduza você à terra prometida — o lugar que Deus lhe preparou, onde ele o abençoará, o firmará e o tornará frutífero para a obra —, seu coração deve depender completa e unicamente dele. Isso significa que você tem de se separar de seu passado, de modo que você não seja controlado de forma alguma pelo que já se foi. Não precisa apagá-lo da memória, mas não pode carregá-lo com você, e ele não deve exercer nenhuma influência em sua vida. Não será possível entrar num novo tempo carregando uma enorme carga de lembranças negativas nas costas.

Ser separado do passado significa não ser influenciado por ele de maneira negativa. A principal razão por que deixamos isso acontecer resulta de nossa falta de perdão. Perdoar pode ser difícil... ou quase impossível em alguns casos. Mas Deus nos perdoa de todos os nossos pecados passados quando recebemos Jesus, e o Espírito Santo de amor sempre nos guiará para o perdão e nos capacitará a perdoar.

Uma boa razão para perdoar é ser perdoado. Jesus disse: "E quando estiverem orando, se tiverem alguma coisa contra alguém, perdoem-no, *para que também o Pai celestial lhes perdoe os seus pecados*" (Mc 11.25). Deus não *continua* nos perdoando se não perdoarmos os outros. E não podemos viver sem o perdão de Deus.

O perdão é a melhor maneira de separar-se dos aspectos negativos de seu passado, e essa postura pode começar imediatamente.

Peça que o Espírito Santo lhe mostre os lugares de seu passado onde você precisa perdoar alguém — seja algo recente, de cinco minutos atrás, seja uma lembrança das mais antigas. Depois, peça que Espírito Santo o ajude a efetuar o perdão. Muitas vezes a falta de perdão é tão profunda que perdoar alguém se torna um processo no qual Deus revela camadas e camadas de rancor que você nem sabia que tinha.

Outra boa razão para perdoar é que o perdão lhe proporciona uma consciência limpa diante de Deus, que então responde às suas orações. Se você confessa a Deus sua falta de perdão, isso limpa o ar entre vocês, pois agrada ao Senhor. "Amados, se o nosso coração não nos condenar, temos confiança diante de Deus e *recebemos dele tudo o que pedimos*, porque obedecemos aos seus mandamentos e fazemos o que lhe agrada" (1Jo 3.21-22). A clareza de espírito, a confiança diante de Deus e a certeza de que ele ouve suas orações e responde a elas são razões suficientes para perdoar alguém.

A falta de perdão não tira sua salvação, mas afasta sua paz. Ela dificulta sua intimidade com Deus e interrompe sua jornada para a plenitude. Recusar-se a perdoar é torturante, peso demais para carregar. Trata-se de algo que cobra um preço tanto do corpo como da mente e das emoções. A falta de perdão prende você à pessoa não perdoada, e isso o mantém preso no passado com ela. Você nunca fica livre dessa pessoa ou da lembrança do que aconteceu até que perdoe.

O perdão é um assunto com o qual você terá de lidar enquanto houver pessoas neste mundo. Mas o Espírito Santo sempre o guiará nesse sentido. De modo geral, você sabe quando precisa perdoar alguém, mas pode haver ocasiões em que não percebe que optou mais uma vez por não perdoar. Ou pode haver camadas mais profundas de rancor das quais ainda não se livrou. Seja qual for o caso, não permita que a falta de perdão interrompa a comunicação e a intimidade que existe entre Deus e você. Nada vale mais que isso.

Senhor, ajuda-me a separar-me completamente do passado. Eu sei que tu me libertaste do passado, e não posso seguir adiante na direção de tudo o que tens para mim se eu continuar a carregar isso comigo. Liberta-me de todo aspecto negativo do passado. Ajuda-me a reconhecer as pessoas e circunstâncias das quais preciso me desprender por meio do perdão. Ajuda-me a ser tão separado de meu passado a ponto de que ele não exerça influência negativa no presente e não me impeça de alcançar o futuro que reservaste para mim. Ajuda-me a perdoar para que eu possa ser perdoado (Lc 6.37). Não quero que a tortura da falta de perdão destrua minha mente, meu corpo e minha alma (Mt 18.34-35). Eu sei que perdoar alguém não dá razão ao erro da pessoa, mas me fará livre.

Revela a mim toda pessoa ou incidente específico de que ainda tenho ressentimento, a fim de que possa confessar esse pecado e me libertar dele. Capacita-me a livrar-me por inteiro desse pecado, para que nada obstrua o caminho que tu tens para mim. Ajuda-me a perdoar os outros como tu me perdoaste — completa e incondicionalmente (Ef 4.32). Desejo sempre fazer o que é agradável aos teus olhos. Guia-me, Espírito Santo, para a luz do perdão, a fim de que eu não tropece nas trevas (1Jo 2.10-11).

Em nome de Jesus. Amém.

Poder da Palavra

Esqueçam o que se foi; não vivam no passado.

ISAÍAS 43.18

Sejam bondosos e compassivos uns para com os outros, perdoando-se mutuamente, assim como Deus os perdoou em Cristo.

EFÉSIOS 4.32

GUIADO A SER SEPARADO DE TODO ORGULHO

O Espírito Santo sempre o guiará para longe do orgulho. O inimigo de sua alma inevitavelmente tentará atraí-lo para esse mal. O inimigo, que é a personificação do orgulho, aparecerá com suas mentiras e lhe dirá que você é uma pessoa altamente merecedora, que não tem de viver de acordo com as regras, que só você é responsável por tudo o que realiza e que coisas boas lhe acontecerão.

Se você já se percebeu entretido por esse tipo de pensamento, NÃO ANDE, CORRA na direção contrária. O inimigo está tentando derrubá-lo e, se você não se livrar da influência dele, ele o derrubará.

Deus não tolera o orgulho. Ele diz que é rebelar-se, como se faz na bruxaria. A Bíblia diz: "Nos últimos dias sobrevirão tempos terríveis. Os homens serão *egoístas, avarentos, presunçosos, arrogantes, blasfemos, desobedientes aos pais, ingratos, ímpios*" (2Tm 3.1-2). Cada uma dessas coisas tem no orgulho a sua raiz.

Sempre que você experimentar algum tipo de bênção ou sucesso, o inimigo o tentará com o orgulho; portanto, esteja preparado para rejeitá-lo.

Um bom exemplo na Bíblia de alguém que não seguiu a direção do Senhor, mas preferiu ser guiado pelo orgulho e pela ganância de posses materiais, foi um homem chamado Geazi. Ele viu que o profeta Eliseu havia se recusado a receber o pagamento de Naamã, que queria retribuir a Elias por tê-lo ajudado a ser curado da lepra. Assim, Geazi mentiu para Naamã, dizendo que Eliseu precisava muito daquela oferta. Naamã, então, fez o pagamento a Geazi. Mas, em vez de entregar o pagamento a Eliseu, como disse que faria, Geazi o escondeu em sua casa (2Rs 5.1-24).

Quando Geazi reencontrou Eliseu, mentiu para o profeta sobre onde havia estado, embora o Senhor tivesse revelado a verdade a Eliseu. Eliseu declarou que a lepra de Naamã cairia sobre o corpo de Geazi e de seus descendentes para sempre (2Rs 5.25-27).

Existem consequências graves para aquele que cede ao orgulho, à ganância e à mentira a Deus em vez de seguir a direção do Espírito Santo.

Uzias teve um bom início como rei em Judá, pois fazia o que era correto aos olhos de Deus. "*Enquanto buscou o SENHOR,*

Deus o fez *prosperar*" (2Cr 26.5). Contudo, em vez de dar crédito a Deus, encheu-se de orgulho por causa de todas as coisas boas que havia feito. "Entretanto, depois que Uzias se tornou poderoso, o seu orgulho provocou a sua queda" (2Cr 26.16). Em seu orgulho, ele desobedeceu a Deus e ficou leproso, sendo "excluído do templo do Senhor" (2Cr 26.21).

Não devemos subestimar o orgulho.

A queda que é precedida pelo orgulho é sempre uma queda imensa. O orgulho arruína sua vida. Se realmente entender que é Deus quem lhe dá tudo o que tem, você jamais ficará orgulhoso.

Não importa quão fiel você se considere, qualquer um pode sucumbir ao orgulho. Mesmo que você não seja uma pessoa orgulhosa, um espírito maligno de orgulho pode insuflar pensamentos arrogantes em sua mente. Pode ocorrer antes de você perceber. Tenho visto isso acontecer com pessoas que eu nunca teria imaginado. Recuse-se a pensar que as coisas boas que lhe acontecem provêm de si mesmo. Dê a Deus a glória por todas as bênçãos e todo o sucesso que tiver.

Depois de tudo o que Deus havia feito por Ezequias, esse rei, em seu sucesso, tornou-se orgulhoso. Deus dera tanto a Ezequias que "ele foi bem-sucedido em tudo o que se propôs a fazer" (2Cr 32.30). Mas, a certa altura, "Deus o deixou, para prová-lo e para saber tudo o que havia em seu coração" (2Cr 32.31).

Quando Ezequias foi visitado pelo filho do rei da Babilônia, que veio encontrá-lo de boa vontade, ele orgulhosamente mostrou ao príncipe tudo o que possuía. Quando o profeta

Isaías perguntou a Ezequias o que ele havia mostrado aos babilônios, ele respondeu: "Viram tudo em meu palácio. Nada há em meus tesouros que eu não lhes tenha mostrado" (2Rs 20.15). Por causa do orgulho de Ezequias em mostrar seus bens em vez de humildemente reconhecer que tudo aquilo viera do Senhor, Isaías profetizou que todas as coisas que ele possuía seriam levadas para a Babilônia. E foi exatamente o que aconteceu.

O orgulho que quase destruiu Ezequias pode nos destruir também. Somos todos suscetíveis a esse sentimento, cujas consequências são devastadoras. Por isso, peça que o Espírito Santo lhe mostre o menor sinal de orgulho que vier a crescer em seu coração. Se algo for revelado, peça humildemente ao Espírito que afaste aquilo da sua vida. O orgulho jamais vale as consequências que certamente virão.

Isso é um assunto sério. Quando Deus lhe dá sucesso, separe-se de todo orgulho. Jamais se permita um instante de arrogância e soberba. Se você se perceber abrigando pensamentos inebriantes como "Eu devo ser realmente bom no que faço ou não seria tão bem-sucedido", "Não preciso buscar Deus nessa área particular porque sei o que estou fazendo", "Eu mereço isso, não importa o que tenha de fazer para conseguir", "Sou melhor que essas pessoas", peça a Deus para purificar seu coração. Se você se tornar orgulhoso, Deus pode permitir que o fracasso apareça em sua vida a fim de provar — sem deixar dúvida — que você não é tão formidável quanto pensava.

Peça ao Espírito Santo que acenda os sinais vermelhos e soe as sirenes de alerta em seu cérebro toda vez que você deixar de reconhecer o orgulho em seu coração. O orgulho é um grande destruidor. É o traço de caráter que fez Satanás cair do céu. Não caia você também pelo mesmo motivo.

Senhor, eu te agradeço por tudo o que tens feito em minha vida, e te louvo por toda bênção que me tens dado. Sei que todas as coisas boas vêm de ti, e sou eternamente grato por elas. Perdoa-me se alguma vez tentei levar o crédito por algo que tenho ou realizei em vez de dar a glória a ti. Impede-me de acolher o orgulho em meu coração. Mostra-me se pensamentos orgulhosos começarem a se apoderar de minha mente. Eu sei que o orgulho se opõe a tudo o que tu és, e que me rebelo contra ti quando reivindico o crédito por algo que tu somente fizeste.

Mostra-me os pensamentos orgulhosos logo que eles aparecerem em minha mente. Dá-me a capacidade de reconhecer as táticas do inimigo e de recusar suas mentiras. Sei que o orgulho me humilha, mas a humildade me concede honra (Pv 29.23). Não quero fazer nada que impeça teu Espírito de manifestar-se plenamente em minha vida. Quero ter um coração humilde todo o tempo. Fortalece meu coração para que eu seja irrepreensível em santidade diante de ti (1Ts 3.13). Sei que "o homem bom do seu bom tesouro tira coisas boas" (Mt 12.35). Enche meu coração novamente com o tesouro de teu Espírito Santo e guia-me para longe do orgulho, que é a raiz de todo mal.

Em nome de Jesus. Amém.

Poder da Palavra

Pois tudo o que há no mundo — a cobiça da carne, a cobiça dos olhos e a ostentação dos bens — não provém do Pai, mas do mundo.

1João 2.16

O orgulho vem antes da destruição; o espírito altivo, antes da queda.

Provérbios 16.18

Guiado a ser separado de tudo o que o afasta de Deus

Deus quer que o fogo de sua presença jamais se esfrie. Esse fogo continua queimando conforme você se mantém em comunicação com Deus, mas pode esfriar quando influências externas o impedem de passar um tempo de qualidade com ele.

Deus quer que você se afaste de qualquer coisa que o separe dele e de tudo o que ele tem para você.

Deus disse a seu povo: "Sejam fiéis, de coração, à sua aliança; e deixem de ser obstinados" (Dt 10.16). Para nós, isso significa que ele quer que nos afastemos de tudo aquilo que faz nosso coração se distanciar dele. Deus exige que temamos a ele, que o amemos e o sirvamos de todo o nosso coração e obedeçamos a todos os seus mandamentos (Dt 10.12-13). Qualquer coisa que interfira em alguma dessas atitudes deve ser eliminada de nossa vida.

É claro que o pecado nos separa de Deus, mas existem outras coisas mais sutis que também podem fazer isso: o excesso de ocupação; a obsessão com o trabalho e a exclusão de todo o resto; ou a permissão para que outras pessoas, a internet ou a televisão ocupem todo o nosso tempo. Peça que o Senhor lhe mostre onde existem coisas em sua vida que estão competindo com ele por sua atenção.

Eis apenas algumas das incontáveis coisas das quais devemos nos livrar por absorverem nosso valoroso tempo e nos desviarem da caminhada íntima que Deus deseja que tenhamos com ele.

Livre-se de qualquer influência que comprometa seu relacionamento com Deus. O povo de Israel não obedeceu a Deus quando deixou de expulsar completamente os cananeus que viviam na terra prometida (Js 15.63). Em vez disso, permitiu que eles vivessem ali como escravos (Js 17.12-13). Mas, permanecendo no meio do povo, os cananeus plantaram sementes de discórdia entre os israelitas. Com isso devemos aprender a nos separar de tudo aquilo que Deus nos manda expulsar de nossa vida.

Permitir que algo ou alguém que não seja da vontade do Senhor permaneça em sua vida comprometerá seu relacionamento com ele e o afastará daquilo que Deus tem de melhor para você. Separe-se do ruído que existe em sua vida a fim de ouvir o que o Espírito Santo está falando ao seu coração. Peça que o Espírito Santo lhe revele qualquer coisa nesse sentido.

Livre-se da inveja e da cobiça. Toda ocasião em que você quer algo que pertence a outra pessoa é sinal de que há um ídolo no coração. É um desperdício de tempo cobiçar os bens, o cônjuge, o sucesso, o emprego, o ministério, o talento, as capacidades ou os relacionamentos de outra pessoa. *Admirar* o que alguém tem é diferente de *cobiçar* e desejar aquilo para si. Olhar para o que alguém tem e ficar feliz por essa pessoa é diferente de olhar e sentir inveja. Existe uma linha tênue em nosso coração, e podemos cruzar essa linha sem nem sequer percebermos.

Peça que o Espírito revele todas as coisas em seu coração ou mente que sejam de natureza ciumenta ou invejosa, e das quais você precisa estar livre. Ter inveja é exaustivo e conduz à autopiedade, o que vai contra tudo o que Deus tem para você. Isso sempre o afastará do melhor de Deus porque é um sinal de que você não é grato pelo que ele já lhe deu ou lhe dará no futuro.

Livre-se do esforço de tentar ser igual às outras pessoas. Enfrentamos dificuldades quando, motivados por um irresistível desejo de adequação, tentamos imitar alguém ou algum estilo de vida que não seja o do Senhor. Quando queremos mais a admiração das pessoas do que agradar a Deus, nosso coração, foco e tempo se afastam dele.

O povo de Israel queria um rei. Deus disse a Samuel que, se houvesse um rei em Israel, esse governante tomaria os filhos e filhas do povo, bem como suas colheitas e bens, e os israelitas clamariam a Deus por causa disso. Mas o povo queria *ser como todas as outras nações* (1Sm 8.10-20). Porque queriam ser como os povos ímpios, os israelitas sofreram a perda de muitas das bênçãos que Deus tinha para eles.

Quando você perde tempo tentando ser outra pessoa, deixa de usar esse tempo para se tornar a pessoa que Deus o criou para ser.

Livre-se de qualquer tendência a ser controlado pelo dinheiro. Podemos acabar girando em torno da segurança do dinheiro ou das posses e deixar de lado o pleno comprometimento com Deus. Não é errado possuir essas coisas se as recebemos de Deus de acordo com os propósitos dele; mas, do contrário, esforçar-se por elas pode nos separar de tudo o que Deus tem para nós.

Um jovem rico queria saber o que poderia *fazer* para herdar a vida eterna, pois ele havia obedecido a todos os mandamentos (Mc 10.17-20). Jesus disse que a esse jovem faltava uma coisa: "Vá, venda tudo o que você possui e dê o dinheiro aos pobres, e você terá um tesouro no céu. Depois, venha e siga-me" (Mc 10.21). O jovem rico ficou triste, "porque tinha muitas riquezas" (Mc 10.22). A riqueza havia se tornado um ídolo para ele.

Jesus não disse que toda riqueza é má. Deus não diz que não podemos possuir coisas materiais. Ao longo de toda a Bíblia ele abençoou seus amados com riquezas e bens materiais. Mas ele não quer que essas coisas nos controlem. Elas jamais podem se tornar mais importantes do que seguir Deus. É impressionante como o dinheiro — a busca para obtê-lo e as coisas que podemos conseguir com ele — nos afasta das coisas de Deus se assim o permitirmos.

Peça que o Espírito Santo lhe revele qualquer coisa em sua vida que o afaste do Senhor. Ele começará a abrir seus olhos para tudo aquilo que o faz desperdiçar seu valioso tempo e energia sem oferecer nenhum benefício.

Poder da oração

Senhor, ajuda-me a separar-me de tudo o que me afasta de ti. Não quero desperdiçar esforços e tempo precioso em coisas que não têm valor para minha vida. Revela a mim todas as situações em que tenho agido assim. Ajuda-me a reconhecer todas as distrações indignas que comprometem a pessoa a que tu me chamaste a ser e tudo o que desejas que eu faça. Capacita-me a eliminar qualquer coisa em minha vida que me impeça de servir a ti da maneira devida. Dá-me a habilidade de perceber como são inúteis as coisas que *tu* percebes como inúteis.

Não quero de modo nenhum esfriar meu relacionamento contigo, permitindo a entrada em minha vida de coisas que diminuam meu comprometimento. Oro para que meus desejos estejam tão submetidos a ti a ponto de jamais me fazerem violar o melhor que tu tens para minha vida. Preciso tanto ser revigorado e fortalecido pelos momentos que passo contigo que não quero que nenhuma distração desnecessária me impeça de receber essa dádiva. Ajuda-me a estabelecer as prioridades corretas. Capacita-me a lembrar-me de quem tu me fizeste ser, para que eu não desrespeite isso procurando algo que me preencha quando eu deveria ser preenchido somente de ti.

Em nome de Jesus. Amém.

Poder da Palavra

Aproximem-se de Deus, e ele se aproximará de vocês!
Pecadores, limpem as mãos, e vocês, que têm a mente dividida,
purifiquem o coração.

TIAGO 4.8

Sendo assim, aproximemo-nos de Deus com um coração sincero e com plena convicção de fé, tendo os corações aspergidos para nos purificar de uma consciência culpada, e tendo os nossos corpos lavados com água pura.

HEBREUS 10.22

6

Guiado a ser transformado

Um dos grandes propósitos do Espírito que habita em nós é nos transformar à imagem e semelhança com Cristo. O Espírito Santo sempre guiará você a se tornar mais parecido com Jesus.

A verdade é que você se torna parecido com o que contempla. "E todos nós, que com a face descoberta contemplamos a glória do Senhor, *segundo a sua imagem estamos sendo transformados* com glória cada vez maior, a qual vem do Senhor, que é o Espírito" (2Co 3.18). Quanto mais você olha para o Senhor, mais parecido com ele se torna.

Nosso conceito de Deus afeta quem somos e o que nos tornamos. Nossa visão de Deus determina como enxergamos a vida e nos comportamos. Alguns dos problemas que temos podem resultar de uma ideia anêmica sobre quem Deus é. Ou do fato de que não temos a *mínima* ideia de quem ele é. Nossa alma é sempre afetada pelo modo como enxergamos Deus e o que pensamos dele.

Podemos observar situações em que isso é absolutamente verdade quando olhamos para a nossa vida, ou para a vida dos outros. É fácil observar a falta de frutos na vida daqueles que têm um conceito medíocre de Deus. Por outro lado, aqueles que têm uma visão exaltada e reverente de Deus são frutíferos.

Quanto maior sua ideia acerca de Deus, mais profunda será sua caminhada com ele.

Quando você convida o Espírito Santo de Deus a agir em sua vida, é impossível impedir que ela se transforme.

Deus conhece você e enxerga seu potencial.

a. Ele sabe como você é neste exato momento.
b. Ele sabe quem você foi criado para ser.
c. Ele sabe como fazer você passar de A para B.

Podemos dizer a Deus o que falou o rei Davi: "SENHOR, tu me sondas e me conheces. Sabes quando me sento e quando me levanto; de longe percebes os meus pensamentos. Sabes muito bem quando trabalho e quando descanso; todos os meus caminhos são bem conhecidos por ti. Antes mesmo que a palavra me chegue à língua, tu já a conheces inteiramente, SENHOR" (Sl 139.1-4).

Deus sabe tudo a seu respeito. Incrível, não?

Deus sabe onde você está. Ele também sabe onde você *deveria* estar. E ele sabe como levá-lo até lá. Você jamais irá tão longe de Deus a ponto de o Espírito dele não estar mais presente. "Para onde poderia eu escapar do teu Espírito? Para onde fugiria da tua presença? Se eu subir aos céus, lá estás; se eu fizer a minha cama na sepultura, também lá estás" (Sl 139.7-8).

Esse conhecimento não lhe dá maior confiança para encarar a vida?

Deus conhece seu futuro. Você não é um acidente. Não importa quem foram seus pais ou o que eles fizeram, você não é uma surpresa para Deus. E seu futuro está planejado. "Tu criaste o íntimo do meu ser e me teceste no ventre de minha mãe. Eu te louvo porque me fizeste de modo especial e admirável. Tuas obras são maravilhosas! Digo isso com convicção. [...] Os teus olhos viram o meu embrião; todos os dias determinados para mim foram escritos no teu livro antes de qualquer deles existir" (Sl 139.13-14,16). Se o futuro que Deus lhe designou já está escrito no livro dele, então o único que pode impedi-lo de acontecer é você.

Isso não faz você sentir que Deus se importa e que você não está apenas vagando sozinho pela vida?

Deus pensa em você o tempo todo. Ele tem um interesse pessoal em sua vida, e os pensamentos dele são sempre voltados na sua direção. "Como são preciosos para mim os teus pensamentos, ó Deus! Como é grande a soma deles! Se eu os contasse, seriam mais do que os grãos de areia. Se terminasse de contá-los eu ainda estaria contigo" (Sl 139.17-18). A prova de que ele sempre está com você é a presença do Espírito Santo em sua vida.

Será que Deus pensa mais em você do que você pensa nele?

Jesus disse que o reino dos céus é como a semente de mostarda — a menor das sementes — que cresce e se torna a maior das hortaliças (Mt 13.31-32). O reino dos céus também é como o fermento que se espalha e penetra na vida das pessoas de modo transformador (Mt 13.33). É desse modo que o reino de Deus se insere em sua vida. Por meio do poder do Espírito em você, ele cresce e afeta cada parte sua — incluindo sua mente, suas emoções e seu caráter. O Espírito Santo sempre o guiará para a transformação. *O plano de Deus é fazer você plenamente completo por meio do poder do Espírito em sua vida.*

Guiado a ser transformado em sua mente

Ser transformado é um processo que começa com a decisão de receber Jesus e se encher do Espírito Santo de Deus. Essa decisão racional altera todo o seu ser. A Bíblia nos instrui: "Não se amoldem ao padrão deste mundo, mas *transformem-se pela renovação da sua mente*, para que sejam capazes de experimentar e comprovar a boa, agradável e perfeita vontade de Deus" (Rm 12.2).

"Transformar-se" significa mudar completamente de forma. E isso é o que o Espírito Santo de Deus nos capacita a fazer quando nos submetemos a ele. Quanto mais caminhamos com Deus e convidamos o Espírito a habitar em nós em plenitude, mais nosso modo de pensar é alterado.

Somos regenerados quando recebemos Jesus e seu Espírito Santo nos é dado, mas a transformação exige tempo à medida que caminhamos com ele e somos guiados pelo Espírito.

Transformar-se também significa *continuar sendo transformado*. É uma metamorfose de dentro para fora. Somos transformados de algum modo toda vez que estamos na presença do Senhor. Quanto mais tempo passamos com o Senhor, mais parecidos com ele nos tornamos.

Quando você chega ao conhecimento da verdade em Jesus, é importante lembrar que "*quanto à antiga maneira de viver,* vocês foram ensinados a despir-se do velho homem, que se corrompe por desejos enganosos, a serem renovados no modo de pensar e a *revestir-se do novo homem*, criado para ser semelhante a Deus em justiça e em santidade provenientes da verdade" (Ef 4.22-24). Isso significa que devemos parar de fazer as coisas como costumávamos fazer — dando lugar à luxúria, à desobediência e à rebeldia — e ser renovados no modo de pensar, para que possamos nos revestir do novo ser que Deus nos concedeu, vivendo corretamente.

Temos de viver em nítido contraste com o que está acontecendo na cultura do mundo ao redor. Não devemos andar na futilidade em que o restante do mundo anda, sem compreensão sobre a vida, vivendo de maneira alienada dos caminhos de Deus, com um coração cegado para a verdade e uma mente que ignora a vontade do Senhor. Não permita que sua vida seja conformada pela maneira mundana de pensar se você pode ser transformado pelo modo divino de pensar.

Sua mente o afeta mais do que você imagina. Ela pode mantê-lo nas trevas mesmo quando você possui a luz. Pode conservá-lo nos velhos hábitos e padrões de pensamento, distante de tudo o que Deus tem para você. É com sua mente que você raciocina, compreende as coisas e toma decisões. É em sua mente que você decide ser bom ou mau. Quando sua mente é controlada pelo Espírito Santo, você tem paz, contentamento e alívio.

Ter a mente voltada para o espírito é bom. Ter a mente voltada para a carne é ruim. "Quem vive segundo a carne tem a mente voltada para o que a carne deseja; mas *quem vive de acordo com Espírito, tem a mente voltada para o que o Espírito deseja"* (Rm 8.5-6). Nossa mente carnal sempre estará em desacordo com Deus, e, quando ela nos controla, estamos nos posicionando como inimigos do Senhor. Isso acontece porque nossa mente carnal não está sujeita às leis de Deus.

Devemos tomar a decisão diária de nos afastar do mal e da carne, buscando viver direcionados pelo Espírito Santo.

Se vivemos na carne, não podemos agradar a Deus (Rm 8.8).

Não queremos ser como os incrédulos, que tiveram o entendimento cegado pelo "deus desta era" (2Co 4.4). Não queremos ser como aqueles que "resistem à verdade" e têm a mente "depravada" (2Tm 3.8). Queremos ser pessoas cujos pensamentos agradam a Deus.

Eis algumas verdades sobre a mente:

Você tem a mente de Cristo. "'Quem conheceu a mente do Senhor para que possa instruí-lo?' Nós, porém, temos a mente de Cristo" (1Co 2.16). Isso significa que você tem acesso à maneira correta de pensar. Você pode corrigir seus pensamentos sempre que se desviar do caminho, voltando-se para o Senhor e agradecendo-lhe o fato de que você possui a mente de Cristo. Não permita que o inimigo da sua alma lhe diga algo diferente.

Você é capaz de amar a Deus com toda a sua mente. Jesus disse: "Ame o Senhor, o seu Deus, de todo o seu coração, de toda a sua alma e de todo o seu entendimento" (Mt 22.37). Quando tomamos a decisão de amar a Deus com tudo o que há em nós, essa escolha afasta de nossa mente tudo aquilo que não pertence ao Senhor.

As leis de Deus podem ser implantadas em sua mente. Deus disse: "Porei minhas leis em sua mente e as escreverei em seu coração. Serei o seu Deus, e eles serão o meu povo" (Hb 8.10). Quando você lê ou fala em voz alta a Palavra de Deus, ele pode gravar as leis em sua mente para que não se esqueça delas. Talvez você não se lembre exatamente de cada palavra, mas sabe quais são os mandamentos. Peça a Deus que ajude você a recordá-los com clareza sempre que desejar.

Sua mente pode se livrar da corrupção e dos pensamentos fúteis. Paulo disse: "O que receio, e quero evitar, é que [...] *a mente de vocês seja corrompida e se desvie da sua sincera e pura devoção a Cristo*" (2Co 11.3). Ele também disse: "Assim, eu lhes digo [...] que não vivam mais como os gentios, que vivem na inutilidade dos seus pensamentos" (Ef 4.17). O mundo complica as coisas. Jesus simplifica tudo para nós se escolhermos segui-lo. Nossos pensamentos se tornam fúteis quando não são levados ao senhorio de Jesus.

Sua mente é equilibrada pelo Senhor. Deus nos deu espírito de equilíbrio (2Tm 1.7). Se você acha que não tem uma mente equilibrada, peça a ele. Todos nós sabemos quando nossa mente se sente instável, atormentada ou fora de si, e não temos de suportar isso. Ter harmonia mental conduz à totalidade de nosso ser. O Espírito Santo sempre o guiará a tomar posse da mente equilibrada que Deus lhe concedeu.

A mudança iniciada em seu espírito quando você se abre ao amor de Deus afeta sua mente. As coisas negativas que costumavam ocupar seus pensamentos já não possuem o mesmo apelo de antes. Quando você experimenta a mente de Cristo, já não deseja nada inferior. Embora ainda existam batalhas em sua mente entre seu antigo ser e seu novo ser, não desanime. Os velhos hábitos de pensamento, que continuam tentando controlar sua vida, desaparecerão à medida que o Espírito Santo renovar sua mente de modo contínuo.

Assim como nosso corpo é o templo do Espírito Santo e podemos escolher tratá-lo mal, nossa mente pertence ao Senhor e podemos enchê-la daquilo que não presta. Temos uma natureza pecaminosa, e nossa mente natural encontra-se em desacordo com Deus. Mas isso pode ser radicalmente mudado quando submetemos nossos pensamentos a ele. O pecado pode obscurecer e distrair nossa mente, tornando-a incerta e confusa. Quando nossa mente é purificada disso tudo pelo Senhor, devemos fazer um esforço específico para enchê-la das coisas de Deus.

Estudos sobre o efeito de pensamentos e emoções no corpo humano demonstram que pensamentos negativos, errados e maus afetam a saúde física mais do que se pode perceber. Sua mente afeta seu corpo. Se seus pensamentos podem fazer você adoecer, também podem fazê-lo se sentir bem. Jamais se esqueça disso.

Poder da oração

Senhor, oro para que tu renoves e transformes minha mente. Ajuda-me a pensar com clareza. Dá-me a capacidade de raciocinar solidamente. Capacita-me a manter uma mente estável em tudo o que eu enfrentar e em toda situação em que estiver.

Eu sei que a transformação da mente significará a transformação de toda a minha vida, incluindo minha saúde. Sei que tu sempre vês a mente (Jr 20.12). Mostra-me tudo o que há em minha mente que não pertence a ti. Ajuda-me a levar cativo todo pensamento para torná-lo obediente a ti (2Co 10.5). Ensina-me a pensar em tudo o que for verdadeiro, nobre, correto, puro, amável, de boa fama, excelente ou digno de louvor (Fp 4.8). Ajuda-me a recusar qualquer pensamento contrário a isso.

Capacita-me a identificar as mentiras do inimigo que tenho aceitado como verdade. Sei que grande parte do ato de enfrentar o inimigo de minha alma consiste em controlar minha mente. Sei que tu, Espírito Santo, não podes me guiar a tudo o que me tens reservado se eu der ouvidos às mentiras que o inimigo conta sobre mim ou minhas circunstâncias. Oro para que a mente de Cristo em mim afaste tudo aquilo que não pertence a ti. Que tua paz, que excede todo o entendimento, guarde meu coração e minha mente em Cristo Jesus (Fp 4.7).

Em nome de Jesus. Amém.

Poder da Palavra

Pois Deus não nos deu espírito de covardia, mas de poder, de amor e de equilíbrio.

2Timóteo 1.7

Destruímos argumentos e toda pretensão que se levanta contra o conhecimento de Deus, e levamos cativo todo pensamento, para torná-lo obediente a Cristo.

2Coríntios 10.5

GUIADO A SER TRANSFORMADO EM SUAS EMOÇÕES

Emoções são os sentimentos intensos que temos em reação àquilo que *está* acontecendo, ou que *já* aconteceu, ou que achamos que *pode* acontecer. Nossas emoções são afetadas pelos pensamentos em nossa mente. Se o pensamento é negativo, produz uma emoção negativa. Se é positivo, produz uma emoção positiva. Deus nos criou com a capacidade de sentir emoção. Somos feitos à imagem de Deus, e isso significa que ele também sente tristeza, raiva e lamento. Os sentimentos são bons quando o pensamento que os inspira é correto.

Eis algumas verdades sobre as emoções:

Deus se importa com as pessoas que são emocionalmente quebrantadas. "O Senhor está perto dos que têm o coração quebrantado" (Sl 34.18). Na presença dele, nosso coração é curado e nossas emoções se tornam positivas.

Podemos guardar e controlar nossas emoções. "Acima de tudo, guarde o seu coração, pois dele depende toda a sua vida" (Pv 4.23). Podemos mudar nossas emoções com a verdade da Palavra. A voz de Deus falando ao seu coração por meio das Escrituras pode afastar as emoções negativas.

As emoções podem nos esmagar. "A alegria do coração transparece no rosto, mas o coração angustiado oprime o espírito" (Pv 15.13). Um espírito oprimido surge quando o nível de tristeza em sua vida se torna insuportável.

As emoções positivas valem por si mesmas. "O coração bem-disposto está sempre em festa" (Pv 15.15). Quando estamos inundados com emoções negativas, elas trazem destruição ao nosso ser. Mas temos a escolha de como iremos acolhê-las.

As emoções da ansiedade e da depressão podem mudar com as palavras certas. "O coração ansioso deprime o homem, mas uma palavra bondosa o anima" (Pv 12.25). Palavras encorajadoras trazem maior cura de sentimentos negativos do que imaginamos. Uma palavra de Deus ao seu coração é ainda melhor do que qualquer coisa que alguém possa dizer.

O Espírito Santo em você é uma garantia colocada por Deus em sua alma e significa que você está ligado a ele para sempre e a ele voltará quando morrer. Esse conhecimento pode, por si só, afastar as nuvens negras e emitir luz em seu coração.

Muitas vezes sentimos que nossas emoções são como são e não podemos mudá-las. Mas, quando nossas emoções estão sujeitas ao controle do Espírito Santo, podemos nos livrar daquelas que são negativas. O Espírito Santo sempre nos guiará para longe das emoções negativas. Isso não significa uma negação de nossos sentimentos. Fingir que não os temos não soluciona o problema; só piora. Deus nos concedeu a capacidade de sentir. Ele vê todas as coisas — inclusive nossos sentimentos. Porque ele é Deus e seu Espírito Santo habita em nós, "nada, em toda a criação, está oculto aos olhos de Deus. Tudo está descoberto e exposto diante dos olhos daquele a quem havemos de prestar contas" (Hb 4.13). Ele sabe o que está em seu coração. Sabe o que se passa em suas emoções. Onde existem feridas profundas, ele deseja curá-las.

Deus quer que você apresente suas emoções e sentimentos para ele. Reconheça diante dele quando você se sentir triste, sozinho, ansioso ou sem esperanças. Ele tem um remédio para tudo isso. Ele deseja substituir sua tristeza pela alegria. Quando você se sentir sozinho, ele quer lhe dar a sensação do amor *dele* por você. Quando estiver ansioso, ele lhe dará paz. Quando se sentir sem esperança, ele será sua esperança. Ele tem uma cura para cada emoção dolorosa, negativa ou torturante que você possa experimentar. A cura dele consiste em livrá-lo completamente dessas emoções, de modo que você possa se tornar a pessoa que ele pretendia que fosse quando o criou.

Todos nós amamos o que nos é familiar e desconfiamos do que não nos é familiar. O não familiar, ou o desconhecido, pode ser assustador. Existem muitas pessoas que permanecem numa situação negativa porque ela lhes é familiar em vez de ir para onde existe a promessa de algo bom, pois isso lhes seria estranho. Temos de chegar ao ponto de nos tornarmos tão familiarizados com a presença do Espírito de Deus que tudo o mais pareça estranho. Devemos caminhar tão intimamente com o Senhor até nos sentirmos confortáveis na presença dele e desconfortáveis longe dele.

Senhor, eu te agradeço por não ter de viver com emoções negativas que nada trazem de bom para minha mente, minha alma e meu corpo. Mostra-me as áreas em que vivo com tristeza, ansiedade, medo, solidão, amargura, rancor, ou quaisquer outras atitudes negativas. Quebra qualquer controle que essas emoções tenham sobre mim. Substitui-as com a plenitude de teu Espírito de amor, paz e alegria. Oro para que tu afastes tudo em mim que não pertença a ti. Tu conheces os segredos de meu coração (Sl 44.21). Mostra-os a mim quando eu não puder vê-los, e renova um espírito de retidão em meu interior.

Oro por uma transformação em meu coração, de modo que eu possa abandonar velhos hábitos de sentimentos e emoções que estão paralisando e limitando minha vida. "Sonda-me, ó Deus, e conhece o meu coração; prova-me, e conhece as minhas inquietações. Vê se em minha conduta algo te ofende, e dirige-me pelo caminho eterno" (Sl 139.23-24). Ajuda-me a não andar ansioso "por coisa alguma, mas em tudo, pela oração e súplicas, e com ação de graças", eu apresente meus pedidos a ti, e a tua paz, "que excede todo o entendimento", guardará meu coração e minha mente em Cristo Jesus (Fp 4.6-7). Oro para que meu espírito esteja tão cheio de tua alegria a fim de que me sustente na doença (Pv 18.14) e seja remédio eficiente para o meu corpo (Pv 17.22).

Em nome de Jesus. Amém.

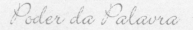

Poder da Palavra

Mas aqueles que esperam no Senhor renovam as suas forças. Voam alto como águias; correm e não ficam exaustos, andam e não se cansam.

ISAÍAS 40.31

O Senhor está perto dos que têm o coração quebrantado
e salva os de espírito abatido.

SALMOS 34.18

GUIADO A SER TRANSFORMADO EM SEU CARÁTER

Seu caráter é quem você de fato é o tempo inteiro, quer esteja sozinho sem ninguém olhando, quer esteja com pessoas que o pressionam a ser de certa maneira, quer esteja num grupo de pessoas tementes a Deus ou não.

Caráter tem a ver com princípios, valores, integridade, honestidade, atitude, decência, virtude, honra, fidelidade, lealdade, confiança, respeitabilidade, moralidade, responsabilidade e senso de justiça. Cada um desses termos pode ser dividido a fim de se obter uma descrição ainda melhor do que significa ter um bom caráter. Bom caráter tem a ver com quem você é por dentro e como demonstra isso por fora.

Sabemos quem queremos ser, mas, sem a capacitação do Espírito Santo, somos incapazes de mudar de modo permanente quem somos.

Ao receber Jesus e se encher do Espírito Santo, você tem a fonte de sua transformação dentro de si. Isso acontece porque o Espírito Santo sempre conduzirá você para longe dos "problemas usuais". Você deixa de fazer as coisas às quais se acostumou. Quando você é renovado no âmago de sua mente, suas emoções são revigoradas e você pode se revestir do novo ser que Deus lhe deu. Seu próprio caráter se transforma.

Seu novo ser escolhe viver em nítido contraste com tudo aquilo que se opõe ao Senhor. Você já não deseja andar na futilidade em que anda o resto do mundo, sem entendimento sobre a vida, vivendo de maneira contrária ao Senhor, alienado dos propósitos que ele tem para sua vida. Você já não tem uma mente ignorante da verdade de Deus, nem um coração que escolhe ser indiferente a ele. Você se torna bondoso, compassivo e perdoador, porque sabe que "Deus o perdoou em Cristo" (Ef 4.32). Você tem maior confiança no futuro porque sabe que o Espírito Santo habita em sua vida e que você pertence eternamente ao Senhor. Você fica ciente do que entristece o Espírito, recusando-se a fazer qualquer coisa que o magoe.

Transformação de caráter significa passar do egoísmo para o altruísmo, das trevas para a luz. Mas nem todos experimentam essa transformação. Temos visto cristãos que vão à igreja, mas possuem defeitos de caráter que parecem imutáveis. Demonstram atitudes desprovidas de amor ou continuam a andar no caminho da má conduta. Por que o caráter deles não parece melhorar? Talvez seja porque se recusaram a reconhecer o Espírito Santo. Ou, se o reconheceram, relegaram-no a um lugar onde ele não pode se manifestar na vida deles nem tocá-los de alguma forma. Eles não permitem que o Espírito Santo lhes conceda poder para sobrepujar a si mesmos e tomar decisões que revelem "a justiça, a fé, o amor e a paz" formados no caráter daqueles que, "de coração puro, invocam o Senhor" (2Tm 2.22).

À medida que você dá lugar ao fluir do Espírito Santo, ele forma em sua vida um novo caráter cada vez mais parecido com o caráter de Cristo.

Deus disse ao povo de Israel: "Sejam santos, porque eu sou santo" (Lv 11.44). Pedro explicou isso, dizendo: "Como filhos obedientes, não se deixem amoldar pelos maus desejos de outrora, quando viviam na ignorância. Mas, assim como é santo aquele que os chamou, sejam santos vocês também em tudo o que fizerem" (1Pe 1.14-15).

Isso parece fácil, certo?

Não, parece impossível. Como podemos fazer isso? Não por conta própria, certamente. Jesus disse: "Portanto, sejam perfeitos como perfeito é o Pai celestial de vocês" (Mt 5.48). Isso é impossível, não é? Sim, é impossível quando tentamos fazer sozinhos.

Muitas vezes pensamos que a santidade é inatingível e, assim, evitamos o assunto. Mas a santidade é como a completude. O Espírito Santo trabalha em nós para nos fazer santos e completos. Ser santo não é um conceito vago e invisível que nunca sabemos de verdade se alcançamos, e sempre duvidamos de que seja possível alcançar. O Espírito Santo nos libertou para sermos "participantes da natureza divina" (2Pe 1.4). Mas temos de cooperar com ele de todas as maneiras a fim de ver isso acontecer.

Se o Senhor age em nós até o dia em que estaremos com ele, parece-nos então que santidade é o processo de tornar-se cada dia mais parecido com Jesus. A fragmentação de nosso coração, nossas emoções e nosso espírito pode ser reparada, e os pedaços quebrados podem ser juntados a fim de tornar-nos uma pessoa completa e santa. *Isso*, sim, é transformação.

Poder da oração

Deus Pai, ajuda-me a ser um imitador de ti como um de teus filhos. Ensina-me a andar em amor, assim como Cristo me amou e entregou a si mesmo por mim, "como oferta e sacrifício de aroma agradável" a ti (Ef 5.1-2). Capacita-me a te imitar em tudo o que faço. Ajuda-me a andar como filho da luz, mesmo nas trevas (Ef 5.8). "Tu és a minha lâmpada, ó Senhor! O Senhor ilumina-me as trevas" (2Sm 22.29). Forma um bom caráter em mim.

Ensina-me a rejeitar de imediato todas as obras ou atos das trevas, sem nem sequer tolerá-los a meu redor. Não desejo nem mesmo olhar para as coisas más que as pessoas dizem ou fazem, pois sei que aquilo que fazem em oculto "até mencionar é vergonhoso" (Ef 5.12). Capacita-me a sempre andar no Espírito, e não na carne. Obrigado, Jesus, por me salvares, redimires e libertares. Muda-me para que eu seja mais parecido contigo. Faze-me santo, como tu és santo. Obrigado, Espírito de Deus, por me guiares. É somente pelo teu poder que posso ser liberto da vontade da carne e livre para viver a vida de santidade que tu tens para mim. Sei que encontro transformação em tua presença.

Em nome de Jesus. Amém.

Mas também nos gloriamos nas tribulações, porque sabemos que a tribulação produz perseverança; a perseverança, um caráter aprovado; e o caráter aprovado, esperança.

Romanos 5.3-4

Não por causa de atos de justiça por nós praticados, mas devido à sua misericórdia, ele nos salvou pelo lavar regenerador e renovador do Espírito Santo.

Tito 3.5

7
Guiado a ver propósito

Quando você entrega sua vida ao Senhor e se rende à direção do Espírito de Deus, uma das coisas que o Espírito revelará é o que Deus determinou para sua vida. Primeiro, ele o ajudará a entender que você não é um acidente fortuito, não importa quais sejam as circunstâncias que envolveram seu nascimento. Deus não disse "Oops" quando você nasceu. Sua chegada pode ter surpreendido seus pais, mas não foi surpresa para Deus. Ele tinha um plano para sua vida quando seus pais o conceberam, e você tem um propósito.

O desdobramento desse plano também não acontece por acaso ou de forma aleatória. De fato, a descoberta e a realização desse propósito acontecem somente quando você busca Deus e segue as instruções específicas do Espírito. Dia após dia, pouco a pouco, Deus o revelará.

Quando Jesus perguntou aos seus discípulos: "Quem vocês dizem que eu sou?", Pedro respondeu: "Tu és o Cristo, o Filho do Deus vivo" (Mt 15.15-16). Jesus, então, lhe disse: "*Isto não lhe foi revelado por carne ou sangue, mas por meu Pai que está nos céus*" (Mt 16.17). Sobre o evangelho, Paulo disse: "Não o recebi de pessoa alguma nem me foi ele ensinado; ao contrário, *eu o recebi de Jesus Cristo por revelação*" (Gl 1.12).

É por meio da revelação divina que você reconhece Jesus como Messias, e é por meio da revelação divina que você recebe entendimento do que Deus deseja fazer em você e por meio de você.

Você não pode cumprir seu propósito — isto é, o propósito de *Deus* para você — sem estar totalmente submetido a ele e disposto a seguir a direção dele em cada aspecto da vida. Você deve desistir de tentar viver a vida à *sua* maneira — ou à maneira do *mundo*, ou à maneira do *inimigo* — e ter um forte desejo de viver à maneira de *Deus*. Somente à medida que vive à maneira de Deus você pode começar a *ver* seu propósito. E somente à medida que é guiado pelo Espírito Santo você pode seguir na direção correta, permanecendo no caminho de Deus e cumprindo o plano dele para sua vida.

Sem a direção do Espírito Santo, você não sabe com certeza se está exatamente onde deveria estar.

GUIADO A VER PROPÓSITO EM SUA RAZÃO
PARA ACORDAR TODOS OS DIAS

Vamos começar com o básico. Precisamos ter uma razão para acordar todos os dias; caso contrário, chegará o dia em que não desejaremos sair da cama. Sem uma razão evidente para viver, podemos ficar doentes, desanimados, deprimidos ou sem esperança. Desejaremos nos esconder, fugir de casa, mandar todo mundo sumir da nossa vida ou, pior, fazer algo destrutivo a nós mesmos. E, se o trabalho que você está fazendo ou as atividades nas quais está envolvido não são da vontade de Deus para sua vida, você sentirá uma frustração profunda que crescerá cada vez mais até impedi-lo de sair do lugar. E você não saberá o que fazer se não tiver a revelação de Deus.

Sem a direção do Espírito Santo, você pode acabar desperdiçando sua vida.

A Bíblia diz que as misericórdias de Deus se renovam a cada manhã (Lm 3.22-23). Isso não é incrível? A misericórdia que ele demonstrou a você no passado não se esvai, não se esgota nem se enfraquece. Ele tem *novas* misericórdias para cada dia. Por causa das misericórdias divinas, todo dia de sua vida pode ser um novo começo. Quem não precisa de algo assim?

Talvez o dia de hoje não lhe pareça um novo início. Talvez pareça "mais do mesmo". Isso é particularmente verdade se você foi esmagado pelas circunstâncias, ou sofreu perdas, ou está acorrentado ao seu passado, ou teve de suportar pessoas abusivas em sua vida, que o derrubaram em vez de edificá-lo, ou esteve às voltas com pessoas hipócritas que o encaravam com olhares de julgamento e com o coração de um júri hostil à procura de provas para declará-lo culpado. Você terá dificuldade de ouvir a voz do Espírito de Deus falando à sua alma em meio à alta voz de condenação do inimigo. Pode acabar tão deprimido e desanimado por tudo o que *está* acontecendo — ou por aquilo que *já* aconteceu, ou por medo do que *não vai* acontecer em sua vida — a ponto de mal conseguir sair do lugar. Mas a boa notícia é que Deus pode livrá-lo totalmente disso tudo.

Você pode acordar a cada manhã com esperança em seu coração, sabendo que Deus tem tudo de que você precisa para superar os desafios diários e ingressar na vida que ele lhe preparou.

A cada manhã, ao despertar, você tem a escolha de quem ou o que seguirá. Existe a possibilidade diária de que, num momento de fraqueza, você venha a escolher o caminho errado —

o caminho da carne, e não do Espírito; o caminho do inimigo, e não do Senhor. Quando você decide se levantar para seguir Deus, o Espírito sempre o conduz para longe da vida na carne.

O Espírito Santo jamais nos levará a ser raivosos ou impacientes com os outros, nem imorais, autoindulgentes, rudes ou cruéis. Se somos assim, é porque não fizemos a *escolha* de crucificar nossa carne e submeter-nos à direção do Espírito Santo naquele dia. É porque naquela manhã, ao acordar, não dissemos: "Obrigado, Deus, por este dia. Obrigado, Jesus, por me salvares e me libertares. Obrigado, Espírito Santo, por me guiares em tudo o que faço. Obrigado, Senhor, por não haver nada que seja impossível para ti". Escreva essas palavras num bilhete e o coloque onde possa visualizá-lo toda manhã, e pronuncie esses dizeres para o Senhor quando acordar. Faça disso um hábito.

Embora o Espírito Santo revele o propósito de sua vida e o capacite a realizar a vontade de Deus, você ainda tem de escolher seguir a direção dele todos os dias.

Deus está disponível a você todas as manhãs — sem mencionar o meio da manhã, o meio-dia, a tarde, a hora do café da tarde, o entardecer, a noite, a meia-noite e a madrugada. Não existe nenhum momento em que Deus não está amorosamente estendendo a mão, à espera de que você também estenda a sua a ele. A misericórdia de Deus é inesgotável (Lm 3.22). Ele sempre tem o coração disposto para você.

Boa parte das dificuldades e mágoas que vivenciamos acontece porque não temos um senso do propósito de Deus para nossa vida e não seguimos a direção do Espírito Santo. Deus não quer que você viva apenas por viver. Ele quer que você saiba que há uma razão para viver e um grande propósito em fazê-lo.

No mundo há muita coisa capaz de diluir seu entendimento sobre quem Deus é e o que ele planejou para você. É por isso que é tão importante encher a mente com a Palavra de Deus no início de cada dia, antes que todas as outras coisas comecem a disputar sua atenção e a pressioná-lo. Estabeleça *com quem* você está e *quem* está *com* você. E confie que o Espírito Santo de Deus dirige seus passos para o cumprimento da razão pela qual você está aqui — *estar com ele, servi-lo e cumprir seu propósito.*

Poder da oração

Senhor, ajuda-me a encher-me com a sensação de teu amor, tua alegria, tua paz e teu propósito a cada manhã quando eu acordar. Capacita-me a saber com toda a certeza que tu estás comigo e que não estou sozinho. Fortalece minha fé para entender, sem a menor dúvida, que tu, Espírito Santo, me guias a cada passo de meu caminho. Submeto a ti tudo com que me deparar hoje e te peço que me ajudes a atravessar o dia com êxito, cheio da fé que pode mover montanhas. Creio que nada é impossível para ti, Senhor, e por isso não há montanha que seja intransponível.

Ajuda-me a ver teu propósito para minha vida. Eu sei que, sem esse senso de propósito, posso acabar tomando decisões erradas e cair na armadilha do inimigo. Sei que se eu estiver ciente de meu propósito na vida estarei guardado no caminho correto, na direção certa. Nos pontos onde eu não conseguir avistar teu propósito para minha vida, dá-me clareza. Mesmo que eu não conheça todos os detalhes, sei que *tu* os conheces. E eu confio em ti para sempre me guiares ao cumprimento desse propósito. Minha alma espera em ti, Senhor, mais do que as sentinelas pela manhã (Sl 130.5-6). Mantém-me sempre ciente de onde tu *não* estás me levando, para que eu evite cometer erros e perder tempo. Obrigado, Senhor, pois tu cumprirás o teu propósito para comigo (Sl 138.8).

Em nome de Jesus. Amém.

*O presente abre o caminho para aquele que o entrega
e o conduz à presença dos grandes.*

PROVÉRBIOS 18.16

*Desperta, ó tu que dormes, levanta-te dentre os mortos
e Cristo resplandecerá sobre ti.*

EFÉSIOS 5.14

GUIADO A VER PROPÓSITO NOS DONS QUE DEUS PÔS EM VOCÊ

Quando você tem o Senhor soprando nova vida em seu ser todos os dias, começa a entender que sua vida tem propósito — não porque outros dizem isso, mas porque *Deus* diz. O Senhor enxerga sua vida à luz do elevado propósito que ele tem para você.

Não importa o que aconteceu em seu passado, Deus pôs dons em você que devem ser usados para a glória dele.

Dependendo diariamente de Deus, confiando na Palavra e aprendendo a seguir a direção do Espírito Santo, você será capaz de discernir os dons e talentos que Deus lhe concedeu. Talvez, tudo o que você tenha no início seja um forte desejo de fazer algo especial ou que aprecia fazer, uma capacidade natural de realizar algo, uma habilidade que aprendeu. A maneira de reconhecer seus dons é pedindo a Deus que lhe mostre quais são eles. Não desconsidere nada. Pode ser que você tenha uma capacidade que não lhe pareça tão importante, mas, ainda assim, Deus pode usá-la de maneira poderosa para a glória dele.

Algumas pessoas possuem dons e talentos óbvios numa idade precoce, mas isso não significa que escolherão usá-los para a glória de Deus. O tempo todo vemos pessoas com grandes dons usando-os para a glória do inimigo. Por outro lado, alguns indivíduos não conseguem enxergar seus dons logo de início, mas isso não significa que eles não estejam lá. Existe muita gente que não descobre seus dons até tarde da vida — dons que jamais sonhou possuir.

Todo mundo tem dons e talentos. Não há quem não os tenha. Você não é exceção.

Há quem tenha a capacidade de fazer muitas coisas, e isso pode ser um problema, pois acaba sendo difícil escolher em qual se concentrar. É por isso que pessoas assim precisam ouvir a voz de Deus. Talvez ele use todos esses dons. Ou ele pode abrir ou fechar portas de oportunidade de acordo com seus elevados propósitos.

Muitas pessoas pensam que não possuem nenhum dom, geralmente porque os pais, ou talvez alguém importante na vida delas, não pediram que Deus revelasse esses dons, de modo que pudessem ser desenvolvidos e cultivados. Se isso aconteceu com você, não fique preocupado. Não importa se seus dons não foram revelados logo de início. O Espírito Santo pode revelá-los agora — hoje — ou nos próximos dias.

Se você é alguém que acredita não possuir nenhum dom especial, saiba que Deus muitas vezes trabalha mais poderosamente através de uma pessoa que depende totalmente dele para a manifestação dos dons concedidos por ele. Não espere até sentir-se qualificado. Deus quer usá-lo para fazer as coisas que você *sabe* que não pode fazer sem *ele*. Ele usará seus dons poderosamente quando você confiar nele.

Não confie em suas próprias capacidades, senão você se perceberá limitado por elas em vez de ser capacitado pelo Espírito Santo.

Embora seja verdade que todos nós temos dons, eles não darão os frutos que Deus deseja sem que nos submetamos ao Espírito Santo. Ele é nosso Auxiliador, que nos capacita a realizar o que Deus nos chamou a fazer. Todos nós temos capacidades com as quais nascemos, e precisamos identificar e cultivar esses dons e talentos, desenvolvendo-os para serem usados em favor do Senhor. Peça que o Espírito guie você na descoberta e no reconhecimento de seus dons. Mesmo que você esteja agindo com seus dons há anos, peça a ele novamente. O Espírito Santo pode querer redefinir os dons que ele pôs em você — não necessariamente mudá-los — a fim de prepará-lo para um novo nível de uso desses dons e para um novo tempo em sua vida. Ele está sempre refinando e preparando você para o que está à frente.

Existem outros dons — dons espirituais — que o Espírito Santo nos dá conforme caminhamos com Deus e que devem ser usados para os propósitos dele. "Há diferentes tipos de dons, mas o Espírito é o mesmo"(1Co 12.4). O Espírito Santo não impõe os dons espirituais sobre nós. Ele os libera em nós para o benefício dos outros. Ele diz que devemos desejar esses dons, mas não podemos esquecer que são *dele*, e não nossos.

Não devemos confundir esses dons espirituais com os dons concedidos por Deus e usados por ele cumprir seus propósitos em nossa vida. Dons espirituais são discernidos espiritualmente, e o Espírito Santo os concede a nós conforme a vontade dele. Não podemos manipulá-los ou forçá-los. Não precisa se preocupar pensando que, após você entregar a vida ao Senhor, ele forçará um dom espiritual em você. Isso não vai acontecer. O Espírito Santo age conforme *ele* deseja, mas não contra a *sua* vontade.

Recebemos dons espirituais para ajudar outras pessoas, e não para nossa glória pessoal. É extremamente importante entender isso. A Bíblia diz: "A cada um, porém, é dada a manifestação do Espírito, visando ao bem comum. Pelo Espírito, a um é dada a *palavra de sabedoria*; a outro, pelo mesmo Espírito, a *palavra de conhecimento*; a outro, *fé*, pelo mesmo Espírito; a outro, *dons de curar*, pelo único Espírito; a outro, *poder para operar milagres*; a outro, *profecia*; a outro, *discernimento de espíritos*; a outro, *variedade de línguas*; e ainda a outro, *interpretação de línguas*. Todas essas coisas, porém, são realizadas pelo mesmo e único Espírito, e *ele as distribui individualmente, a cada um, como quer*" (1Co 12.7-11).

Não vou discutir individualmente cada dom neste livro. Existem inúmeras opiniões sobre esse assunto, e não quero listar as opiniões dos homens sobre a Palavra de Deus. Estou lhe dizendo o que a Palavra de Deus fala sobre o assunto, e você é perfeitamente capaz de ouvir a voz divina à medida que o Espírito Santo lhe ensina a respeito dele mesmo. Peça ao Espírito que lhe mostre a verdade, e ele lhe "ensinará todas as coisas" (Jo 14.26).

Deus escolhe o dom de cada pessoa. Não é de acordo com nossas habilidades naturais. Não é de acordo com o que fizemos para merecê-lo, pois jamais podemos fazer algo para *merecer* os dons do Espírito. Não os reivindicamos. Deus nos oferece dons espirituais de acordo com a vontade dele e de acordo com seus propósitos.

Embora não possamos decidir quais dons temos, podemos fazer coisas que inibem o fluir desses dons do Espírito em nós.

Não se preocupe se você tem um dom espiritual ou não. Paulo diz para buscarmos esses dons (1Co 12.31), mas cabe ao Espírito Santo concedê-los conforme ele deseja. Isso significa que não há razão para ser orgulhoso se Deus lhe concedeu certo dom. E não há razão para se sentir envergonhado, inferior ou decepcionado se você não recebeu um dom diferente. Isso é ação exclusiva do Espírito Santo, não nossa. Busque os dons, mas não se preocupe com eles. Esteja receptivo a eles, mas não cobice os dons de outra pessoa.

Pessoalmente, dei morada a dois desses dons uma série de vezes. Um deles é a palavra de conhecimento, e o outro é o dom da fé. Eles aconteceram em momentos diferentes e sempre quando eu estava em oração — sozinha ou na companhia de alguém. Nessas ocasiões, foi ação exclusiva do Senhor. Não tinha nada a ver com o que eu estava pensando ou sentindo, nem nada do tipo. E estava além do que eu podia fazer sozinha. Naqueles momentos eu sabia, sem nenhuma dúvida, que o dom vinha de Deus.

Numa ocasião, por exemplo, eu estava em oração por meu pastor, sua esposa e família. Então ouvi Deus falando estas palavras ao meu coração: "Satanás quer perfurar o coração do pastor Jack". Eu sabia claramente que era uma palavra vinda de Deus. Então pedi que ele me dissesse mais.

— Senhor, como o inimigo planeja fazer isso? De que modo?

O Senhor gravou firmemente em meu coração:

— Por meio de um dos netos dele.

Quando perguntei qual neto, o Senhor me deu um retrato claro de uma das netas do pastor.

Eu não liguei de imediato para o pastor a fim de lhe contar tudo porque achava que, talvez, Deus me revelara aquilo para que *eu* apenas orasse a respeito. Mas o Senhor não me permitiu ter paz até finalmente fazer a ligação. Eu jamais havia ligado para o pastor Jack com uma palavra de conhecimento, por isso ele encarou a história com seriedade. Convocou a família para um encontro naquela tarde, e oraram juntos sobre isso.

Não muito tempo depois, o pastor Jack e seu genro, Scott, estavam lavando a garagem quando a netinha caçula saiu da casa e correu ao encontro do papai e do vovô. A mola da extensa e pesada porta da garagem estava quebrada, e a porta era sustentada por uma viga. Eles estavam prestes a sair da garagem e ir para casa jantar quando Scott bateu no lado errado da viga, e a pesada porta da garagem começou a tombar justamente quando a criança vinha correndo pelo canto. O pai gritou: "Não!", e o pastor Jack esticou a mão e conseguiu segurar a porta antes que ela atingisse a cabeça da neta. Do contrário, ela teria sido esmagada. Com lágrimas nos olhos, o pastor Jack disse: "Então era isso. Esse era o aviso do Senhor". Um segundo a mais e a garota poderia estar morta ou gravemente ferida.

Quando me contaram o que aconteceu, agradeci a Deus pela palavra que, eu sabia, viera dele. Tive essa experiência com a palavra de conhecimento algumas vezes, e sempre a levei muito a sério, jamais escondendo a palavra da pessoa que estava envolvida.

O outro dom é o dom da fé. Eu tenho uma forte fé, creio na Palavra de Deus e nas promessas do Senhor para nós e no que ele pode e deseja fazer em nossa vida. Mas o dom espiritual da fé vai além disso. É um dom que Deus nos dá para certa ocasião e para uma pessoa ou situação específica. Não é uma fé que eu possa invocar sozinha. Não tem nada a ver comigo e tudo a ver com Deus. Eu *gostaria* de ter esse tipo de fé o tempo todo. É uma fé firme, clara, poderosa e inabalável, que não provoca a menor dúvida. Um dom do Espírito não é algo acerca do qual você se questiona. Você *sabe* que aquilo é o que é.

Toda vez que tive o dom da fé, ele parecia vir não apenas de *dentro* de mim, mas também *sobre* mim, como um manto que cobria a cabeça e os ombros. E é assim como me sinto guiada a orar. É como se Deus estivesse dizendo: "*É para isso que você deve orar, e eu estou lhe dando a fé para crer nisso, como se já tivesse acontecido*". Sei com toda a certeza que é a voz de Deus ao meu coração, e, orando a esse respeito à medida que o Espírito Santo me conduz, aquilo se estabelece na esfera espiritual antes de se manifestar na esfera física.

A Bíblia diz para buscarmos os dons, e é o que faço. Mas eu não os reivindico nem exijo. Eles pertencem ao Espírito e são concedidos quando é da vontade de Deus para o benefício de outra pessoa. No caso do dom da fé, eu estava orando pela necessidade específica de uma pessoa e me senti guiada a orar de determinada maneira. E Deus me concedeu tamanha fé que foi como se a oração já tivesse sido respondida.

Numa situação particular, eu estava orando para que uma jovem tivesse um filho. Por anos ela e o marido vinham tentando, mas haviam finalmente desistido e agora buscavam adotar uma criança. Ela me pediu para orar a fim de que um filho lhes fosse concedido em breve. Conforme orava por esse pedido — o que eu gostava de fazer, pois penso que a adoção é uma das manifestações mais belas e comoventes do amor de Deus —, recebi o dom da fé para orar que ela concebesse o próprio filho. Não foi uma ideia minha. Nem mesmo havia considerado essa possibilidade. Mas tive um dom da fé que me levou a orar por um filho biológico para aquela jovem. E acabou acontecendo que eles ganharam um filho adotivo naquele ano e, não muito tempo depois, tiveram também um filho biológico.

Os dons espirituais que Deus concede são bastante diversos, mas uma pessoa não possui todos eles. Deus sabe que não conseguiríamos controlar nosso orgulho se isso acontecesse. Os dons vêm do Espírito Santo a nós. É desse modo que recebemos o que Deus quer que possuamos. Essa "manifestação do Espírito" de que Paulo fala nos é concedida para o aperfeiçoamento de todos. Não tem nada a ver com nossa capacidade natural. Os dons nos são ofertados pelo Espírito Santo para um propósito específico, e não podem ser obtidos de nenhuma outra forma.

Deus trabalha por meio dos dons espirituais que concede às pessoas. Temos de aprender a recebê-los, ser receptivos a eles, acolhê-los, usá-los e crescer neles.

Poder da oração

Senhor, oro para que tu me reveles os dons e talentos que puseste em mim. Capacita-me a entender o valor deles para ti. Nas situações em que os dons que quero não se alinham com os dons que tenho, ajuda-me a submeter esses desejos a ti e a permitir que tu estejas no controle. Desenvolve os dons que tu puseste em mim, para que eles sejam úteis ao teu reino. Ensina-me a conviver em excelência com esses dons, sabendo sempre que não sou eu quem os aperfeiçoa, mas *tu*. Oro para que nenhuma insegurança em mim — que na verdade é falta de fé em tua capacidade de me guiar e me suster — reine sobre o uso que faço dos dons que tu puseste em mim.

Senhor, tua Palavra diz que fui predestinado conforme o teu propósito para minha vida (Ef 1.11). Mas sei que não posso cumprir esse destino sem seguir a direção de teu Espírito Santo dia após dia em minha vida. Eu busco teus dons espirituais em obediência à tua Palavra (1Co 14.1). Usa-me para teus propósitos como achares melhor. Ajuda-me a permanecer bem perto de ti pelo poder de teu Espírito que em mim habita, de modo que eu sempre siga tua direção. Em tudo o que eu fizer, ajuda-me a jamais perder de vista teu elevado propósito para minha vida.

Em nome de Jesus. Amém.

Poder da Palavra

Conceda-te o desejo do teu coração e leve a efeito
todos os teus planos.

SALMOS 20.4

Portanto, meus amados irmãos, mantenham-se firmes, e que
nada os abale. Sejam sempre dedicados à obra do Senhor, pois
vocês sabem que, no Senhor, o trabalho de vocês não será inútil.

1CORÍNTIOS 15.58

GUIADO A VER PROPÓSITO NO CHAMADO DE DEUS PARA SUA VIDA

Deus tem um chamado para sua vida. E ele lhe concede os dons necessários a fim de equipá-lo para o cumprimento desse chamado. Esses dons ajudam você a fazer o que Deus o chama a fazer, e ele não os toma de volta (Rm 11.29).

As pessoas não são chamadas por serem sábias, talentosas, poderosas ou nobres (1Co 1.26). São chamadas de acordo com o propósito de Deus para a vida delas. Somos predestinados a ser "conformes à imagem de seu Filho", e "*aos que predestinou, também chamou*; aos que chamou, também justificou; aos que justificou, também glorificou" (Rm 8.29-30).

A fim de cumprir seu propósito na vida — sem o qual você jamais conhecerá a satisfação reservada por Deus —, você não deve somente buscar Deus e seguir a direção do Espírito, mas deve também entender como Deus quer que use seus dons para servir a ele e a função para a qual ele o está chamando. Ele quer que você se empenhe ainda mais para consolidar seu chamado e eleição, pois, agindo dessa forma, você jamais tropeçará (2Pe 1.10).

Às vezes as pessoas ouvem o chamado de Deus para sua vida antes mesmo de saber quais são seus dons. Quando Deus o chamar a algo para o qual você não se sente "preparado", pode confiar que o Senhor irá equipá-lo para tal. Seus dons ficarão aparentes conforme você avança na fé. Por isso, se você sentir que não possui o que é necessário para cumprir seu chamado, alegre-se, pois você vai ter de depender de Deus para conseguir tudo o que precisa. E, embora isso lhe pareça assustador no momento, é de fato a melhor posição na qual estar, pois, ou tudo pertence a *ele*, ou nada vai acontecer.

É possível exercer seus dons sem dar nenhuma atenção ao seu chamado. Muitas pessoas fazem isso. É assim que elas conseguem usar seus dons no ministério e ainda assim trair a esposa ou ser infiel ao marido. Se você é casado, preservar o casamento constitui a parte mais importante de seu ministério e chamado. Se você não foi chamado ao casamento, não se case. Mas não espere se casar para depois decidir que não foi chamado para o casamento. Tampouco diga: "Fui chamado para o casamento, mas não com essa pessoa com quem estou casado(a) neste momento". Se Deus lhe deu o dom dos filhos, eles não são algo que você pode devolver ou trocar. Você foi chamado para cuidar deles. Seu dom não o levará a abandonar seu casamento ou seus filhos. Se você se sente guiado a fazer isso, vá perante o Senhor, confesse sua situação e descubra qual é seu *real* chamado.

Quando Deus chama você, ele também o equipa. O Anjo do Senhor apareceu a Gideão e lhe disse: "Com a força que você tem, vá libertar Israel" (Jz 6.14). Então Gideão respondeu: "Como posso libertar Israel? Meu clã é o menos importante de Manassés, e eu sou o menor da minha família" (Jz 6.15). E o Senhor deu a Gideão a razão por que ele poderia fazer isso, dizendo: "Eu estarei com você" (Jz 6.16). *O Senhor equipa você com a presença dele* para fazer o que ele o chama a fazer.

Quando os discípulos receberam poder à medida que o Espírito Santo descia sobre eles, tornaram-se testemunhas dele para onde quer que fossem (At 1.8). Deus quer fazer o mesmo com você. Ele quer que o Espírito Santo atue *em* você a fim de agir *por seu intermédio* para alcançar outras pessoas com o amor e a verdade. Ele não reside dentro de cada um de nós para fazer o que queremos, de modo que tenhamos uma vida feliz. Ele atua em nós a fim de nos ajudar a ser mais parecidos com Jesus, de modo que vivamos a vida que Deus nos chamou a viver.

Quando somos guiados pelo Espírito Santo, nossa vida transformada se torna uma testemunha do poder de Deus, à medida que o Espírito Santo nos capacita a falar sobre Jesus e das coisas de Deus a outras pessoas.

Quando Deus chama você, ele o refina. Deus deu uma canção a Moisés a fim de ensinar ao povo de Israel um alerta das consequências de sua corrupção, tolice e falta de sabedoria. A canção oferece um retrato de Deus pairando como uma águia sobre seus filhos, estendendo as asas para apanhá-los (Dt 32.11). Essa é a maneira como o Senhor deseja nos guiar hoje em dia. Ele nos levará a alturas inimagináveis, mas *temos de permanecer o mais perto possível dele*, ou cairemos e não seremos capazes de chegar aonde ele quer nos levar.

Quando andamos perto do Senhor, ele nos *refina*. O fogo é um símbolo do Espírito Santo. Somente o refinamento pelo fogo do Espírito consome o que não é bom ou necessário. Esse fogo não nos fere nem causa danos, mas, se não formos purificados, o inimigo pode nos prender numa armadilha e nos levar à queda. A Bíblia diz: "Não apaguem o Espírito" (1Ts 5.19). A palavra "apagar" significa dissipar ou extinguir, vencer ou destruir o fogo. Não queremos extinguir ou destruir o fogo do Espírito em nós. Sufocamos tudo o que ele quer fazer por intermédio de nós quando não o acolhemos a fim de que ele nos use em favor de sua glória.

Deus quer capacitar você a ser usado poderosamente, mas, se tentar realizar isso sem passar pelo fogo refinador do Espírito Santo, você estará destinado a falhar.

A única forma pela qual podemos ser um instrumento efetivo do amor, da paz e do poder de Deus consiste em sermos purificados pelo Espírito Santo em nós e por nossa obediência à Palavra de Deus.

Quando Deus chama você, ele lhe dá paz. Sem a direção do Espírito de Deus, não temos como saber nada sobre o que está por vir. Como podemos olhar para o futuro quando não sabemos o que acontecerá amanhã? A única maneira de nos movermos com êxito para o futuro é caminhando passo a passo com Deus hoje, seguindo a direção do Espírito Santo em tudo o que estamos fazendo agora. Sem a revelação de Deus, o futuro nos é desconhecido. E, mesmo com a revelação divina, não conhecemos todos os detalhes do que vem adiante. Tudo o que sabemos é que Deus diz que temos um bom futuro, e isso nos dá paz.

Quando Deus chama você, ele coloca um sonho em seu coração acerca daquilo que precisa ser realizado. Quando Deus põe um sonho em seu coração e lhe oferece uma visão para o futuro, ele não quer que você tente realizar esse sonho ou cumprir essa visão com suas próprias forças. Deus quer que você se entregue completamente a ele, e então ele o abençoará com a unção do Espírito e com uma nova liberação da presença e do poder dele em você. Deus o equipará para realizar aquilo que ele deseja. No entanto, você deve buscá-lo.

Se o sonho que você tem em seu coração não condiz em nada com o chamado de Deus para sua vida, entregue seu sonho ao Senhor. Se o sonho não pertencer a Deus, ele o removerá e o substituirá por um sonho dele.

Quando Deus chama você, o Espírito Santo o capacitará a fazer o que precisa ser realizado. Não estamos apenas suspensos no ar tentando servir a um Deus exigente. De modo nenhum. Deus tem altas expectativas acerca de nós, mas ele quer que dependamos dele para que essas expectativas se realizem. Quando nos submetemos a ele, optamos por viver do jeito dele e escutamos a direção do Espírito em nossa vida, ele nos capacita a alcançar essas expectativas.

Deus quer que tenhamos grandes expectativas acerca dele também. O que ele nos dá a fazer é sempre muito maior do que aquilo que podemos realizar por conta própria, e ele se certificará de que estamos convencidos disso. Ele nos levará a um lugar em nossa vida onde reconheceremos que não há a menor possibilidade de fazer aquilo sem ele, mas podemos esperar que, com Deus, todas as coisas são possíveis. E, por causa disso, ele pode nos capacitar a cumprir nosso chamado.

Assim como uma grávida diz "Estou esperando", você pode dizer que está esperando Deus dar à luz algo grandioso em você.

Quando Deus chama você, o inimigo tentará frustrar o que Deus o chamou a fazer. O inimigo de Deus e o seu inimigo são o mesmo. O nome Satanás significa "adversário". Jesus o chamou de "o Maligno" (Jo 17.15). Ele é hostil para com todos os crentes e sempre aparecerá para desanimar você de cumprir o que Deus o chamou a fazer. Ele tentará *perturbar* você e despertar alguém para se opor ao seu trabalho. Por isso, é sempre importante saber com clareza o que Deus o chamou a fazer e o que ele *não* o chamou a fazer. A intimidação e o medo são duas das táticas do inimigo. Ele diz: "Você não pode fazer isso". Mas *você* sabe que em Cristo tudo é possível, porque aquele que o chamou também é capaz de fazer acontecer.

Sempre confronte as mentiras do inimigo com a verdade da Palavra de Deus. Confie na direção do Espírito Santo em seu coração mais do que na voz de ameaça do inimigo. Tome cuidado para sempre viver de forma consistente com o que Deus o chamou a fazer.

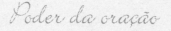
Poder da oração

Senhor, abre meus olhos para o que preciso ver sobre teu chamado para a minha vida. Abre meus ouvidos para tua voz a me guiar. Prepara-me e equipa-me para o que tu desejas que eu faça. Impede-me de fazer qualquer coisa que viole ou comprometa teu chamado para mim. Sei que muito será requerido de mim, e peço que me ajudes a cumprir essas exigências. Não posso fazer o que tu queres que eu faça sem que o poder de teu Espírito Santo me capacite para isso. Refina-me a fim de tornar-me um vaso puro por meio do qual tu possas trabalhar. Ajuda-me a submeter-me a esse processo de refinamento.

Ensina-me a sempre ser capaz de identificar as tramas do inimigo tentando me desencorajar com mentiras. Ajuda-me a jamais cair na enganação dele, de modo que não me desvie do caminho que tu tens para mim. Impede-me de fazer qualquer coisa que prejudique tudo o que queres fazer em mim e por meio de mim. Oro para que tu, o Deus de meu Senhor Jesus Cristo, o glorioso Pai, me dês espírito de sabedoria e de revelação, para que meus olhos do coração sejam iluminados e eu sempre conheça a esperança para a qual tu me chamaste (Ef 1.17-18).

Em nome de Jesus, amém.

Poder da Palavra

Pois os dons e o chamado de Deus são irrevogáveis.

ROMANOS 11.29

Como prisioneiro no Senhor, rogo-lhes que vivam de maneira digna da vocação que receberam.

EFÉSIOS 4.1

Guiado a dar bons frutos

Quando você tem o Espírito Santo e busca diariamente a orientação dele, percebe que está se tornando cada vez mais criativo e produtivo em todas as áreas de sua vida. Isso acontece porque você está vinculado à suprema força criativa — nosso Deus, que criou o universo e todas as coisas que nele existe.

Onde o Espírito de Deus está, há criatividade e bons frutos.

Se você mergulha a si mesmo no Senhor e mantém-se longe da poluição do mundo, a voz dele soará mais clara. Ele o guiará, o inspirará e lhe revelará coisas que você não perceberia sozinho. Quando você submete sua capacidade criativa natural ao Senhor, a criatividade *dele* flui em você, e sua vida frutifica.

O Espírito Santo nos dá fruto espiritual, mas a proporção com que esse fruto cresce em nossa vida é algo que cabe a nós. A Bíblia diz: "Mas o fruto do Espírito é *amor, alegria, paz, paciência, amabilidade, bondade, fidelidade, mansidão e domínio próprio*" (Gl 5.22-23). Quando essas virtudes se tornam visíveis, isso é um ótimo sinal de que o Espírito Santo está agindo poderosamente em sua vida.

Os três primeiros frutos do Espírito consistem em atitudes e sentimentos que são próprios de Deus. Esses frutos são o *amor* de Deus, a *alegria* de Deus, e a *paz* de Deus que excede todo o entendimento. Esses frutos são quem Deus *é*. Ele *é* amor. Ele *é* paz. Ele *é* alegria. E, por intermédio de seu Espírito em nós, Deus nos concede tudo o que ele é. Se você pensa que não possui amor, alegria ou paz suficiente em seu coração, aproxime-se mais de Deus, passando tempo com ele em sua Palavra, em oração e em adoração. Lembre-se: ele derrama a si mesmo sobre nós quando o adoramos.

Os três próximos frutos do Espírito se referem a como deveríamos ser, especialmente em relação a outras pessoas, aos animais e à criação divina. Esses frutos são a *paciência* (que é longanimidade), a *amabilidade* e a *bondade*. Precisamos da paciência de Jó. Paciência é esperar em Deus. Paciência com pessoas e situações que testam nossa paciência. Precisamos de amabilidade do tipo consistente, que nunca falha e não faz acepção de pessoas. É necessário sermos amáveis para com todos e em todas as ocasiões. Precisamos de bondade, a bondade de Deus. Esse é o tipo de bondade que se manifesta mesmo quando as pessoas não são merecedoras. *Deus* é bom o tempo *todo*, não importa quão maus *nós* sejamos. Mas é impossível ser bom o tempo todo sem que a bondade de Deus seja produzida em nós.

Os três últimos frutos do Espírito têm a ver com nossa maneira de agir. Esses frutos são a *fidelidade*, a *mansidão* e o *domínio próprio*. Cada um deles está além de nossa tendência natural de expressá-lo perfeitamente. A menos que o Espírito Santo produza tais frutos espirituais em nós na medida desejada por Deus, sempre estaremos em falta nessas áreas da vida. Não podemos, por exemplo, bater o pé e decidir que sempre teremos domínio próprio, mas o Espírito Santo é capaz de produzi-lo em nós o tempo todo.

Quando o Espírito Santo controla nossa vida, ele produz essas nove virtudes em nós. Mas, com excessiva frequência, sufocamos sua obra com emoções negativas: medo, raiva, tristeza, dúvida, impaciência, rancor e tendência a julgar os outros — ou seja, o oposto do fruto do Espírito. Podemos até mesmo acabar permitindo que a grosseria de outra pessoa atrapalhe o crescimento de frutos espirituais em nossa vida.

Estar cheio do Espírito Santo é algo que transforma nosso caráter, mas ainda temos de *escolher* viver no Espírito. "Os que pertencem a Cristo Jesus crucificaram a carne, com as suas paixões e os seus desejos. Se *vivemos pelo Espírito*, andemos também pelo Espírito" (Gl 5.24-25). Quando andamos no Espírito, seus frutos se manifestam em nós de maneiras surpreendentes.

GUIADO A DAR BONS FRUTOS EM SUA VIDA

Para produzir bons frutos em nossa vida, temos de plantar as sementes certas. Mesmo a menor semente pode crescer e se transformar em algo grande. E bem depressa podemos começar a ver os bons frutos.

Jesus disse: "Eu sou a videira; vocês são os ramos. Se alguém permanece em mim e eu nele, esse dará muito fruto; pois *sem mim vocês não podem fazer coisa alguma*" (Jo 15.5). Não podemos dar bons frutos sem Cristo.

A fim de produzir bons frutos em sua vida, você não apenas precisa plantar boas sementes, mas precisa também peneirar as sementes *ruins*. Isso significa que seus hábitos pessoais devem ser submetidos ao Senhor de modo que possam glorificar a ele. Sei que é tarefa difícil, pois seus hábitos pessoais são... bem, pessoais. E muitas vezes pensamos que nossos hábitos particulares são da nossa conta. De fato são, contanto que não interfiram nos propósitos e no plano que Deus tem para nossa vida.

Jesus também disse: "Eu sou a videira verdadeira, e meu Pai é o agricultor. Todo ramo que, estando em mim, *não dá fruto*, ele corta; *e todo que dá fruto ele poda, para que dê mais fruto ainda*" (Jo 15.1-2). Somos o ramo que não pode dar fruto se não estiver vinculado à Videira Verdadeira. Mas temos de ser podados pelo Agricultor.

Se você não está produzindo bons frutos, talvez ainda não concedeu ao Espírito Santo pleno acesso à sua vida. Ou pode ser apenas uma questão de tempo. Talvez você *ainda* não esteja vendo a plantação *cheia* de bons frutos. Talvez seja necessário podar mais um pouco. Talvez seja preciso apenas um pouco mais de tempo.

Quando morávamos na Califórnia, eu cultivava belíssimas roseiras. Cuidava de cerca de quarenta arbustos, de cores diversas e formidáveis. Na primavera e no verão, esses arbustos produziam rosas tão profusamente que as pessoas passavam de carro por ali só para contemplá-las. Todos os dias eu escolhia cuidadosamente algumas rosas para pôr no vaso de casa ou para presentear alguém. Eu alimentava e hidratava as roseiras com muita diligência.

Fiquei assustada quando as pétalas inevitavelmente começaram a cair das rosas e chegou o momento de podá-las. Um homem veio para fazer esse serviço, pois os espinhos eram atrozes, e ele sabia como podar da maneira correta. Mas, depois de terminado o trabalho, os pobres arbustos pareciam um amontoado de galhos nus — patética madeira morta, nada admirável. E parecia que eles estavam daquele jeito há muito tempo; até que a primavera surgia novamente, as folhas verdes germinavam e os brotos começavam a aparecer.

Nossa vida também possui suas estações. Podemos vir produzindo frutos há algum tempo e, de repente, parece que eles são cortados e só restam galhos secos. Talvez pensemos ter feito algo errado para perder o favor de Deus. Mas essa é uma estação de poda, *de livrar-se de tudo o que é desnecessário em nossa vida a fim de produzir novos frutos*. É época de profundo crescimento interior. Talvez isso não seja evidente para as outras pessoas, mas nós podemos sentir.

A poda é uma obra necessária realizada pelo Espírito Santo que, por fim, nos libera para frutificar ainda mais no futuro. Embora possa parecer que a vida como a conhecíamos acabou, e que o futuro já não existe, Deus está de fato nos preparando para uma nova colheita.

Se isso acontecer, pode haver a impressão de que você foi dispensado e Deus não quer mais usá-lo, ou usar seus dons. Mas tenha ânimo. A menos que esteja andando em pecado, você chegou à época de ser preparado por Deus para uma nova temporada de frutificação. Algumas vezes as pessoas desistem durante esse período, acreditando que Deus as abandonou ou desistiu *delas*. Mas isso está longe da verdade. Apegue-se ao Senhor e recuse acolher qualquer dúvida sobre o que Deus está realizando em sua vida. Confie nele de todo o seu coração. Vá mais fundo com ele. Leia mais a Bíblia. Ore mais. Ore com outros crentes. Encontre pessoas que você possa ajudar de alguma forma. Isso não vai ser difícil; por toda parte existe gente nessa situação. Seja a mão de Deus estendida para os outros.

Embora a poda seja desconfortável, deveríamos acolhê-la de bom grado. O Espírito Santo removerá de nós certas atitudes, hábitos de pensamento e ação, bens desnecessários, e metas que não pertencem à vontade de Deus para aquele momento. Ele mudará as maneiras pelas quais sempre fizemos as coisas, não porque fossem más, mas porque ele quer fazer algo novo.

Deus não remove nada sem o qual não possamos viver, mesmo que por um tempo seja exatamente essa a sensação. Nossa carne pode resistir, mas em nosso espírito podemos sentir o alívio, pois Deus quer que simplifiquemos nossa vida para podermos fazer melhor o que ele nos chamou a fazer. Podemos dizer: "Senhor, o que há em minha vida que já não deveria estar aqui?". Desprender-se das coisas desnecessárias nos torna livres para receber mais daquilo que Deus deseja nos conceder.

Recebemos a ordem de dar bons frutos. E, quando frutificamos, atraímos outras pessoas a Cristo. Somente o bom fruto que vem do Espírito Santo sobre nós é duradouro. Todos conhecemos pessoas que não dão bons frutos. Elas não conseguem produzir o fruto resultante de um espírito bom porque nelas não há um espírito bom. Mesmo que se trate de um crente, o Espírito Santo não atuará em sua plenitude em alguém que ignora ou nega a presença do Espírito.

Jesus disse: "Cuidado com os falsos profetas. Eles vêm a vocês vestidos de peles de ovelhas, mas por dentro são lobos devoradores. *Vocês os reconhecerão por seus frutos*" (Mt 7.15-16). Isso acontece porque "toda árvore boa dá frutos bons, mas a árvore ruim dá frutos ruins" (Mt 7.17). Ele disse ainda que "toda árvore que não produz bons frutos é cortada e lançada ao fogo" (Mt 7.19).

Qualquer pecado sem arrependimento impedirá o cristão de dar bons frutos. O fruto do Espírito só será visível na pessoa que vive em obediência aos caminhos de Deus.

Quando nossa carne está no controle, fazemos coisas que não queremos fazer. É uma batalha constante. Tenho visto o fruto bom do ministério de algumas pessoas mudar no momento em que a carne obtém maior controle que o Espírito. Talvez no início a pessoa não esteja consciente disso, mas ela não interrompe o que estava fazendo a tempo de arrancar as sementes ruins e dar meia-volta. O orgulho a faz pensar que pode sair impune da desobediência.

O orgulho faz as pessoas acreditarem que têm o direito de fazer *o que* quiserem, *quando* quiserem. Isso é a obra da carne cegando nossos olhos. É o que faz pessoas inteligentes e experientes cometerem erros. Isso tudo acontece porque a carne tem permissão de obter controle, quando o Espírito é que deveria ser *convidado* constantemente para estar no domínio. Pode acontecer com qualquer um de nós num momento de fraqueza e descuido. Se você vir o orgulho em si mesmo, humilhe-se diante do Senhor e confesse esse pecado. Se você vir o orgulho em outra pessoa, corra! Uma grande queda está prestes a acontecer, e você não quer cair com ela. Ore para que os olhos dessa pessoa sejam abertos à verdade.

Quanto mais o Espírito de Deus tem livre acesso à sua vida, e quanto mais espaço lhe é concedido para crescer em seu interior, mais você exibirá o fruto do Espírito.

Não temos de nos esforçar para produzir bons frutos em nossa vida. Tudo de que precisamos é parar de plantar sementes ruins e aprender a plantar apenas sementes boas. Devemos caminhar diariamente com Deus, permanecer nele seguindo a direção do Espírito Santo em nós, estar em contato constante com ele, e cada vez mais entregar nossa vida ao controle dele. Isso não é algo que *fazemos* acontecer. É algo que escolhemos *deixar* acontecer.

No entanto, o fruto não pode crescer sem luz. Somos filhos da luz cheios do fruto do Espírito, que é "toda bondade, justiça e verdade" (Ef 5.9). Não podemos ter nada em comum com "as obras infrutíferas das trevas", mas, sim, expô-las "à luz" (Ef 5.11). Todos nós caminhamos nas trevas antes de receber Jesus, mas agora, como filhos da luz, devemos nos livrar de tudo o que bloqueia a luz dele em nós e nos impede de dar frutos espirituais. Quando exibimos o fruto do Espírito, Deus é glorificado, e esse é um sinal de que somos seus discípulos (Jo 15.8).

Poder da oração

Senhor, oro para que tu me ajudes a dar bom fruto em minha vida. Ensina-me a plantar as sementes certas em meu coração. Faze crescer o que já está plantado em mim por meio de tua Palavra. Sei que todo momento que passo em tua presença em adoração, louvor e oração rega, nutre e desenvolve as sementes de teu caráter em mim. Impede-me de fazer qualquer coisa que iniba esse processo. Faze crescer na boa terra do meu coração uma colheita que produza a cem por um (Mt 13.8). Examina meu coração e mostra-me as sementes ruins que nele foram plantadas, para que eu possa arrancá-las e lançá-las fora. Eu me submeto ao teu processo de poda. Ajuda-me a desprender-me de tudo que há em meu coração, mas não deveria haver. Guarda-me de todo orgulho. Não quero que nada me impeça de dar o fruto de teu Espírito em minha vida.

Oro para que as pessoas percebam teu amor, tua alegria e tua paz em mim, e que elas sejam atraídas a ti por isso. Oro para que o fruto de teu Espírito se manifeste em mim tão poderosamente que os outros não consigam deixar de percebê-lo e glorifiquem a ti. Capacita-me a demonstrar paciência, amabilidade e bondade aos outros. Ajuda-me a ter tua fidelidade, tua mansidão e teu domínio próprio, de modo que eu possa refletir a natureza de Cristo em tudo o que fizer.

Em nome de Jesus. Amém.

É como árvore plantada à beira de águas correntes:
Dá fruto no tempo certo e suas folhas não murcham.
Tudo o que ele faz prospera!

SALMOS 1.3

Uma árvore boa dá fruto bom, e uma árvore ruim dá fruto ruim,
pois uma árvore é conhecida por seu fruto.

MATEUS 12.33

GUIADO A DAR BONS FRUTOS EM SEU TRABALHO

Existe uma coisa que você sempre verá na vida de um cristão que segue Deus com rigor e é guiado pelo Espírito: o fruto em seu trabalho. A verdade é que você não pode discutir com o fruto. Em outras palavras, não podemos negá-lo quando o vemos. Não estou dizendo que não há momentos difíceis de luta. Todos passamos por isso. Fases de crescimento, de aprendizado e de poda podem ser dolorosas, mas existe um fruto à nossa espera.

Se você *não* é guiado pelo Espírito Santo em seu trabalho, não dará o bom fruto que Deus quer que produza. Se você não está capacitado pelo Espírito Santo, não está produzindo o fruto para a eternidade da maneira como Deus deseja. Seu trabalho e ministério têm de ser modelados conforme o trabalho e o ministério de Jesus, que era capacitado pelo Espírito Santo e não fez nada que não fosse dirigido por Deus Pai.

Seja qual for seu trabalho, submeta-o ao Senhor. Peça a ele que infunda em seu trabaho a vida, o poder e a produtividade dele. Peça que o Espírito dele flua através de você e o capacite a ser mais criativo. Fazendo isso, é possível até que você seja direcionado do trabalho atual, se não for da vontade do Senhor, para algo completamente novo.

Não dizemos a Deus o que iremos fazer e depois pedimos a bênção dele. Pelo contrário, perguntamos a Deus o que ele deseja que façamos, e fazemos o que ele diz para que ele possa nos dar sua bênção.

Numa quitanda, o fruto é chamado de "produto". Isso acontece porque, quando as sementes certas são plantadas, regadas e nutridas, o fruto é produzido. Você consegue avaliar a produtividade de sua vida, talvez não no passado, mas desde o tempo em que começou a seguir intimamente o Senhor? Sua influência ou presença tem sido positiva e boa? Você tem ajudado pessoas? Essas pessoas veem e experimentam algo do Senhor por seu intermédio? Se você vem permitindo que Deus o guie pelo poder do Espírito Santo, perceberá a bênção dele em tudo o que faz.

Conheço um homem que era briguento, julgador, explosivo e egoísta a ponto de ferir os outros. As ervas daninhas de sua carne sufocavam o crescimento de sua criatividade. Quando ele obstruiu a obra do Espírito Santo com o pecado, essa conduta interrompeu as bênçãos de Deus em seu trabalho. A boa notícia é que, quando isso acontece, o processo pode ser revertido por meio de um coração arrependido. Demorou bastante, mas foi o que acabou acontecendo com esse homem. O arrependimento produz fruto. Sempre! Deus pode dar vida a coisas mortas quando nós nos arrependemos. O arrependimento conduz ao caminho da criatividade e do crescimento espiritual — um método, por assim dizer, desvalorizado em alguns círculos.

Não mantenha expectativas excessivamente baixas em relação ao que Deus produzirá por seu intermédio. Será muito mais do que pode imaginar. E não permita que suas expectativas em relação a si mesmo sejam tão altas a ponto de você não poder apreciar o fruto produzido por ele em sua vida neste exato momento. Deposite suas expectativas no Senhor. Tenha esperança de que ele manterá sua Palavra e produzirá grandes frutos em você e através de você.

Se você tem a sensação de não estar dando fruto em seu trabalho ou ministério, peça que o Senhor lhe mostre as áreas nas quais você não tem obedecido a ele. Deus abençoa o trabalho de

GUIADO A DAR BONS FRUTOS

um filho obediente (Dt 12.28). Descubra o que é bom e aceitável para o Senhor e aja de acordo com isso (Ef 5.10). Jejue e ore. Busque um novo suprimento do Espírito. Quando estiver cheio do Espírito Santo e for guiado por ele, você produzirá fruto em seu trabalho.

O Espírito Santo equipará você para o trabalho que ele deseja ver realizado. Quando o tabernáculo estava sendo construído, Deus pediu que artesãos talentosos viessem e fizessem o que ele lhes ordenasse a fazer. Deus encheu do Espírito Santo um desses artistas, "dando-lhe destreza, habilidade e plena capacidade artística" (Êx 35.31). O Espírito Santo equipou esse homem para fazer o que Deus o estava chamando a fazer. O Espírito Santo também concedeu a ele "a habilidade de ensinar os outros" (Êx 35.34). Deus não somente equipou esse homem para realizar o trabalho, como também o capacitou a ensinar os demais artesãos.

A Bíblia diz que Deus "a todos esses deu capacidade para realizar todo tipo de obra como artesãos" (Êx 35.35). Em outras palavras, *o Espírito Santo capacitou o talento desses homens.* Eles obviamente possuíam algumas habilidades, mas o Espírito Santo os capacitou a realizar com destreza exatamente aquilo que Deus queria.

Quando o Espírito Santo chama você a fazer algo, ele o capacitará a realizar esse trabalho. Se ele o guiar a fazer algo que você não quer ou não acredita ser capaz, peça que ele exerça uma mudança em seu coração. Eu sei que isso é assustador, mas ele não vai lhe pedir para fazer algo que não seja, em última análise, o melhor que ele tem para sua vida.

Encontre o propósito de Deus em todo trabalho que você realizar. Depois de Moisés e o povo terem concluído o trabalho, a obra e o sacrifício para a construção do tabernáculo, "então a nuvem cobriu a Tenda do Encontro, e *a glória do Senhor encheu o tabernáculo*" (Êx 40.34). O maior propósito daquilo que fazemos para o Senhor — nossa obediência àquilo que ele nos instrui a fazer — é ter a presença de Deus conosco. Isso diz tudo. Todo tempo, trabalho e sacrifício dos israelitas foi recompensado pela maior dádiva possível — a presença do Senhor. Nesse momento tudo faz sentido. Nesse instante você não pergunta: "Por que, Senhor?".

Deus deu a Moisés leis que explicavam como os sacrifícios deveriam ser realizados, e essas leis muitas vezes nos parecem incrivelmente rigorosas. Parecem infindáveis e, se perdemos de vista seu propósito, tornam-se tediosas e difíceis. *Mas o propósito principal para essas leis consistia em formar um povo santo para que a presença de Deus pudesse visitá-lo.* Quando a glória do Senhor apareceu, "todo o povo viu isso, gritou de alegria e prostrou-se com o rosto em terra" (Lv 9.23-24). Naquele momento, a obra que eles vinham fazendo para Deus se tornou clara.

Pode ser que você não seja capaz de ver neste exato momento qual é o propósito de tudo o que tem feito em seu trabalho. Por vezes, seu trabalho pode ser tedioso e você acaba perdendo de vista a razão pela qual está fazendo aquilo; mas, se você segue o Espírito Santo, um dia tudo se esclarecerá. Nesse momento será possível sentir a presença magnífica do Espírito de Deus se manifestando através de você de uma forma jamais vista. Você desejará sacrificar tudo o que for preciso a fim de dar espaço para mais da presença de Deus em sua vida.

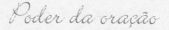
Poder da oração

Senhor, oro para que tu me ajudes a frutificar em meu trabalho e ministério. Ajuda-me a recolher de tua Palavra tudo de que preciso. Ensina-me a plantar boas sementes em oração e adoração. Concede-me o poder para dar o tipo de fruto que dura por toda a eternidade. Impede-me de manter minhas expectativas num nível excessivamente baixo em relação a tudo o que tu queres realizar mediante meu trabalho por ti. Ajuda-me a não elevar esse nível de expectativas a ponto de não apreciar o que tu tens feito em mim todos os dias. Capacita-me a sempre fazer o que *tu* queres. Quero ser capaz de reivindicar a dádiva de tua presença em minha vida como minha maior recompensa.

Ensina-me a examinar meu próprio trabalho e perceber se ele atende às tuas normas (Gl 6.4-5). Dá-me ideias novas e criativas a fim de que eu jamais entre numa rotina e diminua a produção, pois sei que minha criatividade vem de ti, a fonte que nunca seca. Ajuda-me a realizar todo o meu trabalho com a atitude correta, pois o estou fazendo para ti. Capacita-me a realizar esse trabalho com competência, de modo que eu possa atingir um nível de excelência em tudo o que tu me chamaste a fazer. Ajuda-me a te enxergar, Jesus, como meu modelo. Sei que nunca fizeste coisa alguma que não fosse capacitada pelo poder do Espírito Santo. Quero viver assim também.

Em nome de Jesus. Amém.

Poder da Palavra

*O homem bom do seu bom tesouro tira coisas boas, e o homem
mau do seu mau tesouro tira coisas más.*

MATEUS 12.35

*Mesmo na velhice darão fruto, permanecerão
viçosos e verdejantes.*

SALMOS 92.14

GUIADO A DAR BONS FRUTOS EM SEUS RELACIONAMENTOS

Relacionamentos frutíferos não são do tipo em que duas pessoas estão tão ligadas e são tão codependentes que não conseguem funcionar sem a outra. Não são do tipo em que alguém exige demais da outra pessoa e existe uma constante drenagem no relacionamento. Num relacionamento frutífero não há uma pessoa controlando a outra, ou fazendo a outra sempre sentir-se triste ou assustada. Relacionamentos frutíferos são aqueles em que existe uma permissão mútua para que os envolvidos sejam quem Deus os criou para ser.

Num relacionamento frutífero, o fruto produzido é... imagine só... bom! Esse é o critério. Quando você é insultado, magoado, ignorado, humilhado ou pressionado a sentir-se mal consigo mesmo, o relacionamento não produz bom fruto. Se o relacionamento não é digno do tempo e do dinheiro gastos para resolver as coisas, passe então para relacionamentos que são positivos. Caia fora, se possível. Se o seu relacionamento infrutífero e complicado for o casamento, busque algum tipo de aconselhamento para o casal. Um casamento infeliz, de ambos os lados, não traz glória alguma a Deus.

É fundamental dar bom fruto em seus relacionamentos. Você não pode continuar num relacionamento que o afasta de Deus e o leva a cometer coisas erradas, fazendo-o regredir no caminho em direção a tornar-se a pessoa que Deus o criou para ser. As melhores sementes a se plantar em qualquer relacionamento são as sementes da oração, do amor, da compaixão e da doação de si mesmo. De fato, os bons frutos de qualquer relacionamento resultam da doação de ambas as partes.

Quando não nos doamos em nossos relacionamentos, nós nos fechamos para as bênçãos que Deus tem para nós e não conseguimos colher os frutos do Espírito.

Talvez você esteja dizendo a si mesmo: "Não é sempre bom doar?". A resposta é sim... e não. É sempre bom doar *quando você é guiado pelo Senhor*. Mas, se você doar a alguém sem a direção do Senhor, pode acabar fazendo um desserviço à pessoa. Devemos ajudar as pessoas, mas não devemos tentar fazer o papel de Deus para elas. Se você está constantemente socorrendo alguém a quem Deus deseja ensinar a confiar nele, sua doação não está produzindo bom fruto. Você está criando uma dependência em *você*, e *não* em *Deus*. Existe uma linha tênue entre as duas situações, e somente o Espírito do Senhor vai ajudá-lo a discerni-la.

O orgulho é um dos maiores obstáculos para que um relacionamento dê bons frutos. Quando somos orgulhosos, vivemos "provocando uns aos outros e tendo inveja uns dos outros" (Gl 5.26). A provocação acontece quando somos grosseiros com outra pessoa e lhe fazemos coisas hostis. Quando somos guiados pelo Espírito, extinguimos o orgulho e exibimos cada um dos frutos do Espírito.

Quando você é guiado pelo Espírito Santo, sua compaixão por pessoas que lutam contra o medo, o vício, a baixa auto-estima, as limitações físicas ou outros desafios se tornará em paixão por ajudá-las. A produtividade de sua vida aumentará maravilhosamente quando for alimentada pelo amor inflamado do Espírito Santo na direção de outras pessoas.

A Bíblia diz que não podemos ir adiante num relacionamento, a menos que estejamos em unidade com a outra pessoa. Temos de estar em acordo em relação ao que é certo, moral e decente. Temos de concordar sobre quem Deus é e como nós nos relacionamos com ele. Se vocês não concordam com essas coisas, então um de vocês terá de se curvar ao outro. O caráter frutífero do relacionamento estará limitado até que aconteça uma mudança positiva.

Senhor, oro para que tu me mostres quais relacionamentos devo cultivar e de quais devo me desprender, se necessário for. Se houver um ou mais relacionamentos que não pertençam a ti e nos quais jamais produzirei bom fruto, oro que tu me reveles, a fim de que eu possa me afastar deles. Eu sei que devemos ter unidade de espírito e mente em nossas crenças. Oro por honestidade e retidão em todos os meus relacionamentos, de modo que eles produzam o bom fruto que tu desejas. Coloca em minha vida relacionamentos de caráter piedoso que sempre trarão glória a ti. Cura toda contenda em todo relacionamento que eu tenha neste momento e faze-o frutífero. Se esse relacionamento não pode se tornar bom, mostra-me a fim de que eu possa encerrá-lo.

Senhor, eu te agradeço por tua obra em minha vida. Ajuda-me sempre a andar com a direção do teu Espírito e a escolher não andar na carne. Enche-me do teu Espírito todos os dias e remove qualquer pecado ou egoísmo de meu coração. Remove todo orgulho, postura crítica, inveja, falta de gentileza ou falta de amor em mim, ou em qualquer pessoa com a qual eu me relacione. Mostra-me como doar a mim mesmo aos outros de forma compassiva mas equilibrada. Eu não quero tentar exercer teu papel para as pessoas. Quero ser eu mesmo e permitir que os outros sejam quem são. Guia-me, Espírito Santo, a fazer a coisa certa em todo relacionamento que eu tiver.

Em nome de Jesus. Amém.

Poder da Palavra

É melhor ter companhia do que estar sozinho, porque maior é a recompensa do trabalho de duas pessoas. Se um cair, o amigo pode ajudá-lo a levantar-se. Mas pobre do homem que cai e não tem quem o ajude a levantar-se!

ECLESIASTES 4.9-10

Duas pessoas andarão juntas se não estiverem de acordo?

AMÓS 3.3

Guiado a discernir

O Espírito Santo sempre guiará você a um maior discernimento em sua vida. De fato, o discernimento consiste em enxergar a verdade da perspectiva de Deus. Quanto mais você é guiado pelo Espírito Santo, mais discernimento terá. O Espírito lhe mostrará coisas que antes você não podia ver. Você terá maior certeza sobre a voz de Deus falando ao seu coração. Deus se comunicará com você de formas que podem surpreendê-lo.

O ingresso nesse tipo de discernimento espiritual não acontece de modo automático. Em todas as coisas você tem de buscar Deus em primeiro lugar e aprofundar-se na Palavra dele para encontrar a verdade. Qualquer pessoa pode ler a Bíblia, mas somente aqueles cujos olhos foram abertos pelo Espírito Santo podem começar a enxergar a verdade em toda a sua plenitude. E, conforme isso acontece, você não somente verá a verdade acerca de sua própria vida e circunstâncias, mas observará o mundo ao seu redor também com novos olhos.

No labirinto de informações confusas e enganosas que é o mundo à sua volta, você precisará do discernimento de Deus para transitar com êxito.

As Escrituras nos contam que o rei Asa "foi atacado por uma doença nos pés. *Embora a sua doença fosse grave, não buscou ajuda*

GUIADO A DISCERNIR   207

do Senhor, mas só dos médicos" (2Cr 16.12). Asa recusou-se a pedir discernimento ao Senhor a respeito de sua doença. Os médicos a quem ele recorreu possivelmente utilizaram-se de feitiçaria e magia para tentar curá-lo, algo que os médicos de hoje não fazem. (Ou, pelo menos, vamos orar para nunca cairmos nas mãos de um médico desses.) Quantas vezes tomamos um remédio ou consultamos um médico sem antes orar? Não estou dizendo em hipótese alguma que não devemos buscar ajuda médica. Mas deveríamos sempre buscar Deus antes de fazer qualquer coisa. Peça que ele cure você e depois pergunte se deveria consultar um médico ou ir a um hospital. Ore para que os médicos com os quais você se consulta possuam grande conhecimento, sabedoria e discernimento.

Uma vez que Asa não buscou o Senhor para discernimento em relação à sua doença, sofreu graves consequências. A questão é que também experimentamos graves consequências quando não buscamos Deus em primeiro lugar em todas as coisas e, ainda, tomamos decisões sem o discernimento que ele nos poderia ter dado.

O Espírito Santo pode revelar tudo de que você precisa saber a qualquer momento, mas, para que isso aconteça, você deve buscá-lo.

O Espírito Santo é seu guia. Mas se nunca reconhecê-lo como tal, ou negar a ele essa posição em sua vida, você restringe a capacidade que ele tem de guiá-lo. Ele jamais entrará sem ser convidado nem derrubará paredes para forçar você a segui-lo. Ele não é um maníaco por controle. Um maníaco por controle assume o comando quer a pessoa queira quer não. O Espírito Santo, por outro lado, só assume o controle quando você o convida e confia nele o suficiente para *permitir* que ele esteja no comando.

Ter a perspectiva correta em relação às nossas circunstâncias é de extrema importância para o sucesso e a satisfação em nossa vida. Sem essa perspectiva, podemos ficar vagando de um esforço sem sentido para outro, ou para um desperdício de tempo após outro. Ou podemos ir de um erro para outro, sempre voltando para o mesmo problema e os mesmos maus hábitos de pensamento, sentimento ou atitude. Quando isso acaba? Quando é que encontramos a novidade de que precisamos e desejamos? Isso acontece quando começamos a ver a verdade do ponto de vista de Deus. E isso requer discernimento concedido pelo Espírito Santo.

Precisamos do ponto de vista de Deus em relação a todas as coisas, e o único que nos pode conceder isso é o Espírito Santo de Deus sussurrando à nossa alma.

Guiado a discernir a direção de Deus

O Espírito Santo é o nosso *guia*, e ele quer nos conduzir em *todas* as coisas. Ele nos dá discernimento. "Quem não tem o Espírito não aceita as coisas que vêm do Espírito de Deus, pois lhe são loucura; e não é capaz de entendê-las, porque elas são discernidas espiritualmente" (1Co 2.14).

O que você faz quando precisa do discernimento de Deus a respeito de alguma questão específica? Em primeiro lugar, você deve buscar a Palavra de Deus com a mesma frequência de um soro intravenoso que provê energia constante. E depois, naturalmente, orar tanto quanto possível. Mas, para questões importantes, *jejuar e orar* é uma forma poderosa de buscar a direção de Deus.

Diz-se acerca do profeta Esdras que "a boa mão de seu Deus estava sobre ele" (Ed 7.9). Isso significa que ele estava ouvindo Deus e sendo guiado por seu Espírito. E Deus providenciou aquilo de que Esdras precisava para fazer o trabalho a que foi chamado a fazer — nesse caso, reconstruir os muros em torno do templo. Esdras *jejuou e orou pedindo orientação*, e depois pediu ao povo que também jejuasse e orasse por *proteção*, *segurança* e *bênção* em tudo o que estavam fazendo (Ed 8.21-23).

Até mesmo o rei da Pérsia reconheceu que a mão de Deus estava sobre Esdras e que este era guiado pelo Espírito de Deus. Por esse motivo, o rei persa entregou a Esdras um decreto permitindo que tomasse os israelitas que estavam cativos na Pérsia e os conduzisse de volta a Jerusalém a fim de reconstruir os muros do templo.

Quando a mão do Senhor está sobre sua vida e você é guiado pelo Espírito, encontra favor de pessoas que reconhecem algo de especial em você.

Esdras garantiu ao rei que, uma vez que a mão do Senhor estava sobre ele, o rei seria protegido. Ainda assim, Esdras *jejuou e orou* em favor disso. Quando existe uma promessa de Deus acerca de alguma questão específica, e você é guiado pelo Espírito, ainda assim é preciso humilhar-se por meio do jejum e da oração. Não se pode presumir a proteção de Deus sem nenhum esforço de oração. Sua parte consiste em buscar humildemente Deus e orar — às vezes com jejum. Embora o Espírito Santo seja seu guia, é preciso buscar a direção.

Jejuar e orar são sacrifícios que fazemos a fim de conseguir resultados que de outra maneira não obteríamos.

Jejue e ore por discernimento quando a questão é importante e você não se pode dar ao luxo de cometer um erro. Quanta tristeza ou confusão teríamos evitado no passado se tivéssemos feito isso?

Jefté era "um guerreiro valente", e o Espírito do Senhor estava sobre ele (Jz 11.1). Mas, quando ele entrou em combate contra seu inimigo, fez ao Senhor um voto precipitado e imprudente: "aquele que estiver saindo da porta da minha casa ao meu encontro, quando eu retornar da vitória [...] eu o oferecerei em holocausto" (Jz 11.29-31). Ele não jejuou nem orou sobre esse importantíssimo assunto.

Quando Jefté retornou vitorioso para casa, sua filha — sua única filha — foi a primeira pessoa a vir a seu encontro. Quando ele a viu, ficou extremamente angustiado porque não poderia voltar atrás em seu voto (Jz 11.34-35). Ele não foi guiado pelo Espírito de Deus quando fez a promessa. Como resultado, sua filha jamais poderia se casar ou ter filhos.

Quantas vezes tomamos uma decisão precipitada sem o direcionamento do Espírito Santo e algo valoroso é sacrificado em nossa vida por causa disso? Você alguma vez tomou uma decisão apressada em relação ao seu dinheiro a fim de conseguir algo que você queria e depois, como consequência, sacrificou sua segurança financeira? Ou acabou ficando com algo que, depois, não tinha valor algum para você? Alguma vez já olhou para as coisas que comprou e desejou voltar atrás e recuperar o dinheiro gasto? Precisamos orar a respeito de todas as coisas, e precisamos jejuar quando necessitamos de discernimento especial.

A oração constante e o jejum são as únicas coisas que trarão vitória.
O povo de Israel queria guerrear contra a perversa tribo de

Benjamim. Sendo assim, os israelitas pediram a orientação de Deus. O Senhor lhes disse o que fazer, mas, a despeito disso, foram derrotados (Jz 20.21). Oraram mais uma vez pedindo orientação, chorando perante o Senhor o dia todo e buscando seus conselhos. Disseram: "Devemos atacar de novo os nossos irmãos benjamitas?" E o Senhor respondeu: "Vocês devem atacar" (Jz 20.23). Entretanto, foram derrotados novamente. Então buscaram Deus uma terceira vez, agora com *jejum, oração, súplicas* e *adoração* (Jz 20.26). E, quando lutaram mais uma vez contra a tribo de Benjamim, saíram vitoriosos.

Essa história nos fala sobre não desistir. Não devemos parar de buscar a orientação de Deus, mesmo quando vivenciamos a derrota. Devemos continuar insistindo com *jejum, oração fervorosa, humildade* e *adoração*.

Por que Deus disse ao povo de Israel que eles seguissem adiante e enfrentassem os benjamitas duas vezes, mesmo sabendo que eles seriam derrotados? Ele certamente tinha um propósito. Talvez estivesse refinando o povo ou fazendo que ficassem completamente dependentes dele. Ou talvez houvesse a necessidade de tornar o povo mais humilde por meio do jejum e da oração. Eles precisavam concentrar-se profundamente em Deus. Há muito a aprender com a derrota se mantivermos nossos olhos no Senhor e não desistirmos. Quando continuamos a buscar Deus e nos tornamos mais e mais dependentes dele, ficamos mais fortes na fé, e ele pode fazer grandes coisas por meio de nós.

Ter acesso à orientação do Espírito Santo por meio do discernimento concedido por Deus e não seguir essa direção é um crime contra o Espírito. Quantas vezes seguimos em frente e fizemos algo sem buscar o conselho de Deus porque nos *parecia* uma boa ideia no momento? Mesmo quando nos *parece* certo, ainda assim devemos pedir discernimento a Deus. Às vezes, se vemos algo que desejamos, pensamos que deve ser o certo a desejar. Muitos de nós fizemos isso uma vez ou outra, e não raro sofremos terríveis consequências. Tal como crianças, pressionamos os limites o máximo possível. Quanto açúcar, chocolate ou batatas fritas comeríamos se não houvesse consequências? Quantas vezes forçaríamos os limites até aprendermos uma dura lição?

Também podemos presumir que, uma vez que o Espírito Santo nos conduz a fazer algo de certa maneira em determinada ocasião, ele nos guiará a agir da mesma forma da próxima vez. E podemos estar errados. É por isso que Deus quer que permaneçamos perto dele, dependamos dele e prestemos atenção à direção dele para cada passo dado.

O jovem Davi tinha grande discernimento. Ele sabia que o exército de Israel era o exército de Deus, e não tinha dúvida de que lado estava e quem estava ao seu lado. Davi tentou convencer os homens do exército de Saul de que somente *ele* deveria enfrentar Golias, o gigante inimigo. Quando Saul ficou sabendo sobre Davi, ele o desconsiderou por conta de sua juventude (1Sm 17.32-33).

Jovens que receberam Jesus e têm o Espírito Santo habitando neles costumam possuir um coração corajoso. Penso que às vezes eles prestam maior atenção a Deus do que os adultos que possuem conhecimento mundano em excesso, mas não sabem o bastante sobre os caminhos de Deus. Davi prestava atenção a Deus, tinha o Espírito Santo como guia de seus passos e possuía a confiança resultante disso. Assim, Davi convenceu Saul de que ele tinha o que era preciso para resolver aquele problema.

Uma vez que Davi estava ciente de contar com a direção do Espírito de Deus, ele enfrentou Golias com uma atiradeira na mão e cinco pedras lisas. Disse ele a Golias: "Você vem contra mim com espada, com lança e com dardos, mas eu vou contra você em nome do SENHOR dos Exércitos, o Deus dos exércitos de Israel, a quem você desafiou. Hoje mesmo o SENHOR o entregará nas minhas mãos, eu o matarei e cortarei a sua cabeça [...] e toda a terra saberá que há Deus em Israel [...]; *pois a batalha é do SENHOR*, e ele entregará todos vocês em nossas mãos" (1Sm 17.45-47).

O confronto aconteceu exatamente como Davi havia dito (1Sm 17.50-51). Quando Davi matou Golias, Saul temeu Davi. Isso aconteceu porque o rei reconheceu que Deus estava com Davi, mas havia abandonado ele próprio, Saul (1Sm 18.12).

Você sabe quando Deus está com você. O Espírito dele lhe dá confiança e coragem — não em si mesmo, mas no Senhor. Uma pessoa pode acreditar que autoconfiança é tudo de que precisa; porém, não é o suficiente. A confiança deve estar somente em Deus, exatamente como no caso de Davi.

Algumas vezes Deus o guiará por meio de outras pessoas, mas você precisa de discernimento do Espírito Santo para reconhecer isso.

Davi e seus homens estavam passando um tempo na cidade de Carmelo, e ali protegiam alguns pastores e seus rebanhos.

Mas, quando os homens de Davi pediram comida ao riquíssimo senhor dos pastores, Nabal (que significa "insensato", o que dá ao leitor alguma indicação de seu caráter), este não apenas recusou, mas também insultou Davi, que respondeu: "De nada adiantou proteger os bens daquele homem no deserto, para que nada se perdesse. Ele me pagou o bem com o mal" (1Sm 25.21). Davi planejou se vingar dele, mas a esposa de Nabal, Abigail, sabendo o que Davi estava planejando, foi até ele e implorou que não fizesse aquilo de que depois se arrependeria (1Sm 25.22-32).

Davi discerniu que o conselho de Abigail *vinha de Deus*, e, sendo assim, prestou atenção, respeitou o que ela tinha a dizer e atendeu ao seu aviso (1Sm 35.32-35). Quando Abigail disse ao marido o que tinha acontecido, Nabal teve um ataque cardíaco e morreu (1Sm 25.37-38). Quando Davi soube da morte de Nabal, ele reconheceu que Deus havia feito que "a maldade de Nabal caísse sobre a sua própria cabeça" (1Sm 25.39). *Ele louvou a Deus por impedi-lo de fazer a coisa errada em retaliação.*

Davi atendeu à direção do Senhor à sua alma por meio de uma mulher temente, e isso o poupou de um desnecessário derramamento de sangue que mancharia sua reputação.

Quando não damos ouvidos à direção de Deus por meio de uma pessoa temente que ele coloca em nossa vida, podemos perder algumas de nossas maiores bênçãos.

Quando você orar pedindo orientação, esteja atento à direção do Espírito Santo agindo por meio de outra pessoa que ele põe em sua vida. Às vezes, para fazer a coisa certa, você precisa da informação que outra pessoa possui.

Embora eu tenha mencionado isso no capítulo 3, vale a pena repetir aqui: sempre que você receber um conselho não solicitado vindo de outra pessoa, ou um conselho que você não tem certeza se veio de Deus, agarre-se à Palavra. Ore a esse respeito. Verifique se o Espírito Santo testemunha a verdade desse conselho. Recorra a outro conselheiro ou orientador temente a Deus para consultar se ele acredita que o conselho vem de Deus. Não aja sem antes ter algum tipo de confirmação para sua alma. Essa confirmação deverá vir de uma pessoa que serve a Deus e escuta o Espírito Santo que habita nela.

O Espírito Santo o ajudará a discernir quando Deus está guiando você por meio de outra pessoa.

Convide Deus a fazer parte de sua vida a cada momento. Fale com ele diversas vezes ao longo do dia e peça que fale com você. Espere a resposta dele. Reserve o tempo necessário para ouvi-lo. Às vezes, ele dirá: "Não vá por aí; vá por ali", "Não vá embora agora; vá mais tarde", "Não compre isso; compre aquilo", "Confie nessa pessoa, não naquela". Você pode pensar que Deus não tem tempo para todos esses pequenos detalhes, mas ele tem todo o tempo do mundo. Se ele tem tempo para contar os fios de cabelo em sua cabeça, e se ele jamais deixa ou abandona você, então ele tem tempo para guiá-lo em todas as coisas. Deus se preocupa com cada detalhe de sua vida; portanto, não tome decisões sem obter algum tipo de confirmação do Senhor à sua alma acerca de qual escolha fazer.

Com frequência, a maneira como Deus pode falar ao seu coração sobre certa decisão a tomar diz respeito à paz — ou falta dela — que você sente a respeito daquela escolha. A melhor regra a seguir é esta: se você não se sente totalmente em paz em relação a algo, não tome uma decisão até contar com essa paz. Se, contudo, você precisa tomar uma decisão rápida, peça a Deus que lhe mostre de imediato. Instantaneamente ele estará lá, pois o Espírito dele habita em você. E se você tem andado junto do Senhor, em comunicação diária com ele, pedindo discernimento e orientação, orando sobre tudo, e consultando a Palavra, você ouvirá a voz dele ainda que não disponha de tempo para pedir. Isso acontece porque você já orou antes pedindo sabedoria.

Poder da oração

Senhor, tu disseste em tua Palavra que aquele que obedece às tuas ordens não sofrerá mal algum, e em nossa sabedoria que de ti provém saberemos discernir muita coisa (Ec 8.5). Oro pedindo que tu me concedas a sabedoria para discernir as coisas que preciso enxergar. Ajuda-me a distinguir entre o justo e o ímpio, e entre os que servem a ti e os que não servem, embora finjam fazê-lo (Ml 3.18). Impede-me de crer numa mentira.

Dá-me discernimento para saber quando o conselho que estou recebendo de alguém realmente vem de ti. Não quero mais perder tua direção em razão de meus ouvidos estarem fechados para recebê-la humildemente por meio de outra pessoa. Fala ao meu coração. Guia-me a cada passo que eu der. Não quero presumir que eu sempre sei o que é certo e acabar ignorando o que tu estás tentando me dizer. Traze à minha vida conselheiros tementes a ti e pessoas que te sirvam e que sejam guiadas por ti. Não permite que o orgulho em mim me impeça de ser humilde o bastante para receber tua direção de uma maneira que eu não estava esperando.

Ajuda-me também a reconhecer quando o conselho que estou recebendo *não* vem de ti. Ajuda-me a saber com clareza o que tu queres que eu entenda.

Em nome de Jesus. Amém.

Poder da Palavra

Então vocês verão novamente a diferença entre o justo e o ímpio, entre os que servem a Deus e os que não o servem.

MALAQUIAS 3.18

Quem obedece às suas ordens não sofrerá mal algum, pois o coração sábio saberá a hora certa e a maneira certa de agir.

ECLESIASTES 8.5

GUIADO A DISCERNIR A BÊNÇÃO DE DEUS

Você poderia pensar que reconheceríamos quando Deus está nos abençoando, mas nem sempre é o caso. Muitas vezes nem sequer vemos a bênção que está bem à nossa frente porque não é a bênção que estávamos esperando. Focamos nossos desejos e necessidades e, de modo geral, não apreciamos o que Deus está fazendo em nossa vida naquele momento. Muitas vezes não percebemos porque pensamos que nossa vida está indo bem, e ficaríamos surpresos se descobríssemos que não está. Deus nos abençoa salvando-nos de nós mesmos com mais frequência do que imaginamos.

Pode haver momentos em que não achamos que nossa vida está indo bem, mas está. Acreditamos que as coisas deveriam ser de certo modo, e elas não são, por isso achamos que Deus não está nos abençoando quando, de fato, ele está. É por isso que é absolutamente fundamental para seu sucesso na vida que você seja capaz de discernir as bênçãos de Deus.

Estou falando sobre sucesso espiritual, e não sucesso mundano. Uma vida verdadeiramente bem-sucedida é aquela que funciona como deveria funcionar — uma vida na qual você está se tornando a pessoa que Deus o criou para ser, sem jamais violar isso; e uma vida na qual você tem um relacionamento íntimo com ele, sendo guiado pelo Espírito Santo.

O Espírito Santo pode ajudar você a enxergar sua vida à luz da eternidade e pode capacitá-lo a discernir as bênçãos de Deus neste momento.

Às vezes, Deus lhe dará dons especiais, e é bom ser capaz de reconhecê-los. Peça que o Espírito Santo lhe revele esses dons. Deus falará ao seu coração de alguma forma, mesmo que seja só para dizer que ele ama você. Quando você reconhece assim um dom de Deus, recebe a bênção afirmativa, encorajadora e deliciosa que lhe é reservada.

Quando construímos nossa casa nova, tivemos de cortar diversas árvores. Depois que nos mudamos, havia um passarinho vermelho que tentava todos os dias — muitas vezes ao dia, começando já no início da manhã — passar pela ampla janela do banheiro. Ele se sentava na borda da janela e bicava a vidraça, ou pairava perto dela como um helicóptero e voava na direção da janela vez após vez, batendo o bico contra o vidro. Eu ficava com medo de que ele colidisse e se machucasse, mas ele não desistia. Era óbvio para mim que nós devíamos ter cortado a árvore predileta dele, e o pássaro provavelmente tentava atravessar o vidro para reencontrar seu lar.

Era um pássaro persistente, para dizer o mínimo. Todas as manhãs, logo cedo, eu o ouvia batendo na janela, e aquele barulho atuava como meu indesejável despertador diário.

"É o vermelhinho de novo", eu pensava. (Muito criativo chamá-lo de "vermelhinho".)

Não era possível abrir a janela porque a passagem da vidraça era pequena demais; do contrário, eu teria aberto o vidro e tentado persuadir o passarinho de que não havia árvore nenhuma em nossa casa na qual ele pudesse viver.

Finalmente, depois de dois meses assim, meu marido pôs alguns comedouros para pássaros no quintal, junto da pequena cachoeira que desaguava no lago dos fundos. Plantamos também três novas árvores — do tipo que dá flores rosadas, belas e delicadas, na primavera, mas que perde todas as suas folhas no inverno.

O vermelhinho finalmente foi viver na árvore que ficava mais próxima do maior comedouro. E ele comeu feliz com todo o restante dos passarinhos marrons, cinzas e azuis que certamente também ficaram sem lar depois de nosso súbito e brusco corte de suas casas.

Por alguns anos ele permaneceu ali. Ocasionalmente, outro pássaro vermelho aparecia e se juntava a ele na árvore, entre os alimentadores; eles se banhavam na reduzida lagoa que se formava da cachoeira.

Certa manhã, no meio do inverno, ao acordar deparei com uma nevasca fresca, espessa, que cobria o chão. Todas as árvores haviam se tornado austeros galhos cinzas, sem nenhum sinal de verde em parte alguma. O céu também estava cinzento e frio, mas havia uma luz solar emudecida, coberta pelas nuvens, que embranquecia e abrilhantava a neve. Levantei-me para fazer um chá quente.

Em nossa cozinha, uma parede inteira defronte ao quintal é de vidro. A encosta se ergue a partir do quintal da casa e proporciona uma bela visão da cachoeira, das árvores, dos comedouros, e a lagoa a poucos metros da janela. A cena inteira, com a cintilante neve branca em contraste com o cenário cinzento do céu e das árvores desfolhadas, era fascinante. Fui até a janela admirar a paisagem, e ali, na árvore predileta do vermelhinho, devia haver de trinta a quarenta pássaros vermelhos idênticos a ele. Estavam todos tão uniformemente empoleirados que a cena lembrava uma árvore de Natal cheia de enfeites. Era incrivelmente bonito. De tirar o fôlego!

Eu queria acordar todo mundo em casa para vir olhar. Eu queria correr e pegar minha câmera para capturar aquele instante para sempre. Mas não podia me mover. Fiquei imobilizada. Sabia que, se saísse, tudo teria passado quando eu voltasse.

De onde tinham vindo todos aqueles incríveis pássaros vermelhos, convergindo exatamente ali naquele momento? Eu sabia que tinham vindo de Deus. Existem coisas que você sabe e ponto final. Era surpreendente demais para ser outra coisa. Quem mais poderia ter orquestrado aquela cena? Não havia um único pedacinho de cor na imagem toda, exceto os pássaros vermelhos reunidos todos numa só árvore. Não havia nenhum pássaro nas árvores ao redor. Era uma visão além da imaginação. Indescritível. Depois de um minuto, todos os pássaros voaram para longe, exceto o vermelhinho, e aquela foi a última vez que eu os vi. Jamais me esquecerei.

Mesmo que fosse um momento profundamente espiritual, e eu soubesse que vinha do Senhor, não conseguia descobrir o que aquilo significava. Pensei nos simbolismos da Bíblia. O Espírito Santo apareceu na forma de uma pomba branca. O branco representa pureza. A cor vermelha é simbólica do sangue de Cristo. E as árvores desfolhadas eram como a aridez de nossa vida quando tudo nos é arrancado. Mas eu ainda não conseguia apreender o significado daquilo tudo. O que Deus estava tentando me dizer? Pedi que o Espírito Santo me mostrasse, mas nunca ouvi nada dele. Louvei a Deus por aquela imagem espetacular e a guardei em meu coração.

Poucos meses depois, na primavera, o pastor Jack veio à nossa cidade numa viagem de negócios e ficou em nossa casa. Ele e Anna são sempre convidados bem-vindos. Meu marido e eu estávamos sentados à mesa de café da manhã com ele certa vez, antes de sua rodada de reuniões matinais, e olhávamos para a vívida grama verde e as flores coloridas em torno do lago, da cachoeira e das árvores que floresciam profusamente em tons róseos. O pastor comentou sobre o belo pássaro vermelho na árvore, e eu lhe contei a respeito do que havia acontecido naquela manhã durante o inverno.

— Eu sei que aquele momento veio de Deus — eu disse. — Mas não consigo descobrir que mensagem Deus estava tentando me transmitir. O que o senhor pensa que é?

Ele concordou que vinha de Deus, mas acrescentou:

— Era uma dádiva para mostrar o amor dele por você.

Fiquei espantada. Essa possibilidade nunca havia passado pela minha mente. E não acredito que eu teria pensado nisso sozinha. "Deus me deu aquela maravilhosa cena como uma dádiva para mostrar seu amor por mim? Como isso pode ser possível?" — eu me perguntava.

Olhando em retrospecto para aquele dia, lembro-me de estar passando por uma temporada particularmente difícil de minha vida. Sentia-me triste e desanimada aquela manhã quando acordei. E aquela dádiva amorosa do Senhor era de fato um encorajamento para mim — fazendo-me lembrar de que Deus tem um lugar de beleza excepcional, de descanso e paz em meio aos tempos difíceis. Mesmo agora, meu coração se aquece ao pensar nisso.

Deus também lhe trará dádivas em meio a tempos difíceis. Mas você tem de ser capaz de identificar essas dádivas como bênçãos que são. Quando pensamos em bênçãos, procuramos por algo tangível, que possamos segurar nas mãos ou em nossas contas bancárias, ou algo que é particularmente identificável e que se qualifique como uma bênção legítima. E, embora o profundo senso da presença divina seja uma bênção que não podemos segurar nem depositar em nossa conta bancária, podemos mantê-lo para sempre em nosso coração. E essa sensação ficará depositada em nossa mente e alma durante toda a vida. É uma joia sem preço, mais preciosa que tudo o mais.

Peça que o Espírito Santo ajude você a discernir as bênçãos de Deus de modo que possa recebê-las com um coração grato e adorador. A menos que possa discernir quando Deus está abençoando sua vida, você não será capaz de mostrar o prazer que tem nessa bênção.

Poder da oração

Senhor, eu te agradeço por todas as muitas bênçãos que tens concedido à minha vida. Eu sei que há bênçãos de que não estou ciente, e não quero mais ser ingrato por elas. Dá-me discernimento para enxergar quando uma situação que eu acho inconveniente é, na verdade, uma bênção vinda de ti. Ajuda-me a ver todas as vezes em que tu me salvaste de mim mesmo. Obrigado porque "tua bênção está sobre o teu povo" (Sl 3.8). Ajuda-me a sempre reconhecer isso e dar-te a glória devida. Obrigado, Senhor, porque tuas "bênçãos coroam a cabeça dos justos" (Pv 10.6).

Senhor, ajuda-me a apreciar tudo o que fazes por mim. Não quero ficar tão preocupado a ponto de nunca reservar um momento para ver e respirar tudo o que estás fazendo em minha vida. Dá-me discernimento para ver tua mão de bênção sobre mim. Eu sei que, quando tu derramas bênçãos em nossa vida, elas nunca incluem dor alguma (Pv 10.22). Tuas bênçãos são puras e benéficas para o coração daqueles a quem se destinam. Eu sei que tu abençoas quem teme a ti e anda em teus caminhos (Sl 128.1). Ajuda-me a mostrar minha gratidão por todas as tuas bênçãos de maneira que agrade a ti.

Em nome de Jesus, amém.

A bênção do Senhor traz riqueza, e não inclui dor alguma.
PROVÉRBIOS 10.22

Abençoará os que temem o SENHOR, do menor ao maior.

SALMOS 115.13

GUIADO A DISCERNIR A PROTEÇÃO DE DEUS

Quantas vezes Deus nos protegeu do mal ou do perigo sem nos darmos conta, e muito menos agradecermos a ele por isso? Com que frequência ele tentou nos manter longe do caminho do perigo, mas não ouvimos sua direção? Quantos de nós estão pagando o preço por não buscar a vontade de Deus antes de tomar uma decisão em relação a algo, seja em termos financeiros, seja em termos relacionais, seja em termos de cuidado com nosso corpo? Quando foi que ele nos protegeu num lugar e ocasião em que poderíamos ter sido gravemente feridos? Deus nos protege muito mais do que jamais imaginamos. Precisamos ser capazes de discernir quando Deus está nos protegendo, para podermos cooperar com ele.

Parte dessa proteção divina consiste também em sua *providência* por nós. Precisamos discernir quando Deus está fazendo isso, porque nem sempre o percebemos. Ele nos provê de maneiras incontáveis, e nem sempre lhe damos o louvor que é devido.

Afora a ressurreição, a multiplicação de pães é o único milagre registrado em todos os quatro evangelhos. Esse milagre nos fala de como o Senhor nos protege multiplicando o que temos a fim de atender às nossas necessidades.

Certa noite, meu marido e eu fomos à casa de uma amiga para jantar. Ela e o marido sempre convidavam pessoas para jantar em sua casa, e naquela noite havia oito de nós — os seis que viviam na casa e nós dois. De fato, um pequeno grupo para eles. Ela já havia colocado a refeição na mesa, e estávamos justamente nos preparando para orar quando cerca de mais oito pessoas apareceram. Ela rapidamente se virou para o marido e para mim e disse: "Não temos comida suficiente para tantas pessoas. Vamos orar para que Deus a multiplique". Sendo assim, oramos rapidamente juntos e pedimos que Deus multiplicasse a comida para atender à necessidade de todo mundo. Então juntamos nossas mãos e agrademos a Deus pelo que estávamos prestes a receber.

Não mencionamos isso para os novos convidados, e é claro que aqueles de nós que estavam cientes da situação pegaram menos comida que o habitual. Mas isso não bastava para alimentar o dobro de pessoas e ter a fome de todos plenamente satisfeita. Ainda posso ver em minha mente a quantidade de comida que havia ali, e não era suficiente. Outras pessoas talvez tivessem explicado a situação, mas nós não dissemos nada. Nunca nos esquecemos de como Deus nos proveu por meio de um milagre.

Outro exemplo de *Deus nos protegendo por meio de sua providência por nós* é o profeta Eliseu, que foi abordado por uma viúva temente a Deus. A senhora dizia que os credores vinham levar seus dois filhos como escravos. Eliseu perguntou: "Diga-me, o que você tem em casa?". E ela respondeu: "Tua serva não tem nada além de uma vasilha de azeite" (2Rs 4.1-2).

Eliseu instrui a mulher a pedir emprestados aos vizinhos recipientes vazios, mas ela só conseguiu reunir algumas poucas vasilhas. Ela deveria se preparar para um milagre maior do que poderia imaginar. Quando a viúva trouxe as vasilhas para casa, Eliseu lhe disse para fechar a porta (2Rs 4.3-4). Basicamente, ela devia se fechar para a dúvida do mundo.

Eliseu lhe disse para derramar o óleo dentro dos vasos, e foi isso o que ela fez e não parou de derramar até que tivesse acabado de encher os vasos (2Rs 4.6). O óleo parou de derramar quando ela encheu a última vasilha. A viúva, então, pôde vender o óleo e saldar suas dívidas. *Deus usou o pouco que a mulher tinha e o multiplicou. Ele fará o mesmo por você. Deus derramará sobre você tanto quanto você for capaz de receber.*

Quando você estiver em extrema necessidade, busque a direção do Espírito Santo em relação ao que fazer. Ele pode lhe mostrar algo que você já tem e que pode ser usado como solução para o problema. Ou ele pode fazer algo do nada. A fim de preparar-se para uma bênção de Deus, você deve fechar a porta para a dúvida. Não limite o que *Deus* pode fazer em sua situação só porque *você* não consegue imaginar. A recompensa dele pode estar na proporção de sua fé e de sua disposição para recebê-la. Peça que o Espírito Santo o ajude a discernir a provisão dele para sua vida.

Deus nos protege de tantas maneiras e muito mais do que imaginamos. Peça que o Espírito Santo lhe dê discernimento sobre sua vida e suas circunstâncias, de modo que você possa enxergar as maneiras pelas quais Deus o está protegendo. Isso o ajudará a cooperar com Deus e a não resistir a ele de forma nenhuma.

Poder da oração

Senhor, eu te agradeço por me protegeres dos planos malignos do inimigo. Tu és "a minha rocha, em quem me refugio;

o meu escudo e o meu poderoso salvador"; és "a minha torre alta, o meu abrigo seguro. Tu, SENHOR, és o meu salvador, e me salvas dos violentos" (2Sm 22.3-4). Obrigado pelas incontáveis vezes em que tu me livraste de confusões das quais eu não estava ciente. Em minha angústia eu clamei a ti diversas vezes, e tu ouviste minha voz e respondeste às minhas orações (2Sm 22.7).

Oro para que tu continues a me proteger em tudo o que eu faço. Obrigado por suprires todas as minhas necessidades, sobretudo minha necessidade por proteção. Obrigado por todas as formas como tu me protegeste no passado, muitas das quais nem sequer tenho conhecimento. Obrigado desde já por me protegeres no futuro. Sou grato por teres me livrado "do meu inimigo poderoso, dos meus adversários [...]. Eles me atacaram no dia da minha calamidade", mas tu, Senhor, foste "o meu amparo". Tu me deste "ampla liberdade" e me livraste, pois me queres bem (2Sm 22.18-20).

Em nome de Jesus. Amém.

Poder da Palavra

Abençoarei este lugar com fartura; os seus pobres suprirei de pão.

SALMOS 132.15

O meu Deus suprirá todas as necessidades de vocês, de acordo com as suas gloriosas riquezas em Cristo Jesus.

FILIPENSES 4.19

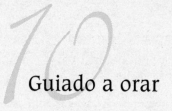

Guiado a orar

O Espírito Santo sempre nos guiará a orar. A oração é fundamental para firmar nosso relacionamento com Deus.

Deus nos manda orar. É da *vontad*e dele que oremos. Ele não apenas quer que oremos sobre nossas necessidades, mas também por outras pessoas e suas respectivas circunstâncias. Deus realiza sua vontade na terra por meio de nossas orações. Se não estamos orando, não estamos na perfeita vontade dele. Jesus prometeu que, quando oramos em nome dele, poder é liberado para dar respostas a essas orações. Mas orar não é dizer a Deus o que fazer. Nós podemos dizer a Deus o que *queremos* que ele faça, mas devemos confiar nele para responder às nossas orações do jeito e no tempo *dele*.

Há mais coisas sobre as quais Deus quer que oremos do que podemos imaginar. É por isso que ele nos deu o Espírito não somente para nos guiar a orar, mas também para nos *ajudar* a orar. Ele chama a atenção de nosso coração para as pessoas e situações pelas quais talvez não pensássemos em orar por nossa própria iniciativa.

Paulo diz que "todas as coisas cooperam para o bem daqueles que amam a Deus, daqueles que são chamados segundo o seu propósito" (Rm 8.28, RA). Mas será que podemos presumir que todas as coisas sempre cooperarão para o bem na vida de todo crente? Às vezes, as coisas não dão certo. Às vezes, coisas terríveis acontecem com aqueles que amam a Deus.

E então?

O trecho anterior ao versículo 28 fala sobre oração. Na verdade, fala sobre como o Espírito Santo nos ajuda a orar: *"Da mesma forma o Espírito nos ajuda em nossa fraqueza, pois não sabemos como orar, mas o próprio Espírito intercede por nós* com gemidos inexprimíveis" (Rm 8.26). Uma vez que nem sempre sabemos orar como deveríamos, o Espírito Santo ora por nós.

Quando somos guiados pelo Espírito a orar, ele nos dá as palavras certas a dizer a fim de que nossas orações sejam poderosas e eficazes. Recentemente, passei por uma sala onde a televisão exibia um noticiário ao vivo mostrando uma terrível tempestade prestes a atingir uma cidade em outro estado do país. Palavras de oração e intercessão começaram a sair de minha boca, e eu sabia que estava sendo guiada pelo Espírito Santo para interceder em favor daquela cidade. Soube depois que aquela comunidade havia sido poupada. Creio que Deus ouviu as orações de todos os que foram chamados como instrumentos de intercessão naquele momento.

Será possível, então, que todas as coisas cooperam para o bem quando oramos? À luz das Escrituras, como poderíamos entender isso de outro modo? Cooperar para o bem não é algo que acontece de modo automático.

Você pode se perguntar por que é necessário orar se Deus já sabe do que você e as outras pessoas precisam. Mas ele definiu as coisas dessa maneira. *Nós oramos,* e *ele age* em resposta às nossas orações. Uma das razões para isso é que Deus quer que dependamos dele em todas as áreas de nossa vida, de modo que andemos intimamente com ele. Ele quer que submetamos nossa vontade à vontade *dele*.

Quanto mais você ora, mais respostas presenciará, e mais sua fé crescerá. "Edifiquem-se, porém, amados, na santíssima fé que vocês têm, *orando no Espírito Santo*. Mantenham-se no amor de Deus" (Jd 20-21). "Orando no Espírito Santo" significa que você está prestando atenção no Espírito Santo e sendo guiado por ele quando ora. Edificar-se na "santíssima fé" é o que acontece quando você se comunica com Deus em oração, lê a Palavra e depois escuta o Espírito falar ao seu coração.

Jesus disse: "*Peçam*, e lhes será dado; *busquem*, e encontrarão; *batam*, e a porta lhes será aberta" (Mt 7.7). "Peçam", "busquem" e "batam" são verbos no tempo presente, sugerindo que *continuemos pedindo*, *continuemos buscando* e *continuemos batendo*. Essas incríveis promessas de Deus sugerem que tudo o que temos de fazer é pedir, e o que pedirmos nos será dado. Mas todos nós sabemos que não obtemos tudo o que pedimos quando oramos. Por que isso acontece? Porque devemos pedir de acordo com a vontade de Deus. Se não conhecemos a vontade de Deus, podemos pedir que o Espírito Santo a revele a nós quando oramos.

Deus prometeu que encontraremos o que buscamos, a menos que buscando-se trate de algo que vai contra a vontade dele. Ele nos ama o suficiente para nos afastar de tudo aquilo que não seria bom para nossa vida.

Não basta bater uma vez e nunca mais. Se a porta não é aberta, continuamos batendo até Deus falar ao nosso coração. De que porta estamos falando? Pode ser uma porta de oportunidade, como um novo emprego, um novo lugar onde viver, um novo relacionamento ou um avanço em alguma área da sua vida. Mas não podemos simplesmente bater em qualquer porta. Talvez a porta em que está batendo não seja o melhor de Deus para você. Repito: você precisa estar na Palavra e pedir a direção do Espírito. Se você está batendo e ainda assim não tem conhecimento da direção do Senhor, diga: "Senhor, ajuda-me a entender como orar de acordo com a tua vontade".

Guiado a orar pelos fardos que há em seu coração

Às vezes, orar por si mesmo pode ser angustiante. Em geral, é muito mais fácil orar por outra pessoa. Conseguimos perceber com maior clareza as necessidades *dos outros*. Nossas necessidades pessoais costumam ser complexas, e podemos ficar confusos em relação à oração. É por isso que precisamos da ajuda do Espírito Santo. Há momentos em que existem tantos traumas e sofrimentos em nossa vida que tudo o que podemos dizer é: "Deus, ajuda-me", ou "Deus, cura-me". Por vezes, quando o inimigo da nossa alma mente para nós, ficamos tão angustiados pela mentira que começamos a acreditar nele. Isso esvazia nossa esperança e energia. Nessas ocasiões é difícil orar; no entanto, é o que mais precisamos fazer.

A boa notícia em relação à oração é que o Espírito Santo não somente nos ajuda a orar, mas também fortalece nossa fé para que possamos crer nas respostas de nossas orações e esperar por elas.

Ao orar, comece adorando e depois partilhe os fardos de seu coração. Esses fardos são uma carga pesada que precisa ser removida. Só depois de se livrar desse peso entregando-o a Deus, você pode ter paz para passar a outras coisas importantes.

A história de Ana é um dos mais belos exemplos de oração fervorosa e do que Deus faz em resposta. Deus por vezes nos permite passar por momentos de dificuldade a fim de nos conduzir a um ponto onde somos forçados a orar com fervor para ver algo grande acontecer em nossa vida.

Ana, que era estéril, fez um voto a Deus pedindo que ele lhe desse "um filho", a quem ela dedicaria "ao Senhor por todos os dias de sua vida" (1Sm 1.11). Quando Ana fez esse voto a Deus, *ela derramou sua alma diante do Senhor* (1Sm 1.15). Ela levou sua "alma amargurada" ao Senhor em oração e "chorou muito" (1Sm 1.10). Isso significa que as orações de Ana eram fervorosas, exatamente da maneira como Deus quer que oremos. Ela não se agarrou à amargura, como poderia fazer; antes, orou até ouvir a voz de Deus. Essa história inteira fala sobre orar sob a direção do Espírito Santo.

O Senhor respondeu às orações de Ana e lhe deu um filho. Ela disse: "Por toda a sua vida será dedicado ao Senhor" (1Sm 1.28). Isso significa que ela entregou seu filho a Deus para os serviços dele. Seu filho era Samuel, que se tornou um dos maiores profetas e líderes de toda a história de Israel.

A oração fervorosa faz grandes coisas acontecerem. Não tenha medo quando estiver forçado a orar com fervor por causa de suas circunstâncias. Deus está esperando para fazer algo grandioso por meio de você.

Poder da oração

Senhor, eu te adoro e te agradeço porque tu te importas com as coisas que oprimem meu coração. Não quero carregar esses fardos comigo. Quero entregá-los a ti em oração. Em particular, eu levo a ti (*nome de sua necessidade mais urgente*). A pessoa com que estou mais preocupada neste exato momento é (*nome da pessoa com quem você mais se preocupa e por quê*). O que eu desejo ver acontecer agora é (*situação que você mais gostaria de ver acontecer*). A área onde mais anseio ver teu poder agir em meu favor é (*nome da área de sua vida onde você gostaria de ver o poder de Deus agir em seu favor*). A circunstância mais impossível que eu enfrento neste exato momento é (*nome da circunstância que é impossível para você*).

Senhor, tu disseste que não temos o que desejamos porque não pedimos a ti, ou porque não pedimos de acordo com a tua vontade (Tg 4.2-3). Ensina-me a orar com a direção de teu Espírito Santo, de modo que eu possa orar fervorosamente por aquilo que creio ser da tua vontade. Agradeço desde já pelas respostas a essas orações. Enquanto espero em ti pelas respostas, renova minhas forças e aumenta a minha fé (Is 40.31). Somente tu podes tirar esses fardos de meu coração, e eu te darei a glória devida.

Em nome de Jesus. Amém.

Poder da Palavra

[Vocês] não têm, porque não pedem. Quando pedem, não recebem, pois pedem por motivos errados, para gastar em seus prazeres.

TIAGO 4.2-3

Mas aqueles que esperam no Senhor renovam
as suas forças. Voam alto como águias; correm e não ficam
exaustos, andam e não se cansam.

Isaías 40.31

Guiado a orar por sua terra

Por favor, não pense que você pode pular esta seção. Este é um dos itens mais fundamentais para sua felicidade e bem-estar. Uma nação da qual Deus tirou sua mão de proteção é horripilante. Você não vai querer experimentar isso.

Orar pelo país em que vive é das menores prioridades da maioria das pessoas, exceto daqueles que têm uma percepção do que acontecerá se *não* orarmos. Eu tenho essa percepção em relação ao meu país, e é por isso que coloco esse assunto no topo da lista de coisas pelas quais orar. Essa deve ser uma *prioridade máxima* para todos nós. E serve para qualquer país.

O pecado em nossa terra convida o juízo de Deus. Deus tem sido removido de tudo — escolas, prédios públicos, até dos *shoppings* no Natal. Deus é zombado, Jesus é diminuído, e os cristãos são desprezados por pessoas que estão cheias de orgulho contra Deus.

Nós, o povo de Deus, somos chamados a nos humilhar e orar. Deus falou a Salomão, dizendo: "Se o meu povo, que se chama pelo meu nome, *se humilhar* e *orar, buscar a minha face* e *se afastar dos seus maus caminhos*, dos céus o *ouvirei, perdoarei o seu pecado* e *curarei a sua terra*" (2Cr 7.14). Devemos memorizar essas poderosas instruções de Deus até que elas fiquem gravadas em nosso coração. Estamos na atual situação porque pessoas não oraram. Sim, muitos certamente *oraram*, e graças a Deus que o fizeram, ou não teríamos as bênçãos que temos hoje. Mas as coisas ficarão muito pior se a igreja não acordar para o chamado de Deus para a intercessão por nossa nação.

Se você está orando por seu país, está sendo guiado pelo Espírito Santo.

Deus sempre nos permite chegar ao ponto onde sabemos com certeza que não podemos realizar por nossa própria conta o que precisa acontecer. Deus quer a glória por aquilo que ele realiza. Tomar de alguma maneira o crédito de Deus só contribui para nosso orgulho pessoal, que será nossa queda. Nós praticamente nos propomos a aguardar a calamidade em nossa terra quando há pecado desenfreado e adoração de ídolos. Quando as pessoas adoram ídolos, Deus diz: "Clamem aos deuses que vocês escolheram. Que eles os livrem na hora do aperto!" e afasta sua mão de proteção (Jz 10.14). Ele ainda não fez isso pela única razão de que há pessoas orando neste momento.

Se não orarmos, seremos culpados das consequências. Quando vivemos nossa vida dependentes do Espírito Santo, guiados a orar, Deus é glorificado, e nós somos salvos de nós mesmos.

Poder da oração

Senhor, oro para que nós, teu povo, ouçamos teu chamado para humilhar-nos e orarmos por nossa nação. Dá-nos um coração que esteja arrependido dos pecados de nosso país e nos ajuda a desviar de nossos maus caminhos. Em nome das pessoas deste país, eu me arrependo diante de ti pelos pecados de escravidão, pornografia, abuso sexual infantil, assassinato, roubo, ganância, egoísmo, imoralidade, pecados sexuais, morte de crianças e rejeição de Deus em nossas escolas, prédios públicos e arenas. O mau cheiro de nossa maldade e perversão deve ser abominável para ti. Ajuda-nos a buscar tua face e a nos afastar de nossos caminhos maus e ímpios, para que tu ouças do céu e cures nossa terra (2Cr 7.14).

Eu confesso em nome de todos os crentes nossa falta de fé, falta de oração e recusa ao arrependimento. Perdoa-nos, Senhor, por discutirmos uns com os outros por divergências menores em vez de estarmos unidos em oração e na busca de ver tua vontade feita na terra. Ajuda-nos a estar indignados com o que o inimigo vem fazendo. Ajuda-nos a estar arrependidos de nossa indolência na oração e do fato de nossas preocupações permitirem que o inimigo ganhe tanto terreno. Ajuda-nos a ter a paixão por ver tua vontade cumprida. Capacita-nos a ser guiados por teu Espírito Santo para levantar-nos em oração e tomar nosso país de volta, a fim de que seja uma nação cujo Deus é o Senhor.

Em nome de Jesus. Amém.

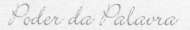

Poder da Palavra

Coloquei sentinelas entre vocês e disse: Prestem atenção ao som da trombeta! Mas vocês disseram: "Não daremos atenção".

JEREMIAS 6.17

Abram as portas para que entre a nação justa, a nação que se mantém fiel. Tu, SENHOR, guardarás em perfeita paz aquele cujo propósito está firme, porque em ti confia.

ISAÍAS 26.2-3

GUIADO A ORAR POR OUTRAS PESSOAS

O Espírito Santo sempre guiará você a orar pelos outros. Quando você ora pelas necessidades conhecidas de outras pessoas, o Espírito de Deus lhe fala especificamente sobre essas pessoas e suas respectivas circunstâncias. Ele pode trazer à sua mente algo pelo qual você jamais teria pensado em orar sozinho. Ou você pode descobrir-se intercedendo por pessoas que nem sequer conhece, porque o Espírito Santo as colocou em seu coração. Quando o Espírito fizer isso, esteja continuamente receptivo para que ele lhe mostre como orar. Diga: "Espírito Santo, revela a mim como tu queres que eu ore por essa pessoa agora". Em seguida, ore por aquilo que ele trouxer à sua mente, orando "no Espírito em todas as ocasiões, com toda oração e súplica"; e, tendo isso em mente, esteja atento e persevere "na oração por todos os santos" (Ef 6.18).

Alguma vez você já se sentiu guiado a orar por alguém — mesmo alguém que não conhecia pessoalmente — e ficou surpreso com seu próprio fervor, lágrimas ou lamentos conforme orava? Isso aconteceu comigo diversas vezes, e, se você se empenha na intercessão por outras pessoas, não tenho dúvida de que ocorre com você também. Isso significa que você está sendo guiado pelo Espírito Santo a orar por essas pessoas. As lágrimas são parte do lamento e do fervor. Não são forçadas.

Elas vêm à tona de seu interior, iniciadas pelo Espírito Santo, que vê o seu coração aberto à orientação dele. De fato, é impossível evitá-las.

Haverá muitas ocasiões em sua vida em que surgirá em sua mente alguém que você talvez não conheça bem ou nem mesmo conheça, mas, uma vez que você é cristão e tem o Espírito Santo, não pode ignorar esse impulso. A razão por que essas pessoas vêm à sua mente é para que você possa orar por elas.

Você não precisa dedicar um longo tempo para orar por alguém que lhe vem à mente. Pode ser apenas algumas poucas frases conforme o Senhor o conduz. Entretanto, pode acontecer de o Espírito Santo guiá-lo a uma oração mais longa e mais fervorosa do que você teria imaginado. Isso acontece comigo muitas vezes. Algumas vezes não sei o porquê disso, mas em outras descubro mais tarde que havia uma ótima razão para orar. Tudo o que estou dizendo é: não ignore esse impulso. Deixar de orar quando o Espírito Santo o chama a isso é um pecado contra Deus. Você não sabe quantas vidas pode salvar orando por alguém que Deus pôs em seu coração.

Não se esqueça de orar pelos estranhos. Deus disse que devemos amar aqueles que não pertencem ao nosso círculo de conhecidos (Dt 10.19). E com frequência tenho sido guiada a orar por estranhos. Não importa onde eu esteja, Deus desperta meu coração em relação a alguém por quem ele deseja que eu ore.

Você já esteve numa sala com pessoas que não conhecia e uma delas chamou sua atenção por algum motivo? Pode ser que você teve algum tipo de preocupação por ela. Não me refiro aos olhos de estranhos se cruzando numa sala cheia, mas, sim, à experiência de certa preocupação por aquela pessoa. Se isso acontecer com você, pergunte ao Espírito Santo como orar por aquele homem ou aquela mulher. Ou, nas ocasiões em que estiver cercado de pessoas, peça que o Espírito Santo lhe mostre se há alguém ali por quem ele quer que você ore. Duvido que ele vá dizer: "Não, definitivamente não!".

Pessoas em toda parte precisam de oração, mas não fique com a sensação de que precisa orar por todo estranho com que deparar. Eu já tentei fazer isso. Acredite em mim, é exaustivo. Mas Deus pode despertar seu coração a orar por um estranho ou desconhecido, e, quando o Senhor faz isso, você precisa atender a essa solicitação.

Conheço uma autora chamada River Jordan — rio Jordão. Não é um nome adorável? Ela levou o conceito de orar por estranhos a um novo nível que somente alguém chamado e dirigido pelo Espírito Santo poderia fazer. River se sentiu guiada a orar por um estranho diferente a cada dia do ano. Ela relata com habilidade suas experiências num livro chamado *Praying for Strangers* [Orando por estranhos]. A maioria de nós não consegue encontrar 365 estranhos num ano, a menos que saiamos por aí e procuremos por eles. Mas River fez exatamente isso. Você não precisa ir tão longe; portanto, não se sinta intimidado pelo que ela fez. Sinta-se *inspirado*. A Bíblia diz que tudo o que fazemos por nossos irmãos e irmãs em Cristo, devemos fazer também pelos desconhecidos (3Jo 5). E acaso não somos todos estranhos necessitando de oração uma hora ou outra? Consegue imaginar o efeito cascata de bondade se todos orássemos desse modo? Pode ser que estejamos no céu antes de conhecer as consequências dessas orações, mas podemos nos sentir bem por ter obedecido a Deus e amado os estranhos em nosso meio.

Ore por alguém que afeta sua vida. Existem incontáveis pessoas que afetam sua vida todos os dias, e, na maioria dos casos, você não as conhece pessoalmente e é provável que nunca irá encontrá-las. Deus nos diz em sua Palavra para orarmos por todos os que estão em cargos de autoridade. Isso significa orar pelos líderes de nosso país — desde o presidente até senadores, deputados, governadores, prefeitos e vereadores. Ore também pela proteção dos militares, da polícia e dos bombeiros que zelam por sua vida. Ore por seu chefe ou por quem estiver hierarquicamente acima de você. Ore por seu pastor, por outros pastores, e por suas famílias.

A lista de pessoas que afetam sua vida é longa, mas não deixe isso desanimá-lo. Peça que o Espírito Santo lhe mostre quem afeta sua vida neste momento — ou afetará no futuro — e precisa de suas orações. Você talvez nem perceba quem essa pessoa poderia ser até o Espírito Santo lhe revelar. E você talvez jamais saiba quem está em risco se você não orar.

Você entende que toda paz, segurança ou prosperidade em sua vida neste momento é consequência da oração de outras pessoas?

Manassés, filho de Ezequias, foi um rei mau que reinou depois de seu pai. Ele teve o governo mais duradouro de Judá e foi o mais perverso de todos os reis. Por que o pior governante reinaria tanto tempo, senão em razão de haver muitas pessoas ao seu redor que eram tão perversas quanto ele, e obviamente não tentaram detê-lo? Provavelmente, a maldade de Manassés se espalhara entre o povo, e este não orou com fervor para que fosse removida.

Nós, o povo, acabamos pagando um preço por líderes maus e corruptos. Devemos orar pedindo que eles sejam removidos, de modo que pessoas boas e tementes a Deus lhes tomem o lugar. E devemos continuar a pedir que pessoas tementes surjam e estejam preparadas para liderar. Creio que nossas orações para que nossos líderes sirvam a Deus nunca foram tão necessárias quanto hoje. Ore por sua cidade ou comunidade. Se não orar, você não saberá que desastre iminente pode estar à espreita quando você virar a esquina.

Poder da oração

Senhor, ajuda-me a orar poderosamente pelas pessoas em minha vida com quem tanto me preocupo. Traze à minha mente familiares, amigos, colegas de trabalho, pessoas da igreja e todos os conhecidos que precisam de oração especial. Guia-me, Espírito Santo, à medida que oro em favor de cada um deles de acordo com a tua vontade. Ajuda-me a reconhecer quando tu colocas alguém em meu coração por quem devo orar. Oro por todos aqueles que afetam minha vida, seja em termos financeiros, seja em termos profissionais, em minha vizinhança ou no governo. Mostra-me qualquer pessoa por quem preciso orar e que afeta minha vida de mais formas do que posso pensar agora. Jesus, tu disseste que tudo o que pedirmos em teu nome, nosso Deus Pai nos dará (Jo 16.23-24). Ajuda-me a orar conforme a tua vontade.

Senhor, oro para que, independentemente de onde eu esteja, tu me faças saber se há alguém por perto que precisa das minhas orações. Eu sei que somos todos "estrangeiros e peregrinos na terra" (Hb 11.13). Mas, como crentes, já não somos "estrangeiros nem forasteiros, mas concidadãos dos santos e membros da família de Deus" (Ef 2.19). Sou feliz por pertencer à tua família, Senhor, e tenho uma afeição especial por aqueles que não possuem isso. Ajuda-me a saber quem são essas pessoas e como orar por elas.

Em nome de Jesus. Amém.

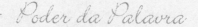

Antes de tudo, recomendo que se façam súplicas, orações, intercessões e ações de graças por todos os homens; pelos reis e por todos os que exercem autoridade, para que tenhamos uma vida tranquila e pacífica, com toda a piedade e dignidade.

1 TIMÓTEO 2.1-3

Levem os fardos pesados uns dos outros e, assim, cumpram a lei de Cristo.

GÁLATAS 6.2

GUIADO A ORAR POR MILAGRES

Jesus orou por milagres, e ele disse que *nós* também poderíamos fazer isso. Quantas vezes Deus quer que oremos por um milagre e não oramos porque não temos fé para crer nisso ou não somos sensíveis à direção do Espírito? Algumas pessoas insistem que milagres não acontecem hoje em dia, e para elas eu tenho certeza de que não acontecem mesmo. Algumas pessoas não reconhecem um milagre quando veem um.

Só porque Deus não opera um milagre de imediato quando elas oram, essas pessoas pensam que ele jamais o fará. Não dizemos a Deus o que fazer, mas podemos limitar o que Deus *quer* fazer. Só porque ele não salta aos nossos comandos nem realiza um milagre imediatamente não significa que não operará um milagre na situação.

Milagres não ocorrem em *nossos* termos; ocorrem nos termos *dele*. Devemos abrir nossos olhos para os verdadeiros milagres em nossa vida e dar a Deus o louvor e as graças devidas. Quanto mais reconhecemos os milagres diários, maiores são os milagres que presenciamos.

O profeta Elias foi guiado a ir até determinada cidade onde Deus havia ordenado que alguém o provesse. Essa pessoa era uma pobre viúva que não tinha nada. Ora, Deus poderia ter dado a Elias uma pessoa rica para provê-lo, alguém que tivesse uma pousada luxuosa e serviço de quarto, mas não é assim que Deus faz as coisas. Ele colocará você em situações onde haverá a necessidade absoluta de um milagre. Deus faz isso porque quer que você saiba com toda a certeza que *ele* está agindo em sua vida. Portanto, não fique alarmado se o Espírito conduzir você a situações que parecem impossíveis sem um milagre de Deus.

A viúva disse a Elias: "Não tenho nenhum pedaço de pão; só um punhado de farinha num jarro e um pouco de azeite numa botija. Estou colhendo uns dois gravetos para levar para casa e preparar uma refeição para mim e para o meu filho, para que a comamos e depois morramos" (1Rs 17.12). Ela estava no limite de seu suprimento. Mas Elias a instruiu: "Não tenha medo. Vá para casa e faça o que disse. Mas primeiro faça um pequeno bolo com o que você tem e traga para mim, e depois faça algo para você e para o seu filho" (1Rs 17.13).

A viúva seguiu a direção do Senhor e ofereceu alimento a Elias, embora ela e seu filho não tivessem nem o suficiente para eles mesmos. E, exatamente como Deus havia dito, eles não ficaram sem comida (1Rs 17.16). Foi um milagre.

Mais tarde, o filho da viúva ficou doente e morreu. Elias orou fervorosamente por um milagre, pois ele *cria que Deus era capaz de ressuscitar a criança. Ele poderia ter apenas ajudado a viúva a enterrar o filho, mas em vez disso foi guiado a orar pelo impossível.* Somente alguém guiado pelo Espírito de Deus saberia agir dessa maneira. "O Senhor ouviu o clamor de Elias, e a vida voltou ao menino, e ele viveu" (1Rs 17.22).

Quando você ora por um milagre, o Espírito Santo pode lhe dar um impulso de fé para crer que um milagre pode acontecer. Mas você deve rejeitar a descrença de outras pessoas e permanecer sensível à direção do Espírito em todas as situações. Pode ser que o milagre requisitado não seja a vontade de Deus naquela situação.

Não tenha medo quando acontece uma situação difícil. Em vez disso, pergunte a Deus se existe um milagre que ele deseja operar ali, e peça que o Espírito Santo lhe mostre como orar.

Se Jesus não realizou milagres quando houve dúvidas e descrença por parte das pessoas ao redor dele (Mt 13.58), como podemos esperar ver respostas a nossas orações se oramos cercados de pessoas sem fé? Devemos buscar a companhia de pessoas de fé se quisermos ver milagres acontecerem em resposta às nossas orações. Milagres têm tudo a ver com fé na capacidade de Deus de realizá-los. Não têm nada a ver com nossa exigência por um milagre e tudo a ver com seguir a direção do Espírito Santo conforme você ora. Milagres não ocorrem sob demanda. Eles são revelados por Deus como algo que ele quer, e ele procura pessoas com fé suficiente para orar conforme ele instrui.

Poder da oração

Senhor, ajuda-me a aprender a orar com a direção de teu Espírito, de modo que eu possa orar poderosamente para ver milagres acontecerem. Que a plenitude de teu Espírito em mim me capacite a pedir grandes coisas de ti à medida que tu as revelas a mim. Dá-me firme fé para orar e aguardar com esperança por um milagre. Não quero ser alguém que obstrui o caminho do milagre com minha incredulidade e falta de oração. Ajuda-me a ouvir tua voz me guiando, a fim de que eu jamais peça algo pequeno demais em comparação àquilo que tu queres ver realizado. Mantém minha fé firme e livre de dúvidas.

Aumenta minha fé para crer no que parece impossível. Tu disseste em tua Palavra que todas as coisas são possíveis àquele que crê (Mc 9.23). Ajuda-me a ter fé suficiente para crer na realização de muitos milagres. Ajuda-me a reconhecer os milagres que tu operas em minha vida todos os dias — a maneira como tu me proteges, me livras do perigo, me traz provisão e me salvas de tantas coisas além do que eu mesmo me dou conta. Ensina-me a avançar em firme fé para ver respostas às minhas orações por milagres. Tu disseste que orações fervorosas realizam grandes coisas. Ajuda-me a orar com convicção e poder.

Em nome de Jesus. Amém.

Poder da Palavra

Digo-lhes a verdade: Aquele que crê em mim fará também as obras que tenho realizado. Fará coisas ainda maiores do que estas, porque eu estou indo para o Pai.

João 14.12

"Se podes?", disse Jesus. "Tudo é possível àquele que crê."

Marcos 9.23

Guiado a orar por cura

Jesus tem todo poder sobre a doença. Ele "foi por toda a Galileia [...] curando todas as enfermidades e doenças entre o povo" (Mt 4.23).

Quando Deus disse ao rei Ezequias que havia chegado o tempo de sua morte, Ezequias imediatamente se humilhou e orou a Deus pedindo que o permitisse viver. Ele disse: "Lembra-te, Senhor, como tenho te servido com fidelidade e com devoção sincera. Tenho feito o que tu aprovas" (2Rs 20.3). E Ezequias chorou. Depois de ter obedecido a Deus e persistido em oração, ele foi milagrosamente curado pelo Senhor. Deus lhe deu ainda um sinal de que iria curá-lo, fazendo a sombra na escadaria retroceder dez graus — um milagre impossível. Como consequência das orações de Ezequias, Deus lhe concedeu mais quinze anos de vida.

Essa história mostra que nunca é errado orar por um milagre de cura, mesmo diante da morte. Deus instruiu que sobre Ezequias fosse colocado um emplastro de figos — um procedimento médico da época — mas ainda assim fica evidente que foi Deus quem o curou. Deus nos pede para fazer certas coisas a fim de que mostremos nossa submissão a ele agindo conforme ele nos havia pedido.

As Escrituras deixam evidente que Jesus curava. Mas era um capricho da parte dele? Ele só curava quando sentia vontade? Ou era algo mais? As Escrituras esclarecem que a cura nos é concedida por causa do sofrimento, morte e ressurreição de Jesus na cruz. A Bíblia diz que Jesus "tomou sobre si as nossas enfermidades e sobre si levou as nossas doenças" (Mt 8.17). A cura divina é parte da obra redentora de Jesus, realizada por sua morte e ressurreição na cruz; e pelas feridas dele fomos curados (1Pe 2.24). Jesus sofreu por nossos pecados — os seus e os meus — e por nossas enfermidades.

Ter fé em Deus e em sua capacidade de curar nos trará cura. Uma mulher que tinha um fluxo de sangue havia doze anos tocou a orla das vestes de Jesus, crendo que, se tocasse nele, seria curada. Quando Jesus notou que essa mulher lhe havia tocado, ele disse: "Ânimo, filha, *a sua fé a curou!*" (Mt 9.22). Jesus recompensa nossa fé com cura.

A fé é um dom de Deus; devemos agradecer-lhe pela fé que temos e orar para que ele a aumente.

Devemos pedir cura a Deus e ter fé em sua capacidade de curar. Um cego chamado Bartimeu não permitiu que nada o impedisse de chegar até Jesus, pois ele acreditava que Cristo poderia lhe dar visão. Jesus sabia de sua necessidade, mas queria ouvir da boca do próprio Bartimeu. Depois de contar a Jesus o que ele queria, Jesus lhe disse: Vá, *"a sua fé o curou"*. E imediatamente recuperou sua visão (Mc 10.51-52).

Algumas coisas não acontecerão em nossa vida, a menos que jejuemos e oremos a respeito delas. Os discípulos de Jesus lhe perguntaram por que eles não podiam fazer algumas das coisas que ele fez — num caso particular, curar alguém que precisava ser liberto. Jesus explicou: "Porque a fé que vocês têm é pequena. Eu lhes asseguro que se vocês tiverem fé do tamanho de um grão de mostarda, poderão dizer a este monte: 'Vá daqui para lá', e ele irá. Nada lhes será impossível. Mas esta espécie só sai pela oração e pelo jejum" (Mt 17.20-21).

Não há nada que substitua a fé, mas se *jejuarmos e orarmos* há maior poder. Devemos jejuar e orar a fim de romper certos domínios das trevas. Jesus disse: "Eu lhe darei as chaves do Reino dos céus; o que você *ligar* na terra terá sido ligado nos céus, e o que você *desligar* na terra terá sido desligado nos céus" (Mt 16.19). Isso tem a ver com proibir e permitir. "Ligar" é proibir ou interromper. "Desligar" é permitir ou liberar.

"Chave" significa autoridade. Jesus deu autoridade para os crentes *interromperem* e *liberarem* coisas. Em oração podemos interromper algo que está acontecendo ou impedir uma coisa ruim de acontecer.

Diante disso, o que dizer das pessoas que *não* são curadas? Será que Deus escolhe aleatoriamente curar alguns e outros não? E o que dizer de duas das mais famosas cristãs que não foram curadas de condições específicas?

Estou falando de Joni Eareckson Tada, tetraplégica desde os 17 anos, e Jennifer Rothschild, diagnosticada com uma doença ocular degenerativa quando tinha 15 anos, enfermidade que a fez ficar cega não muito depois disso. Imensurável intercessão tem se prolongado em favor da cura dessas mulheres desde o primeiro dia em que precisaram dela. Por que Deus não respondeu a essas orações?

Tenho o privilégio de conhecer essas duas mulheres de Deus, e posso dizer que não foi por falta de fé que não foram curadas. Há fé excepcionalmente forte em ambas, e nas pessoas por todo o mundo que têm orado por elas. Não é falta de oração, pois orações em seu favor são realizadas em todo o planeta. Não é porque elas não merecem cura, pois não conheci pessoas mais merecedoras. Além disso, não é por merecimento que Jesus cura. Ele cura porque ama as pessoas. Isso significa que ele não ama Joni e Jennifer? Longe disso. Ele as ama por completo e incondicionalmente.

Não sei por que Deus não as curou — e não estou dizendo que ele não vai curá-las —, mas foi de acordo com seus elevados propósitos que ele escolheu não curar. Ele tem agido poderosamente por intermédio dessas mulheres e continuará a fazê-lo no futuro. As duas são responsáveis por muitas transformações que permitiram que pessoas em situações similares tivessem uma vida melhor. Existe também uma qualidade em ambas que está além do comum. É um brilho sobrenatural que vem de Deus, e é estonteante. Embora elas sejam naturalmente belas, cada uma possui uma beleza que vai além da beleza terrena. Deus deu a elas uma porção da *beleza dele*. É inegável. E elas são humildes o bastante para não reconhecer isso em si mesmas. Mas, quando estou na presença delas, sinto a presença de Deus. Elas são uma inspiração para todos aqueles que as conhecem ou sabem algo a seu respeito. Ninguém representa Deus melhor que elas.

Não gosto do fato de não estarem curadas, e continuarei a orar por elas. Mas Deus usou e está usando essas pessoas poderosamente para levar esperança aos outros. Não consigo contar todas as circunstâncias em que elas foram uma inspiração para mim, e há inúmeras pessoas que sentiram a mesma coisa ao lerem seus livros e ouvirem-nas falar. Elas nos ajudam a seguir em frente e a não perder o ânimo em tempos difíceis quando Deus não responde às nossas orações. Pode ser que a cura definitiva dessas mulheres aconteça no céu, quando encontrarem Jesus. Mas eu sei que a recompensa pelo serviço frutífero que realizam será grande, e elas se regozijarão eternamente, pois comoveram poderosamente o mundo e fizeram uma profunda diferença na vida de todos aqueles que as conheceram.

Se você tem orado repetidas vezes e não foi curado, pode ser que Deus também o esteja usando como encorajamento para que outros não desistam. O Espírito Santo em você pode fazer a diferença em todos os que estão ao seu redor, seja qual for a *sua* condição. Sempre ore por cura, mas saiba que Deus tem a palavra final sobre quem ele cura.

Poder da oração

Senhor, oro para que teu Espírito Santo se manifeste poderosamente em minha vida, de modo que eu possa orar pela cura de outras pessoas e elas sejam curadas. Ajuda-me a interceder quando as pessoas estiverem presas ao inimigo de sua alma e precisarem ser libertas. Age através de mim quando eu orar pelos outros conforme teu Espírito me guia. Ouve minhas orações quando eu orar por mim, por minha família e por pessoas que sei que precisam do teu toque de cura. Jamais desejo glorificar a mim mesmo, mas quero muito glorificar a ti.

Senhor, eu não entendo por que algumas pessoas são curadas e outras não, mas confio em ti. Apesar de querer que todos por quem oro e que têm fé em ti sejam curados, sei que tu usas de maneira milagrosa pessoas que não são curadas. Ajuda-me a confiar em ti quanto a isso. Ajuda essas pessoas a confiar em ti também. Guia-me a orar por cura, aconteça o que acontecer. Mostra-me por quem orar e como orar por essa pessoa. Ensina-me a orar como tu queres e da forma como teu Espírito Santo me conduz. Usa-me como instrumento de teu poder curador. Obrigado, Jesus, por teres tomado sobre ti na cruz nossas enfermidades e teres levado as nossas doenças (Mt 8.17). Eu te agradeço sempre e eternamente por tudo o que fizeste por mim.

Em nome de Jesus. Amém.

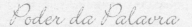

Entre vocês há alguém que está sofrendo? Que ele ore. Há alguém que se sente feliz? Que ele cante louvores. Entre vocês há alguém que está doente? Que ele mande chamar os presbíteros da igreja, para que estes orem sobre ele e o unjam com óleo, em nome do Senhor. A oração feita com fé curará o doente; o Senhor o levantará. E se houver cometido pecados, ele será perdoado.

Tiago 5.13-15

Portanto, confessem os seus pecados uns aos outros e orem uns pelos outros para serem curados. A oração de um justo é poderosa e eficaz.

Tiago 5.16

Guiado a orar durante o tempo que for preciso

Quando você estiver orando por algo importante, não desista de orar até o Espírito Santo levá-lo a parar.

O Anjo do Senhor apareceu à esposa estéril de Manoá e disse que ela ia conceber e dar à luz um filho. Ela não deveria beber vinho nem comer algo impuro, e jamais permitir que o cabelo de seu filho fosse cortado. Isso porque ele seria um nazireu — alguém que faz um voto de consagração ao Senhor — e libertaria Israel das mãos dos filisteus (Jz 13.2-7).

Quando a criança nasceu, deram-lhe o nome de Sansão. À medida que ele crescia, "*o Espírito do Senhor começou a agir nele*" (Jz 13.25). O Senhor capacitou Sansão com seu Espírito Santo e o preparou para libertar Israel.

Muitas vezes, nos momentos aparentemente estéreis de nossa vida — quando por muito tempo há orações não respondidas —, se continuarmos orando e não desistirmos, nossas orações serão finalmente respondidas com algo grandioso. Pode ser que não sejam respondidas da maneira como imaginávamos, mas Deus *vai* responder. A Bíblia contém muitos exemplos de mulheres que sofriam por conta da incapacidade de conceber. As orações dessas mulheres seguem sem resposta por um tempo *insuportavelmente* longo, até que um dia o Espírito Santo revela não apenas que elas vão conceber, mas que terão um filho a ser usado poderosamente por Deus. Além de Sansão, outros exemplos na Bíblia de filhos pelos quais suas mães oravam fervorosamente são José, Samuel e João Batista — cada um deles filho da promessa.

Se você tem buscado Deus para a realização de um sonho particular de muito tempo, Deus colocará uma palavra em seu coração a respeito desse sonho. Se o sonho pertencer a ele, você sentirá em seu coração que esse sonho é da vontade de Deus e terá paz. Continue orando e não ceda ao desânimo; você acabará por dar à luz essa promessa.

Se o sonho em seu coração *não* for da vontade de Deus para sua vida, ele lhe revelará isso quando você lhe pedir. Esteja disposto a colocar o sonho aos pés de Deus e entregá-lo a ele. O Senhor colocará esse desejo de lado e lhe dará um sonho que é muito maior. Ouça o Espírito Santo falando ao seu coração em relação a isso. Sei que você não quer andar por aí carregando no coração um sonho que Deus não vai abençoar.

Quando você crer que aquilo pelo que está orando é de Deus, agarre-o com firmeza. Mesmo quando acontecem coisas que o desanimam de acreditar que esse sonho algum dia se tornará realidade, continue a agarrar-se firme à promessa que Deus pôs em você. O fato de que você deve orar e esperar por tanto tempo quer dizer apenas que Deus deseja fazer algo grandioso. E isso requer muita intercessão fervorosa. Além disso, Deus esperará até você ter absoluta certeza de que é *ele* quem vai realizar. Você será convencido de que esse sonho não poderia acontecer de outra forma. Deus lhe promete um bom futuro e uma razão para ter esperança. Não desista disso.

Quando você ficar desanimado, ore mais. Quando parecer que Deus jamais lhe dará o que você está buscando, recuse-se a desistir. Quando parecer como se nada fosse acontecer, jejue e ore novamente.

Deus nem sempre responde às nossas orações conforme as pronunciamos. É aí que entra a fé. Não raro, as pessoas desistem e param de orar rápido demais. Se as orações não são respondidas de imediato, elas pensam que Deus não ouve ou não se importa. Conheço pessoas que se afastaram de Deus porque suas orações não eram respondidas, como se ele fosse o papaizinho do céu que existe só para lhes dar o que elas querem. Assim, elas se dispuseram a sacrificar tudo o que Deus lhes tinha reservado — e que seria muito maior do que aquilo que sonharam para si mesmas — só porque Deus não lhes deu o que queriam naquele momento.

Seja sensível ao Espírito quando se trata de oração. Continue orando o tempo que for preciso a fim de obter uma resposta, de um jeito ou de outro.

Poder da oração

Senhor, oro para que tu me ajudes a não desistir de orar quando eu não encontrar respostas imediatas às minhas orações, ou quando elas não forem respondidas exatamente como eu gostaria. Em relação às coisas que são mais urgentes em meu coração, capacita-me a orar pelo tempo que for necessário. Para as outras coisas que não são tão urgentes, cada vez que eu orar, ajuda-me a render a questão em tuas mãos. Dá-me sabedoria para saber como orar. Ajuda-me a entender se tu *ainda* não respondeste a essas orações, ou se tu não irás responder a elas da maneira como eu desejava. Guia-me, Espírito Santo, à medida que eu oro, a fim de que eu possa entender *como* orar.

Ajuda-me a não me cansar de fazer o bem, pois sei que no tempo próprio colherei, se não desanimar (Gl 6.9). Sei que quero ver respostas às minhas orações agora, e é difícil esperar, mas coloco minha confiança ti e em teu tempo perfeito. Eu te agradeço por sempre ouvires e sempre responderes — da tua maneira e em teu tempo. Sempre tenho a ti diante de mim, Senhor, e porque tu estás comigo não desistirei (Sl 16.8).

Em nome de Jesus. Amém.

Poder da Palavra

Então Jesus contou aos seus discípulos uma parábola, para mostrar-lhes que eles deviam orar sempre e nunca desanimar.

LUCAS 18.1

Por isso, vistam toda a armadura de Deus, para que possam resistir no dia mau e permanecer inabaláveis, depois de terem feito tudo. Assim, mantenham-se firmes, cingindo-se com o cinto da verdade, vestindo a couraça da justiça.

EFÉSIOS 6.13-14

Guiado a seguir Deus

O Espírito Santo sempre o guiará a seguir Deus atentamente. Você perceberá sua alma almejando por mais dele. Desejará a Palavra dele gravada em seu coração. Terá o anseio de estar mais perto dele, uma paixão incessante por sua presença.

É espantoso que, depois de todos os muitos sinais que Deus fez em favor do povo de Israel — a transformação de água em sangue; ataque de rãs, piolhos e moscas; a morte dos rebanhos; doenças; granizo; gafanhotos; trevas; a morte dos primogênitos egípcios; a libertação da escravidão, com o povo levando consigo a prata e o ouro dos egípcios —, eles *ainda duvidaram de Deus* e se rebelaram contra ele.

Como os filhos de Israel podiam se esquecer de quando atravessaram o mar Vermelho em terra seca enquanto o exército egípcio atrás deles entrou no mar e se afogou? Como podiam duvidar de Deus depois de ele lhes prover alimento diariamente no deserto? As roupas deles não se gastaram por quarenta anos (Dt 8.4). Como eles podiam não se lembrar das obras de Deus?

Não é que eles não *podiam* se lembrar; eles escolheram *não* lembrar. Eles queriam do jeito deles. "Mas logo *se esqueceram* do que ele tinha feito e não esperaram para saber o seu plano. Dominados pela gula no deserto, puseram Deus à prova nas regiões áridas. [...] *Esqueceram-se* de Deus, seu Salvador, que fizera coisas grandiosas no Egito" (Sl 106.13-14,21). Como resultado de não desejar seguir a direção de Deus, o povo continuou no deserto durante décadas.

Quando Deus conduziu os israelitas a uma terra boa e rica, com tudo o que poderiam querer, ele os alertou de que, caso se esquecessem dele e de seus caminhos e parassem de viver de acordo com seus mandamentos, seriam destruídos (Dt 8.11-20). Ainda assim, insistiram em fazer as coisas da maneira *deles* e não seguiram *Deus*. Portanto, ele lhes deu o que queriam, "mas mandou sobre eles uma doença terrível" (Sl 106.15).

Somos muito parecidos com o povo de Israel. Com frequência, queremos coisas que não são da vontade de Deus para nossa vida. Nós nos tornamos pessoas vazias quando temos em excesso e não seguimos o Senhor.

Por que, então, quando contamos com fartura de comida, dispomos de um lugar para viver e temos nossas necessidades atendidas, tendemos a esquecer Deus? Não oramos muito porque não precisamos de muito. Não lemos a Palavra porque estamos ocupados demais e achamos que podemos confiar em nossa memória. Dizemos, como fizeram os israelitas, que a capacidade e a força de nossas mãos produziram o que temos em vez de lembrarmos que é *Deus* quem nos dá o poder de prosperar (Dt 8.18).

O rei Asa, logo no início de seu reinado, removeu os altares de adoração a deuses falsos. Ele ordenou que o povo buscasse o Senhor e vivesse segundo os caminhos divinos. Quando as coisas estavam bem e já não havia guerra, "disse ele ao povo de Judá: 'Vamos construir estas cidades com muros ao redor, fortificadas com torres, portas e trancas. A terra ainda é nossa, porque *temos buscado o Senhor, o nosso Deus; nós o buscamos, e ele nos tem concedido paz* em nossas fronteiras'. Eles então as construíram e prosperaram" (2Cr 14.7).

Quando houve paz e prosperidade na terra, as pessoas não se deixaram engordar e ficar preguiçosas. Em vez disso, *buscaram o Senhor e usaram o tempo para reconstruir e se fortalecer*. Devemos nos lembrar de fazer o mesmo. Quando as coisas estiverem indo bem em sua vida, reserve tempo para construir e fortificar seu relacionamento com Deus. Quer esteja numa fase boa, quer esteja numa fase ruim, siga Deus a lugares ainda mais profundos.

Guiado a seguir Deus para uma caminhada íntima e diária com ele

Todos os dias o Espírito Santo o guiará a uma caminhada íntima com ele. E ele agirá em você para que seu coração esteja limpo diante dele. Você não tem de ser perfeito, mas seu coração deve ser justo. Você não pode viver a vida fazendo *o que* quiser e *quando* quiser; deve estar submetido à direção do Espírito Santo. Isso não significa *qualquer* espírito, pois existem outros, e você certamente não quer ser guiado por eles. Não são espíritos santos. Não são Deus. Não trazem seus melhores interesses no coração. E eles o conduzirão na direção oposta de aonde você deseja ir.

Quando você vive de acordo com as leis de Deus e caminha dia a dia, momento a momento, com o Espírito Santo, sempre vai na direção correta. E isso não é difícil, porque ele faz todo o trabalho pesado. Quando você o exalta em adoração, ele o exalta de todas as outras maneiras. Ele se torna sua *força* quando você não tem força nenhuma. Ele é seu *guia* quando você não sabe o que fazer. Ele é seu *consolador* quando você está angustiado e sofrendo. Não estou dizendo que você jamais terá problemas ao ser guiado pelo Espírito, porque nem sempre o seguimos perfeitamente. E Jesus disse que haverá tempos de sofrimento, mas ele estará conosco em todos eles.

Todos nós temos a tendência a trazer sofrimento desnecessário sobre nós mesmos, porque queremos ter controle total de nossa vida e não queremos permitir que o Espírito Santo nos aperfeiçoe. Paulo disse: "Será que vocês são tão insensatos que, *tendo começado pelo Espírito*, querem agora se aperfeiçoar pelo esforço próprio?" (Gl 3.3).

O Senhor quer que vivamos uma vida na qual possamos realizar coisas que não aconteceriam se ele não estivesse nos capacitando para tal — uma vida em que sabemos que, se ele não agir em nós, estaremos arruinados. E parece assustador viver dessa maneira. Mas, de fato, ainda mais assustador é *não* viver dessa maneira. Viver sem seu amor, sabedoria e orientação é algo amedrontador.

Deus quer que vivamos uma vida impossível de se viver sem ele.

Quando o rei Saul parou de seguir Deus e ficou obcecado tentando matar Davi, o Espírito Santo o abandonou. Quando ele consultou o Senhor e Deus não lhe respondeu, Saul buscou uma médium para invocar o espírito do profeta Samuel dentre os mortos. Samuel disse a Saul que, por causa de sua desobediência a Deus, o Espírito Santo o havia deixado (1Sm 28.3-20). Podemos nos desviar do caminho designado por Deus se não fizermos um esforço deliberado para andar intimamente com ele todos os dias.

Tenha cuidado com seu caminhar. Aproveite o máximo de seu tempo e use-o com sabedoria. Não o desperdice. Seja produtivo. Não deixe Deus de lado; interaja com ele. Ande tão intimamente com o Senhor a ponto de ouvir as batidas do coração dele. Ore. Ouça. Busque a direção do Espírito Santo. Comece cada dia junto de Deus — em oração, na Palavra, e em adoração — para que, aconteça o que acontecer, você esteja mais do que preparado.

Poder da oração

Senhor, oro para que tu me atraias para perto de ti e me ajudes a firmar uma caminhada sólida e diária contigo. Purifica minha alma e ajuda-me a te obedecer de todas as maneiras, começando com meus pensamentos e atitudes. Não desejo em minha vida nada que me separe de ti. Impede-me de tentar viver minha vida fazendo somente o que *eu* quero em vez de fazer o que *tu* queres. Não quero mais pagar o preço de minha apatia no que se refere a seguir tua direção. Sei que a única forma de encontrar paz verdadeira é vivendo em obediência a ti.

Ajuda-me a andar "de maneira digna" de ti, agradando-te, "frutificando em toda boa obra, crescendo no conhecimento" de ti (Cl 1.10). Ajuda-me a viver "uma vida nova" pela qual tu, Jesus, morreste (Rm 6.4). Capacita-me a viver de coração íntegro em minha casa (Sl 101.2). Ajuda-me a reservar tempo diário para estar sozinho contigo, como uma prioridade que jamais negligenciarei. Quero encontrar-me contigo em tua Palavra todos os dias e ver grandes manifestações da tua presença. Ajuda-me a conhecer-te melhor a cada dia. Capacita-me a viver uma vida que não é possível viver sem ti.

Em nome de Jesus. Amém.

Poder da Palavra

Quem me serve precisa seguir-me; e, onde estou, o meu servo também estará. Aquele que me serve, meu Pai o honrará.

João 12.26

Portanto, assim como vocês receberam Cristo Jesus, o Senhor, continuem a viver nele, enraizados e edificados nele, firmados na fé, como foram ensinados, transbordando de gratidão.

Colossenses 2.6-7

Guiado a seguir Deus para purificar as palavras que você fala

Quando você entrega por completo as rédeas de sua vida ao Espírito Santo, ele limpará a casa da sua alma. Ele não se muda para uma casa desagradável, cheia de caos e pecado, sem fazer nada a respeito. Deus pode habitar em você pela única razão de que ele vê a justiça de Jesus em seu coração. Ele sabe quando seus pensamentos e ações não são consistentes com a pessoa que Deus o criou para ser.

Deus não somente exige pureza de coração, mas também a mais evidente manifestação de um coração puro, que é a pureza de fala. De fato, ele não tolera nada diferente disso. O Espírito Santo fará que as palavras de sua boca sejam um tormento para você caso viole as claras instruções de Deus a esse respeito nas Escrituras.

Nossas palavras e nosso coração devem estar alinhados com Deus de tal modo que falemos com nossa boca o que Deus pôs em nosso coração mediante o poder do Espírito Santo.

A Bíblia diz: "Portanto, cada um de vocês deve abandonar a mentira e *falar a verdade* ao seu próximo, pois todos somos membros de um mesmo corpo" (Ef 4.25). "Nenhuma *palavra torpe* saia da boca de vocês, mas apenas a que for *útil para edificar* os outros, conforme a necessidade, para que *conceda graça* aos que a ouvem. [...] Livrem-se de toda [...] gritaria e calúnia, bem como de toda maldade" (Ef 4.29,31).

Jesus disse que "o que entra pela boca não torna o homem impuro; mas o que sai de sua boca, isto o torna impuro" (Mt 15.11). "*Pois do coração saem os maus pensamentos*" (Mt 15.19). Somos contaminados por aquilo que falamos. E o que acontece em nossa mente e em nosso coração determina o que há de bom ou mal saindo de nossa boca.

Nossas palavras sempre revelam a condição do nosso coração. Quando falamos palavras indelicadas, enganosas ou incrédulas, é sinal de que temos problemas em nosso coração.

DEZ COISAS QUE A BÍBLIA DIZ SOBRE AS PALAVRAS QUE FALAMOS

1. *Palavras de fofoca destroem.* "O homem perverso provoca dissensão, e o que espalha boatos afasta bons amigos" (Pv 16.28).

2. *Palavras descuidadas trazem ruína.* "Quem guarda a sua boca guarda a sua vida, mas quem fala demais acaba se arruinando" (Pv 13.3).

3. *Nossas palavras devem ser gentis e perdoadoras.* "Sejam bondosos e compassivos uns para com os outros, perdoando-se mutuamente, assim como Deus os perdoou em Cristo" (Ef 4.32).

4. *Nossas palavras devem edificar.* "Nenhuma palavra torpe saia da boca de vocês, mas apenas a que for útil para edificar os outros, conforme a necessidade, para que conceda graça aos que a ouvem" (Ef 4.29).

5. *Há palavras que trazem saúde.* "Há palavras que ferem como espada, mas a língua dos sábios traz a cura" (Pv 12.18).

6. *Nossas palavras devem ser verdadeiras.* "A testemunha falsa não ficará sem castigo, e aquele que despeja mentiras não sairá livre" (Pv 19.5).

7. *Há palavras que trazem força.* "O Soberano, o SENHOR, deu-me uma língua instruída, para conhecer a palavra que sustém o exausto. Ele me acorda manhã após manhã, desperta meu ouvido para escutar como alguém que está sendo ensinado" (Is 50.4).

8. *Palavras de reclamação contrariam a vontade de Deus.* "Façam tudo sem queixas nem discussões" (Fp 2.14).

9. *Algumas palavras podem ser uma armadilha para nós mesmos.* "[Você] caiu na armadilha das palavras que você mesmo disse, está prisioneiro do que falou" (Pv 6.2).

10. *Há palavras que podem levar à morte.* "A língua tem poder sobre a vida e sobre a morte; os que gostam de usá-la comerão do seu fruto" (Pv 18.21).

Nossas palavras têm mais importância do que imaginamos. Criamos nosso mundo com as palavras que dizemos. O Espírito Santo jamais o guiará a falar mal de Deus, de si mesmo ou de alguma outra pessoa. E teremos de dar conta diante de Deus de toda palavra inútil que falarmos (Mt 12.36). Que pensamento assustador! Se você deseja parar de falar coisas negativas, fale deliberadamente a Palavra de Deus. Existe uma correlação entre ser cheio do Espírito Santo e falar a Palavra de Deus com coragem (At 4.31). Quando o Espírito Santo o guiar a falar a Palavra de Deus com ousadia, você não vai querer voltar aos antigos hábitos negativos de fala.

Poder da oração

Senhor, enche meu coração de teu amor, tua paz e tua alegria, para que tudo o que sair de minha boca represente tua vontade. Oro para que aquilo que enche meu coração conduza-me a sempre falar palavras que tragam vida, e não destruição. Ajuda-me a fazer todas as coisas sem reclamar. "Decidi que a minha boca não pecará" (Sl 17.3). "Que as palavras da minha boca e a meditação do meu coração sejam agradáveis a ti, SENHOR, minha Rocha e meu Resgatador!" (Sl 19.14).

Senhor, mostra-me quando eu falar coisas negativas sobre mim mesmo ou sobre os outros. Ajuda-me a não falar palavras que entristeçam a ti. Guarda-me de palavras incrédulas. Ajuda-me a seguir tua direção de modo que eu jamais diga coisas que firam os outros. Derrama todos os dias teu Espírito em meu coração, para que tudo o que eu diga reflita a *tua* natureza. Eu sei que "os lábios do justo sabem o que é próprio, mas a boca dos ímpios só conhece a perversidade" (Pv 10.32). Dá-me sempre palavras adequadas. Impede minha boca de dizer qualquer coisa que não seja graciosa ou gentil. Dá-me "uma língua instruída, para conhecer a palavra que sustém o exausto" (Is 50.4). Ajuda--me a edificar e abençoar outras pessoas com minhas palavras.

Em nome de Jesus. Amém.

Poder da Palavra

Pois a boca fala do que está cheio o coração.

MATEUS 12.34

Quem quiser amar a vida e ver dias felizes, guarde a sua língua do mal e os seus lábios da falsidade.

1PEDRO 3.10

GUIADO A SEGUIR DEUS PARA DAR GRANDIOSOS PASSOS DE FÉ

O Espírito Santo em você sempre o guiará na direção de passos de fé cada vez maiores. Jesus disse que quem tem grande fé nele é capaz de mover montanhas. Isso não significa que você vai mover o monte em seu quintal para algum outro lugar, mas, em sua vida, pode mover obstáculos grandes como uma montanha, estejam eles relacionados a seus relacionamentos, casamento, finanças, saúde, mente ou emoções... Seja o que for.

A fé refere-se a algo que você ainda não vê como se esse algo já tivesse acontecido. Aquilo que parece derrota se transformará em grande vitória, mesmo que você não consiga imaginar como isso pode acontecer. A fé significa afastar-se de tudo aquilo em que você confiava e depositar sua confiança somente em Deus.

Deus permite certas coisas em nossa vida visando ao nosso fortalecimento e amadurecimento. Ele vê o bem que pode resultar de alguma situação difícil. Ele tem um lugar de paz para nós em meio a qualquer provação se o buscarmos e nele colocarmos nossa fé.

Nossos momentos de dificuldade nos aperfeiçoam, e é por isso que nunca podemos perder a fé em que Deus realizará grandes coisas, independentemente do que esteja acontecendo.

A primeira coisa que Deus fez no exército de Gideão foi eliminar aqueles que eram medrosos e cheios de dúvida (Jz 7.3-8). Era melhor ter 300 homens com fé e sem medo, e que sabiam como se preparar para a batalha, do que 32 mil homens sem fé e que não estavam alertas. Deus usa pessoas com fé forte e corajosa para trazer glória a si mesmo.

Por vezes nós nos sentimos fracos na batalha contra os desafios da vida porque ficamos angustiados e com medo. Mas se tivermos fé no poder de Deus como nosso defensor, e se ficarmos de prontidão para a batalha, ele nos trará a vitória de tal forma que teremos a certeza de que veio da parte dele, e não de nossa própria força e poder.

Devemos ter fé quando oramos. Não fé em nossa fé ou fé em nossas orações, mas fé em Deus a quem estamos orando. Então, basta deixar a resposta final nas mãos dele.

Quando Jesus e seus discípulos estavam num barco atravessando o mar, uma grande tempestade irrompeu e as águas começaram a encher o barco (Mc 4.35-37). Jesus estava dormindo. Os discípulos então o acordaram e disseram: "Mestre, não te importas que morramos?" (Mc 4.38). Eles presumiram que iam morrer. Mas Jesus se levantou, repreendeu o vento, e este "se aquietou, e fez-se completa bonança" (Mc 4.39).

Então Jesus lhes disse: "Por que vocês estão com tanto medo? *Ainda não têm fé?*" (Mc 4.40). Eles haviam andado com Jesus e o tinham visto realizar muitos milagres, mas *ainda não tinham fé além do que podiam imaginar*. Isso com muita frequência também é nosso problema. Uma vez que não conseguimos imaginar como Deus pode nos livrar da confusão em que estamos, pensamos que ele não agirá em nosso favor. Mas, com Jesus, sempre é possível atravessar até o outro lado de seus problemas. Quando a tempestade irromper, lembre que ele está no barco com você. Talvez você pense que ele não se importa, visto que é sua primeira vez numa tempestade, mas ele pode falar às tempestades em sua vida e silenciá-las.

Em outra terrível tempestade no mar, com os discípulos tremendo de medo no barco, Jesus veio na direção deles andando sobre as águas. Isso assustou ainda mais os discípulos, que pensaram tratar-se de um fantasma. De modo geral, quando estamos no meio da tempestade, achamos impossível acontecer um salvamento milagroso pelo Senhor. Não acreditamos que ele possa nos livrar. Pedro tinha suficiente fé para caminhar sobre as águas na direção de Jesus, mas, quando percebeu o vento e começou a afundar, Jesus estendeu a mão e o segurou, dizendo: "*Homem de pequena fé, por que você duvidou?*" (Mt 14.31). Tenho certeza de que ele deve falar a mesma coisa a nós quando começamos a perder a fé em meio às tempestades de nossa vida.

Jesus disse aos seus discípulos: "Tenham fé em Deus. Eu lhes asseguro que se alguém disser a este monte: 'Levante-se e atire-se no mar', e não duvidar em seu coração, mas crer que acontecerá o que diz, assim lhe será feito. Portanto, eu lhes digo: Tudo o que vocês pedirem em oração, creiam que já o receberam, e assim lhes sucederá" (Mc 11.22-24). Tenha fé. Não duvide. Seja franco diante do problema. Creia que você receberá a resposta de Deus.

Jesus relaciona o medo com a falta de fé, e é exatamente nisso que consiste o medo torturante. "Sem fé é impossível agradar a Deus, pois quem dele se aproxima precisa crer que ele existe e que recompensa aqueles que o buscam" (Hb 11.6). Você precisa *desse* tipo de fé agora. Peça que o Espírito Santo desenvolva essa fé em você.

Poder da oração

Senhor, eu sei que sem fé é impossível agradar a ti (Hb 11.6). Não quero passar a vida sem agradar a ti por causa da minha pequena fé. Quero chegar a ti crendo que tu és maior que tudo com que me deparo, e que tu recompensas quem te busca de todo o coração. Concede-me a fé capaz de mover montanhas de que tu falas em tua Palavra (Mc 11.22-24). Eu confesso as ocasiões em que duvidei de que tu sempre cuidas de mim. Perdoa-me quando me pergunto se tu virás ao meu auxílio novamente. Confesso minha dúvida como pecado e peço o teu perdão.

Ajuda-me a segurar com firmeza o escudo da fé, sem o qual não posso ser protegido dos planos do inimigo contra mim. Ensina-me a sempre orar com fé, sem nenhuma dúvida. Não quero ter a mente dividida e instável por duvidar de ti (Tg 1.6-8). Não quero ser impelido e agitado pelo vento. Que me seja feito segundo a fé que eu tenho (Mt 9.29). Eu sei que "vivemos pela fé, e não pelo que vemos" (2Co 5.7). Ajuda-me a não ver as coisas que me assustam, mas, sim, a ver a ti em todo o teu poder e glória, estendendo a mão para me ergueres e me impedires de afundar.

Em nome de Jesus. Amém.

Poder da Palavra

Meus irmãos, considerem motivo de grande alegria o fato de passarem por diversas provações, pois vocês sabem que a prova da sua fé produz perseverança. E a perseverança deve ter ação completa, a fim de que vocês sejam maduros e íntegros, sem lhes faltar coisa alguma.

TIAGO 1.2-4

Nisso vocês exultam, ainda que agora, por um pouco de tempo, devam ser entristecidos por todo tipo de provação. Assim acontece para que fique comprovado que a fé que vocês têm, muito mais valiosa do que o ouro que perece, mesmo que refinado pelo fogo, é genuína e resultará em louvor, glória e honra, quando Jesus Cristo for revelado.

1PEDRO 1.6-7

GUIADO A SEGUIR DEUS EM DIREÇÃO À COMPANHIA DE PESSOAS TEMENTES A ELE

O Espírito Santo sempre guiará você a formar seus relacionamentos mais profundos com pessoas tementes a Deus. Esses são os crentes com quem você se vincula e passa tempo. Isso não significa de modo algum que você não deve nunca estar com incrédulos, mas as pessoas que têm *acesso espiritual e pessoal à sua vida* devem ser crentes. O Espírito Santo sempre o afastará de pessoas que não produzem a retidão de Deus em sua vida.

A Bíblia diz muita coisa sobre a importância de amigos tementes ao Senhor, e isso não pode ser ignorado. "Não se deixem enganar: 'As más companhias corrompem os bons costumes'" (1Co 15.33). Amigos ruins nos corrompem. Não há o que discutir. É por isso que o Espírito Santo sempre o guiará a estar na companhia de pessoas que temem a Deus.

Um dos piores exemplos da terrível influência de amigos maus é a história de Amnon, filho de Davi. Ele tinha um amigo chamado Jonadabe, que era "muito astuto" (2Sm 13.3). Amnon se dizia apaixonado por sua meia-irmã Tamar, e Jonadabe, sendo o péssimo amigo que era, apareceu com um plano para induzir a moça a vir até a casa de Amnon. Este fingiu estar doente e pediu ao seu pai, Davi, que enviasse Tamar para cuidar dele. Quando ela foi até o quarto de Amnon, ele a estuprou. Uma vez que não tinha nenhum amor ou respeito por ela, e depois de conseguir o que queria, odiou a irmã (2Sm 13.14-15).

O rei Davi ficou muito furioso quando soube que seu filho Amnon havia estuprado Tamar. Mas não fez nada a respeito. O crime de incesto era punível de morte, mas Davi não fez absolutamente nada em relação a seguir o mandamento de Deus, nem sequer repreendeu Amnon. O resultado foi que Absalão, irmão legítimo de Tamar, matou Amnon por esse crime horrível contra sua irmã. Um amigo corrupto influenciou Amnon, e isso destruiu a família inteira.

Quando você está submetido à direção do Espírito Santo em sua vida, ele o afastará das más companhias.

A tribo de Dã nunca havia recebido a sua parte de terra como herança, porque não era capaz de dominar seus inimigos. Isso acontecia porque os membros dessa tribo não obedeciam a Deus e não faziam o que ele desejava. Eles queriam mais terra, por isso encontraram outro povo que era tranquilo e pacífico, sem líderes que se opusessem a eles. No entanto, ficaram longe daqueles que podiam protegê-los, e não tinham "relações com nenhum outro povo" (Jz 18.7). Em outras palavras, eram boas pessoas, mas estavam isolados.

Existem dois pontos importantes nessa história. O primeiro é que a tribo de Dã fez o que queria e relacionou o nome de Deus a seus atos em vez de buscar de fato a orientação do Senhor e seguir a direção do Espírito Santo. O segundo é que os membros dessa tribo ficaram desamparados porque não tinham nenhuma conexão ou suporte de outras pessoas.

Nós devemos estar conectados a outros crentes, para que possamos permanecer fortes uns com os outros. Temos de ser capazes de sair para defender aqueles que estão sob o ataque inimigo. Não podemos viver inteiramente para nós mesmos — sem nossa família, sem nossa comunidade — e, sobretudo, não podemos viver bem sem uma igreja. Tenho visto isso acontecer com tamanha frequência a ponto de até as pessoas mais religiosas abandonarem seu modo de pensar quando se isolam de outros crentes. A falta de conexão com um corpo de igreja composto de crentes nos dá permissão para ser autocentrados, mesmo que não tentemos ser e não pensemos que somos.

Se em sua vida você não tiver a companhia de pessoas tementes e totalmente entregues ao Senhor, você acabará fazendo o que for do seu agrado. Será guiado por seus próprios desejos, opiniões e pensamentos em vez de ser guiado pelo Espírito Santo.

Poder da oração

Senhor, oro para que tu me guies na direção de pessoas tementes a ti e me afastes daqueles que não o temem. Impede-me de ser influenciado ou corrompido por pessoas que permito ter voz em minha vida. Vejo em tua Palavra a importância de estar perto de crentes fiéis que se afiam uns aos outros (Pv 27.17). Sei que não posso cumprir meu destino sem a companhia das pessoas que tu colocaste em minha vida e que andam intimamente contigo. Ajuda-nos a fortalecer e encorajar uns aos outros e a cuidar-nos mutuamente. Eu sei que "o homem honesto é cauteloso em suas amizades, mas o caminho dos ímpios os leva a perder-se" (Pv 12.26). Dá-me o discernimento necessário para saber quando um relacionamento não glorifica a ti. Ajuda-me a caminhar com pessoas sábias, de modo que eu jamais faça alguma coisa tola (Pv 13.20).

Em relação ao relacionamento que tenho, ou *terei*, com pessoas que não te conhecem, oro para que eu seja uma importante influência na vida delas, atraindo-as a ti. Oro pedindo que elas não permaneçam incrédulas por muito tempo, mas que vejam Jesus em mim, sintam teu Espírito Santo trabalhando em minha vida e queiram te conhecer. Envia à minha vida mentores espirituais e modelos de conduta que amam a ti e exemplificam tua fidelidade. Impede-me de andar no "conselho dos ímpios" (Sl 1.1).

Em nome de Jesus. Amém.

Poder da Palavra

Se, porém, andarmos na luz, como ele está na luz, temos comunhão uns com os outros, e o sangue de Jesus, seu Filho, nos purifica de todo pecado.

1João 1.7

Sou amigo de todos os que te temem e obedecem aos teus preceitos.

Salmos 119.63

Guiado a seguir Deus para cuidar de seu corpo

O Espírito Santo sempre o convencerá de qualquer pecado que você cometer contra seu próprio corpo. Parte de seu serviço a Deus é cuidar de si mesmo. Seu corpo é o templo do Espírito de Deus, e você não deve corrompê-lo de nenhuma forma. Jesus pagou um preço por você, e seu corpo pertence a ele.

"Acaso não sabem que *o corpo de vocês é santuário do Espírito Santo* que habita em vocês, que lhes foi dado por Deus, e que vocês não são de si mesmos? Vocês foram comprados por alto preço. Portanto, glorifiquem a Deus com o seu próprio corpo"

(1Co 6.19-20). Você deve sempre valorizar seu corpo como o lugar onde o Espírito Santo habita.

O Espírito Santo jamais levará você a fazer algo que maltratar seu corpo. Se você está fazendo algo que prejudica seu corpo, não está sendo guiado pelo Espírito. Em vez disso, está sendo guiado por seus desejos carnais ou pelo inimigo de seu corpo, alma e mente. Uma vez que o Espírito habita em sua vida, sempre que você fizer conscientemente algo que machuca seu corpo, experimentará uma sensação de remorso.

Não espere que seu corpo seja perfeito. Seja grato pelo que seu corpo *pode fazer* e recuse-se a criticá-lo pelo que você acha que ele *deveria fazer*.

Peça que o Espírito Santo ajude você a romper hábitos destrutivos e a substituí-los por hábitos benéficos. Sei quão difícil é romper hábitos ruins, mas o Espírito Santo ajudará você a cada hora de cada dia. Diga a Deus o que você está enfrentando em relação ao cuidado de seu corpo, e peça que ele o afaste da tentação e lhe dê força para fazer a coisa certa.

Relativamente à observação do dia de descanso, a quantidade de passagens bíblicas sobre o assunto é muito grande para o ignorarmos — sem mencionar que um dos Dez Mandamentos refere-se justamente a isso. Jesus observava o sábado e disse que esse dia foi estabelecido para nosso benefício. Deus realizou a obra da criação em seis dias e no sétimo descansou, estabelecendo o padrão que devemos seguir (Êx 20.11). Ele é bem explícito a esse respeito. Se Deus precisou separar um dia de descanso, quanto mais nós precisamos fazer o mesmo!

Deus quer que estejamos separados para seus propósitos. Devemos ser diferentes do mundo na maneira de agir, pensar e viver. Ele quer que observemos o sábado como um dia santo separado para ele. A fim de entrar no descanso divino, devemos cessar nosso trabalho exatamente como fez Deus. "Portanto, esforcemo-nos por entrar nesse descanso, para que ninguém venha a cair, seguindo aquele exemplo de desobediência" (Hb 4.11). Nós honramos a Deus observando o descanso um dia por semana.

O Espírito Santo está sempre fazendo você avançar. Separar um dia como sábado é parte desse movimento à frente. De fato, você pode acabar interrompendo o fluir de bênçãos em sua vida ao desobedecer a esse mandamento.

Peça que o Espírito guie você em relação a conduzir seu sábado a fim de mantê-lo um dia santo. Não agende nada que tenha a ver com trabalho em seu dia de descanso. Paguei um alto preço nas vezes em que violei o sábado. Certa vez eu havia passado muito do prazo de entrega de um livro, e trabalhei no domingo para escrever. Embora tenha conseguido realizar boa parte do trabalho — e embora fosse um livro para Deus e sobre ele —, paguei um preço em meu corpo e minha mente. Fiquei doente, minhas costas doeram depois de horas escrevendo, e perdi a paz e a clareza de que dispunha. Minha mente também precisava de descanso. E fui forçada a separar tempo para me recuperar. Não valeu a pena. Aprendi a lição. Não é um preço que estou disposta a pagar novamente. Deus estabeleceu a lei visando ao *nosso* benefício, e, quando a ignoramos, fazemos isso por nossa conta e risco. Confie em mim em relação a isso. Ou melhor ainda, confie na Palavra de Deus.

Poder da oração

Senhor, oro para que tu me dês a capacidade de me afastar de todos os meus hábitos destrutivos em relação ao cuidado com meu corpo. Mantém-me sempre ciente de que meu corpo é teu templo e que preciso cuidar dele. Ajuda-me a seguir tua direção em toda decisão que tomo a cada dia, especialmente no que se refere àquilo que coloco em meu corpo e à maneira como me exercito. Ajuda-me a dar o valor suficiente ao meu corpo a fim de cuidar dele. Eu confesso as ocasiões em que fui crítico de meu corpo e não fui grato a ti por ele. Perdoa-me por isso. Impede-me de julgar ou maltratar meu corpo.

Senhor, ajuda-me a sempre observar um dia de descanso por semana. Capacita-me a fazer isso para tua glória, de modo que eu seja rejuvenescido em meu corpo, mente e emoções. Ajuda-me a dar ao meu corpo e à minha mente o descanso de tudo aquilo que não seja tua voz ao meu coração. Tu sabes o que é melhor para mim, pois me criaste. Sendo assim, peço a ti que me reveles tudo o que preciso fazer e tudo o que preciso evitar. Dá-me a disciplina e o domínio próprio necessários para cumprir esse propósito. Sei que o domínio próprio é um fruto do Espírito, por isso peço tamanha manifestação de domínio próprio a ponto de não ser possível explicá-la, senão como um dom vindo de ti.

Em nome de Jesus. Amém.

Poder da Palavra

Vocês não sabem que são santuário de Deus e que o Espírito de Deus habita em vocês? Se alguém destruir o santuário

de Deus, Deus o destruirá; pois o santuário de Deus,
que são vocês, é sagrado.

1Coríntios 3.16-17

Rogo-vos, pois, irmãos, pelas misericórdias de Deus, que
apresenteis o vosso corpo por sacrifício vivo, santo e agradável a
Deus, que é o vosso culto racional.

Romanos 12.1, RA

Guiado a seguir Deus para resistir
aos ataques do inimigo

O inimigo sempre tentará nos matar, roubar e destruir. É por isso que devemos seguir a direção do Espírito Santo a fim de saber como resistir. O Espírito Santo deu a Jesus a convicção e o conhecimento de que ele devia ir ao deserto jejuar e orar e resistir ao inimigo com a Palavra de Deus.

Quando Davi descobriu que o acampamento onde ele e seus homens e famílias viviam e havia sido invadido pelos amalequitas, que saquearam tudo — incluindo esposa e filhos —, Davi perguntou a Deus se ele deveria perseguir e alcançar os inimigos. Seus próprios homens o culparam pelo que aconteceu e queriam matá-lo (1Sm 30.6). Mas Davi consultou o Senhor e buscou força nele.

Nós também devemos buscar nossa força e paz em Deus quando o inimigo ataca — mesmo quando tudo parece estar contra nós e as coisas dão terrivelmente errado. Davi ouviu o Senhor dizer que, se eles perseguissem seus inimigos, sairiam vitoriosos e recuperariam tudo o que tinham perdido (1Sm 30.8). Não havia nenhuma maneira de Davi saber disso sem a revelação de Deus.

Davi teve vitória sobre seus inimigos porque não *presumiu* que sairia vitorioso ou que sabia o que fazer. Quando queremos que o Senhor esteja conosco e vá à nossa frente na batalha que o inimigo empreende contra nós, devemos buscar a direção dele.

Quando persistimos em oração contra tudo o que se opõe contra nós, podemos dizer o mesmo que Davi: "Persegui os meus inimigos e os derrotei; não voltei enquanto não foram destruídos" (2Sm 22.38).

O Espírito Santo em você é mais poderoso que qualquer inimigo. Quando você estiver sob ataque, lembre-se de que o inimigo já está derrotado e, no fim, você vence (Ap 12.10-11). *O Espírito Santo nos ajuda a discernir as mentiras do inimigo.* "Portanto, submetam-se a Deus. Resistam ao Diabo, e ele fugirá de vocês" (Tg 4.7).

Uma das principais histórias bíblicas sobre guerra espiritual da perspectiva de Deus aconteceu quando o rei da Síria entrou em conflito com Israel. O rei sírio estava preocupado porque o profeta Eliseu estava dizendo ao rei de Israel o que os sírios planejavam fazer. Desse modo, o rei da Síria mandou espiões descobrirem onde Eliseu estava; era evidente que o rei vizinho não percebia o óbvio: o Espírito Santo revelaria a Eliseu o que o rei sírio estava fazendo.

O exército sírio cercou a cidade com cavalos e carros de guerra, e Eliseu, ao levantar-se pela manhã, os viu reunidos ali.

Seu servo fiel perguntou: "O que faremos?". Eliseu respondeu: "Não tenha medo. *Aqueles que estão conosco são mais numerosos do que eles*" (2Rs 6.16).

Eliseu orou, dizendo: "Senhor, abre os olhos dele para que veja". Quando o Senhor abriu os olhos do rapaz, este viu *"as colinas cheias de cavalos e carros de fogo ao redor de Eliseu*" (2Rs 6.17).

Assim como Eliseu orou para que seu servo visse o invisível, podemos orar para receber percepções sobre nossa situação. Quando você estiver sendo atacado pelo inimigo, ore para que seus olhos sejam abertos e você possa ver as coisas da perspectiva de Deus. Lembre-se de quem está do seu lado. "Se Deus é por nós, quem será contra nós?" (Rm 8.31).

Quando os sírios atacaram, Eliseu orou: "Fere estes homens de cegueira". E Deus os feriu com cegueira exatamente como Eliseu havia orado, e os entregou nas mãos dos israelitas (2Rs 6.18).

Por causa de Jesus, o príncipe deste mundo já está condenado, e nós prevalecemos sobre a potestade do inferno derrotando-a de nossa vida com o poder da Palavra de Deus (Jo 16.11).

Crer significa estar firmemente estabelecido no Senhor. Quando o inimigo invadir sua vida — casamento, filhos, trabalho, ministério, mente, alma ou corpo —, humilhe-se diante de Deus e declare sua dependência dele. Tenha completa fé na Palavra e ore pela intervenção do Senhor. Jejue e ore para a glória de Deus e pela direção do Espírito. Adore a Deus na beleza da santidade dele. Essa é uma poderosa combinação que o estabelece firmemente no Senhor; nenhuma força do inferno pode prevalecer contra sua vida quando você resiste ao ataque do inimigo desse modo. Mesmo quando parece não haver saída, Deus fará algo para trazer a vitória que você jamais sonhou ser possível.

Louvor e adoração são as mais poderosas armas de guerra. O Espírito de Deus nos infunde poder, força, paz e alegria à medida que o adoramos.

O Espírito Santo sempre levará você a resistir ao inimigo. Quando ouvir as mentiras do inimigo, adore a Deus. Quando os israelitas adoravam a Deus, os inimigos ficavam confusos, lutavam entre si e destruíam completamente uns aos outros. Nosso louvor confunde o inimigo, e ele odeia isso.

Lembre-se, você não luta sozinho. O Senhor lutará por você (Êx 14.14), de modo que você pode ter paz no meio da batalha. Não tenha medo de orar por um milagre. Tenha medo do que pode acontecer se você *não* orar.

Poder da oração

Senhor, oro para que tu me ajudes a permanecer firme contra tudo aquilo que o inimigo deseja fazer em minha vida. Ajuda-me a reconhecer quando ele me ataca, para que eu me recuse a tolerar as táticas dele. Obrigado por me livrares do Maligno (Mt 6.13) e por que continuarás a fazer assim no futuro. Ajuda-me a vestir "toda a armadura de Deus" a fim de que eu possa poderosamente "ficar firme contra as ciladas do Diabo" (Ef 6.11). Obrigado, Senhor, por me guardares do mal (2Ts 3.3), pois uma das razões pelas quais tu vieste era "destruir as obras do Diabo" (1Jo 3.8).

Eu sei que, embora ande na carne, não luto segundo a carne. "As armas com as quais lutamos não são humanas; ao contrário, são poderosas em Deus para destruir fortalezas" (2Co 10.4). Obrigado por me libertares das mãos do inimigo e por seres maior e mais forte que a mais poderosa arma de que ele dispõe. Obrigado porque "o anjo do Senhor é sentinela ao redor daqueles que o temem, e os livra" (Sl 34.7). Obrigado porque tu me livrarás "de toda obra maligna" (2Tm 4.18). Obrigado porque tu colocaste o inimigo debaixo dos pés de Jesus (Ef 1.22). Sempre que o inimigo tentar edificar um reduto em minha vida, peço-te que o derrubes.

Em nome de Jesus. Amém.

Sei que me queres bem, pois o meu inimigo não triunfa sobre mim.

Salmos 41.11

Desde o poente os homens temerão o nome do Senhor, e desde o nascente, a sua glória. Pois ele virá como uma inundação impelida pelo sopro do Senhor.

Isaías 59.19

Guiado a seguir Deus para o lugar certo na hora certa

O Espírito Santo sempre guiará você ao lugar certo na hora certa. E devemos seguir sua direção, porque a verdade é que não podemos chegar lá por conta própria.

No início de seu período como rei de Israel, Davi buscava a direção do Senhor antes de fazer qualquer coisa, pois ele desejava estar exatamente onde Deus queria que estivesse. A Bíblia diz que Davi se tornou mais poderoso *porque Deus estava com ele* (2Sm 5.10). Deus estava com *ele* porque ele estava com *Deus*.

Davi obteve êxito após êxito e conquista após conquista, mas depois ficou preguiçoso e excessivamente confiante em si mesmo. As coisas começaram a mudar quando Davi parou de pedir a direção do Espírito de Deus antes de agir. Então, na primavera, "época em que os reis saíam para a guerra", Davi não acompanhou seus homens como deveria fazer. Em vez disso, permaneceu confortável em Jerusalém (2Sm 11.1).

Davi não estava onde deveria estar, e não estava fazendo o que deveria fazer.

Davi estava no terraço do palácio observando uma mulher tomando banho. Seu desejo por essa mulher casada — Bate-Seba — tornou-se maior que seu amor por Deus. Sua vontade de possuí-la tornou-se maior que seu anseio pela vontade de Deus. O marido de Bate-Seba, Urias, estava no campo de batalha quando Davi a seduziu. Quando a mulher engravidou, Davi chamou Urias do campo de batalha para que este passasse algum tempo com a esposa. Assim, o caso amoroso entre Davi e Bate-Seba e o filho resultante desse caso estariam encobertos.

O que Davi não planejava era que Urias fosse um homem honrado que não se sentia confortável em ir para sua casa e esposa enquanto seus homens sofriam no campo de batalha. (Sentimento que Davi também deveria ter experimentado, mas não o fez.) Quando Davi percebeu que não poderia usar

Urias para encobrir seu pecado, instruiu que Urias fosse posto numa posição vulnerável no campo de batalha a fim de que o matassem. Quando Urias morreu, Davi tomou Bate-Seba como esposa.

No breve momento em que ignorou a direção do Senhor e seguiu o desejo da carne, Davi cometeu adultério, gerou um filho ilegítimo e depois cometeu assassinato para encobrir seu pecado. Ele parou de buscar a vontade de Deus e se tornou cobiçoso, lascivo, egoísta, insensível, mal e assassino. Davi sucumbiu à sua própria vontade. Se ele tivesse buscado o Senhor em relação ao que fazer, onde estar e quando sair, nada disso teria acontecido.

Deus mandou o profeta Natã até Davi para confrontá-lo por seu pecado. Deus disse que, em consequência, a espada nunca se afastaria da família de Davi, pois este o desprezara (2Sm 12.10). O rei confessou que havia pecado contra o Senhor. Como punição, Davi não morreria, mas seu filho com Bate-Seba, sim (2Sm 12.14). O resultado do pecado e da união profana é a morte, de uma forma ou de outra. Davi jejuou e orou a Deus pela criança, mas seu filho morreu mesmo assim (2Sm 12.15-18).

As consequências de não permitirmos que o Espírito Santo nos conduza ao lugar certo na hora certa não valem o prazer egoísta de agarrar as coisas com nossas mãos e desobedecer a Deus.

Sempre que você não está onde Deus quer que esteja, encontra-se em perigo. É por isso que deve pedir todos os dias ao Espírito Santo que o guie até o lugar certo na hora certa. Mesmo quando você tem a sensação da direção de Deus, continue orando e comprovando essa percepção na Palavra. Convença-se de que as únicas coisas boas e duradouras que realizamos são aquelas feitas sob a direção do Espírito Santo.

Deus nos coloca em determinados lugares em determinadas ocasiões a fim de servirmos aos seus propósitos. Encontrar o caminho estreito para a vida significa seguir a direção do Espírito Santo.

Jesus disse: "Como é estreita a porta, e apertado o caminho que leva à vida! São poucos os que a encontram" (Mt 7.14). A porta para a vida é encontrada quando andamos pelo caminho apertado. Esse caminho, porém, não está em toda parte. Só podemos encontrá-lo quando andamos de acordo com a Palavra de Deus, seguimos a direção do Espírito Santo e somos dependentes de Deus para cada passo dado.

Quando você vive em obediência a Deus, faz o que a Palavra diz e segue o Espírito Santo, acaba chegando onde deveria estar. Mas você tem de decidir ir somente aonde o Espírito de Deus o conduz. Moisés disse a Deus: "Se não fores conosco, não nos envies" (Êx 33.15). Decida-se a não fazer nada sem a direção do Espírito Santo e a presença de Deus.

Você nunca sabe para onde o Espírito do Senhor o guiará. Ele levará você a lugares que jamais sonhou.

Cristóvão Colombo descobriu a América em 1492. No único livro que escreveu — *O livro das profecias* —, ele contou que não teria alcançado a América sem oração e a orientação do Espírito Santo. Disse: "Não há dúvida de que a inspiração vinha do Espírito Santo".[1] Nós também devemos ser capazes

---

[1] Mark A. Beliles e Stephen K. McDowell, *America's Providential History*. Charlottesville: Providence Press, 1989, p. 45. (Tradução livre.)

de dizer que a inspiração para tudo o que fazemos vem do Espírito Santo e que o seguiremos em toda parte.

Submeta-se ao Senhor e esteja aberto a ouvir o Espírito falar ao seu coração. *Disponha-se* a seguir a direção do Espírito quando ele lhe der orientação. *Leia* a Palavra. *Adore* a Deus e ore. Quanto mais você fizer isso tudo, mais ouvirá o Senhor falando ao seu coração, e mais será guiado pelo Espírito. Ele lhe dará uma sensação profunda de paz e entendimento em relação a qual caminho seguir.

Poder da oração

Guia-me, Espírito Santo, a tudo o que tens para mim hoje. Ajuda-me a ouvir tua voz me guiando em todas as coisas. Eu me submeto a ti — minhas palavras, pensamentos e ações — e peço que eu possa realizar tua vontade. Fala comigo e me ajuda a ouvir tua voz falando ao meu coração. Guia-me com teu Espírito Santo até o lugar onde eu deveria estar. Ajuda-me a não resistir à tua direção ou, ainda pior, deixar de ouvir a ti por completo.

Senhor, ajuda-me a fazer o que é certo em todas as coisas. Nos momentos em que for difícil determinar qual é a coisa certa a fazer, revele-a a mim por meio de teu Espírito. Se alguma vez eu desejar seguir meu próprio caminho, abra meus olhos para a verdade. Capacita-me a estar tão submetido a ti a ponto de ouvir tua voz me conduzindo a fazer a coisa certa em toda situação. Ajuda-me a fazer o que é justo e bom perante ti, Senhor, de modo que tudo me vá bem, e eu possa tomar posse de tudo o que tens para mim (Dt 6.18). Quero sempre estar no lugar certo na hora certa, e sei que isso não é possível, a menos que eu siga a orientação de teu Espírito e espere por tua direção.

Em nome de Jesus. Amém.

Poder da Palavra

Quer você se volte para a direita quer para a esquerda, uma voz atrás de você lhe dirá: "Este é o caminho; siga-o".

ISAÍAS 30.21

Espere no SENHOR. Seja forte! Coragem! Espere no SENHOR.

SALMOS 27.14

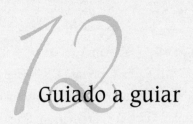

Guiado a guiar

A presença do Espírito Santo de Deus em nós é a maior dádiva imaginável. Ser usado por Deus para realizar seus propósitos é algo assombroso. Existe uma correlação direta entre quanto espaço cedemos ao Espírito Santo em nossa vida e quanto ele pode nos usar. Se não reconhecemos o Espírito, a realização do propósito de Deus para nós é dificultada. Se, porém, acolhemos o Espírito de todo o coração e o convidamos a trabalhar em nós, ele realiza a vontade de Deus por nosso intermédio.

Não tenha medo do que o Espírito Santo pode fazer em você e por meio de você. Tenha medo de como será sua vida se a vontade de Deus não for feita.

O Espírito Santo sempre o guiará na direção da completude e da maturidade espiritual. A principal razão por que Deus faz isso não se refere somente ao *seu* bem maior, mas também à bênção para outras pessoas. Deus quer usar você para ajudar os outros e conduzi-los a Cristo.

O problema é que, com muita frequência, nós recuamos, pois pensamos que somos inadequados para a tarefa. Você pode estar dizendo agora: "Mas não sei falar bem", "Sou tímido", "Não quero ofender ninguém", "Não me sinto confortável falando de coisas espirituais às pessoas", "Não sou bom o suficiente", "Ando ocupado demais", "Não sou perfeito", "Nem sempre faço a coisa certa", "Não sei muita coisa", "Não tenho as roupas adequadas", "Minha casa precisa de limpeza", "Minha franja é curta demais", "Tenho uma mancha no rosto", "Tomei algumas decisões ruins", "Estou enfrentando dificuldades profissionais". (Deixei alguma coisa de fora?) Eu sei disso porque essas já foram as minhas desculpas.

Por favor! Deixe-me libertá-lo de todo medo! Deus quer levar as pessoas à verdade sobre quem ele é e à esperança que elas devem ter em Jesus por conta do que ele fez na cruz, mas isso não significa que você precisa tomar um microfone e se colocar diante de uma multidão. Deus não vai colocá-lo defronte a um estádio lotado para proclamar o evangelho. Bem, talvez ele o coloque... mas somente se você for chamado para isso. Deus vai equipá-lo a fazer o que ele designou.

Se você está aprendendo a ouvir a voz de Deus na Palavra e a seguir o Espírito Santo em sua vida, *o Senhor pode usar você.* Se você o adora em espírito e em verdade e está disposto a se separar do pecado, do mundo, da tentação, do passado e de tudo o mais que tente afastá-lo de Deus, *ele pode usar você.* Se você está sendo transformado em sua mente, emoções e caráter, e está sendo guiado a ver propósito para sua vida, *ele pode usar você.* Se a razão pela qual você acorda todos os dias é servir a Deus com os dons que ele que lhe concedeu, *ele pode usar você.* Se ele está guiando você a produzir bom fruto e a discernir quando ele está conduzindo, abençoando e protegendo sua vida, *ele pode usar você.* Se você está orando por seus entes queridos, por estranhos e por pessoas que Deus traz à sua mente, *ele pode usar você.* Se você está sendo guiado a seguir Deus numa caminhada íntima e diária com ele, a purificar as palavras que saem de sua boca, a ter maior fé, a estar na companhia de pessoas tementes, a resistir ao ataque do inimigo e a estar no lugar certo na hora certa, *ele pode usar você*. Se você é humilde e tem um coração arrependido e disposto a aprender, ele pode usar você.

Você não precisa ser um estudioso da Bíblia, um pastor ou alguém perfeito. Basta ser você mesmo e atender à esperança que está em seu interior. Você já tem o amor de Deus em seu coração porque o Espírito de Deus está em sua vida, e você pode estender esse amor a outras pessoas conforme Deus o conduz. Quando você pronuncia as palavras concedidas por Deus, o Espírito Santo adicionará poder a elas.

Paulo disse: "Minha mensagem e minha pregação não consistiram em palavras persuasivas de sabedoria, mas consistiram em *demonstração do poder do Espírito*" (1Co 2.4). Não foram as palavras de Paulo que levaram as pessoas ao Senhor, mas, sim, o Espírito Santo que se manifestou por intermédio dele. E Paulo afirma isso para que a fé que as pessoas têm *não se baseie na sabedoria humana, mas no poder de Deus* (2Co 2.5).

A Bíblia diz que "o Reino de Deus não consiste em palavras, mas em poder" (1Co 4.20). O poder que você julga ter ou as palavras que você diz não trarão as pessoas à vida; o que fará isso será *o poder do Espírito Santo ungindo as palavras que Deus guia você a dizer*. Portanto, a pressão não está sobre quem transmite a palavra. Tudo o que você tem de fazer é ir humildemente diante do Senhor e convidar o Espírito Santo a agir por seu intermédio a fim de alcançar a vida de outras pessoas.

Jesus foi concebido pelo poder milagroso do Espírito Santo e viveu a vida inteira sem pecado. Contudo, ele não iniciou nenhum tipo de ministério sem antes ser capacitado pelo Espírito Santo de Deus, o que aconteceu quando ele foi batizado e o Espírito desceu sobre ele. A partir de então, Jesus foi guiado pelo Espírito a declarar que o reino de Deus havia chegado e a demonstrar isso de maneiras milagrosas. Se Jesus precisou ser capacitado pelo Espírito Santo antes de iniciar seu ministério, quanto mais *nós* deveríamos seguir seu exemplo e iniciar um ministério revestido desse mesmo poder!

Conheço uma família que se mudou para outro país há cinquenta anos, no campo missionário, e quase foi destruída. O casamento acabou e os filhos se afastaram de Deus; eles voltaram para casa sem dinheiro e derrotados. A esposa diz até hoje que isso tudo aconteceu porque não tiveram o derramamento do poder do Espírito Santo. Eles faziam parte de uma igreja que nunca ensinava sobre o Espírito Santo e, por essa razão, não tiveram chance contra as forças infernais do lugar onde estavam.

Deus quer que "brilhe a luz de vocês diante dos homens, para que vejam as suas boas obras e glorifiquem ao Pai de vocês, que está nos céus" (Mt 5.16). Sua luz brilha quando você recebe Jesus, o Espírito Santo se manifesta em você e por meio de você, e humildemente você dá a glória a Deus. Permitir que a luz dele brilhe por seu intermédio é parte fundamental de seu ministério.

Ministério é o que fazemos no amor de Deus para ajudar outras pessoas e trazê-las a um relacionamento com ele por meio de Jesus Cristo.

A presença do Espírito Santo em nós permite que o poder de Deus flua através de nós para um mundo que carece desesperadamente do Senhor. E o tempo está ficando cada vez mais curto. E mais crítico. As apostas são altas. Pessoas estão famintas do mover sobrenatural. Elas querem algo real. Não podemos inibir a atuação do Espírito Santo se de fato desejamos afetar o mundo de modo positivo. Precisamos dele mais do que nunca para mover o poder em nós. Não podemos permanecer firmes no Senhor, nem podemos ajudar *outros* a permanecerem firmes, se não permitirmos que o Espírito Santo esteja firme em nós.

Deus quer que oremos pelos trabalhadores enviados para a colheita de almas. Jesus disse aos seus discípulos que "a colheita é grande, mas os trabalhadores são poucos" (Mt 9.37). Você é um dos trabalhadores de Deus que atraem pessoas a Jesus. Isso não significa que tem de ir para as selvas da África. Significa que precisa orar para que Deus abra oportunidades de alcançar outras pessoas onde quer que você esteja. Pode ser na casa ao lado ou em qualquer lugar onde por acaso você esteja no decorrer do dia.

Talvez, em algum momento, você tenha sido abordado por alguém que tentava lhe empurrar Jesus de modo insensível, e pode ser que você tenha fugido do encontro gritando por dentro. Você se lembra de quão desconfortável se sentiu e quanto odiou essa experiência, e não deseja jamais fazer algo parecido com alguém. Eu entendo. Eu também passei por isso, e também não gostei. Jamais quero fazer algo semelhante. Mas você não agirá assim. Aquilo foi feito sem o Espírito Santo. O Espírito Santo não força. Ele atrai. Não ataca, não irrita, não se impõe, não arma ciladas. Ele guia. O Espírito Santo não é desprovido de amor. Ele é terno e amoroso. Uma pessoa guiada pelo Espírito será assim também.

Jesus disse: "Pois quem quiser salvar a sua vida, a perderá; mas quem perder a sua vida por minha causa e pelo evangelho, a salvará. [...] Se alguém se envergonhar de mim e das minhas palavras nesta geração adúltera e pecadora, o Filho do homem se envergonhará dele quando vier na glória de seu Pai com os santos anjos" (Mc 8.35,38). É um privilégio perder a vida por ele, e a perdemos quando fazemos de nossa vida por ele uma prioridade acima de viver por *nós mesmos*. Jamais desejamos que ele se envergonhe de nós por nos sentirmos constrangidos de partilhar o amor de Jesus com outras pessoas. Mas devemos sempre ser sensíveis à direção do Espírito Santo.

GUIADO A GUIAR OUTROS A ENCONTRAR ESPERANÇA NO SENHOR

Você é valoroso em sua esfera de influência, e pode ser usado por Deus na vida de certas pessoas de maneira que ninguém mais poderia. Mesmo se você *sentir* que não tem nada a oferecer, isso não é verdade. Você tem o Espírito Santo. Você pode ajudar pessoas a erguer os olhos ao Senhor, que é fonte de esperança para elas.

Quando você encontra esperança no Senhor, não pode guardá-la apenas para si. Partilhe essa esperança com os outros.

Esperança significa antever que algo bom vai acontecer, pois você é filho de Deus, e ele o ama e cuida de sua vida. Faz ideia de quantas pessoas jamais sentiram isso? Elas precisam que você lhes conte sobre essa esperança e como elas podem obtê-la. Elas precisam entender por que podem depositar esperança em Deus.

Uma vez que você é guiado pelo Espírito Santo, é capaz de *confortar*, *guiar* e *ensinar* outras pessoas. Se você tem afeição por pessoas que estão sofrendo ou se sentem desamparadas e desencorajadas, peça que o Espírito Santo o ajude a ministrar amor, esperança e encorajamento a essas pessoas que Deus traz à sua vida. O Espírito lhe dará as palavras certas no momento certo. Ele abrirá as oportunidades para uma conversa com um amigo ou conhecido. Talvez você esteja num avião ou ônibus e um estranho fique intrigado pela esperança que sente em você, e então uma oportunidade se abre. Lembre-se: as pessoas não querem ficar impressionadas com as capacidades que você tem; elas querem ouvir como Deus pode ajudá-las a livrá-las do vazio e sofrimento que sentem.

Quando surgir a oportunidade de ministrar o amor e a esperança de Deus a alguém, o Espírito Santo capacitará você a fazer isso de tal modo que causará um impacto duradouro na vida da pessoa. E isso glorificará a Deus de maneira extremamente efetiva e poderosa. Quando Deus abre a porta, não se preocupe com o que dizer. Seja apenas uma extensão do amor divino.

Poder da oração

Senhor, ajuda-me a comunicar a esperança que tenho em ti a outras pessoas que precisam ouvir. Ensina-me a sentir quando alguém está desanimado e desamparado. Capacita-me a estar sempre preparado para responder a qualquer pessoa que me perguntar a razão da esperança que há em mim (1Pe 3.15). Capacita-me a guiar os outros a ver a esperança que *eles* têm em ti. Sei que proteges aqueles que temem a ti e aqueles que firmam a esperança em teu amor (Sl 33.18). Comprometo-me contigo como trabalhador em teu campo e digo: "Eu sempre terei esperança e te louvarei cada vez mais" (Sl 71.14).

Sei que a felicidade vem de servir a ti como Senhor e de colocar minha esperança em ti (Sl 146.5). Oro para que, quando eu falar com alguém sobre a esperança que tenho, tu, "o Deus da esperança", enchas essa pessoa de um senso de esperança como jamais conheceu (Rm 15.13). Ajuda-me a lembrar-me de dizer à pessoa com quem converso de que, sempre que ela se sentir desamparada em relação a algo, a esperança pode despertar dentro dela se ela recorrer a ti em oração e ler tua Palavra. Capacita-me a convencê-la de que depositar a esperança em ti, o Deus do impossível, significa que sempre haverá esperança para qualquer coisa.

Em nome de Jesus. Amém.

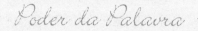

Ponha a sua esperança no SENHOR, ó Israel, pois no SENHOR há amor leal e plena redenção.

SALMOS 130.7

Pois é mediante o Espírito que nós aguardamos pela fé a justiça, que é a nossa esperança.

GÁLATAS 5.5

GUIADO A GUIAR OUTROS A CONHECER A VERDADE

É somente pela direção do Espírito da verdade em nossa vida que podemos guiar outros a enxergar a verdade sobre Jesus. Nosso ministério aos outros não é nada sem a atuação do Espírito Santo por meio de nós. Somente ele pode abrir o coração das pessoas. Somente ele pode nos dar as palavras certas.

Parte de guiar outras pessoas à verdade consiste em guiar pecadores para longe do pecado. Isso não significa que devemos nos sentar e julgar alguém. Não é algo feito de forma arrogante e superior. Qualquer coisa menos que humildade diante de Deus não produzirá nada. Trata-se de algo feito no amor do Senhor, com sincera preocupação pela pessoa, e realizado somente pela direção do Espírito Santo.

Se você vir alguém que está vivendo de maneira errada e sabe que essa pessoa está prestes a passar por um penhasco por causa das sementes da carne que ela está plantando — ou plantou no passado —, peça que o Espírito Santo guie você em relação ao que dizer para ajudá-la a voltar ao caminho correto. "Irmãos, se alguém for surpreendido em algum pecado, vocês, que são espirituais, deverão restaurá-lo com mansidão. Cuide-se, porém, cada um para que também não seja tentado" (Gl 6.1). Esta última parte do versículo significa que você não deve se colocar em situações onde haja tentação para sua vida.

Peça que Deus lhe mostre como ele deseja que você use a verdade da Palavra para responder às necessidades dos outros. Você pode ser *alguém que mostra misericórdia* àqueles que estão sofrendo, *alguém que dá ânimo* com palavras para que outros possam encontrar esperança no Senhor, *alguém que pronuncia a verdade* a uma pessoa que precisa ouvir sobre Deus, *alguém que serve* com hospitalidade àqueles que precisam se sentir cuidados, ou *alguém que exerce liderança* a fim de guiar outros a uma caminhada mais profunda com o Senhor (Rm 12.4-8). Cada uma dessas descrições são maneiras pelas quais compartilhamos a verdade a respeito de Jesus.

GUIA-ME, ESPÍRITO SANTO

"Somos criação de Deus realizada em Cristo Jesus para fazermos boas obras" (Ef 2.10). Essa é a razão por que você está aqui. O Espírito Santo sempre guiará você a usar seus dons para ajudar os outros, e ele lhe dará os dons espirituais necessários. Deus quer que sejamos ansiosos por ter dons espirituais, mas que procuremos "crescer naqueles que trazem a edificação para a igreja" (1Co 14.12).

Cada um de nós é único, e Deus nos dará dons especiais a serem usados por ele. É por isso que jamais devemos ter ciúmes do ministério de outra pessoa. Deus decide quem faz o quê. Preocupe-se apenas em ser guiado pelo Espírito Santo no *seu* ministério. Você está ali para servir a Deus servindo outros conforme o Espírito de Deus o conduz. Guie essas pessoas à verdade da Palavra de Deus. Fale a mensagem que Deus lhe deu. Tente ser conhecido como alguém que vive nos caminhos de Deus, e principalmente como uma pessoa verdadeira. Isso pode impressionar as pessoas de modo mais favorável do que qualquer outra coisa.

Hoje — como nunca antes — vemos o mundo em agitação. Algumas coisas estão chacoalhando de forma descontrolada. Outras coisas estão desmoronando, algumas até à completa destruição. Todos nós sentimos que vem por aí um mover espiritual, algo cuja magnitude jamais vimos ou imaginamos. Aqueles que encaram o futuro *sem* o Espírito de Deus em sua vida não serão capazes de navegar em meio ao que vai acontecer. Eles serão sugados como num poderoso *tsunami* e arrastados para onde essa força os levar. Sem o Espírito Santo, não terão a revelação necessária para compreender o que está acontecendo no mundo, muito menos o poder e a esperança para superar esse período. Sem o conhecimento da verdade definitiva, viverão em confusão.

As pessoas devem ouvir a verdade para que possam decidir aceitá-la ou rejeitá-la. Se nós, os cristãos, não sairmos da nossa zona de conforto para alcançar os outros, quem o fará? É por isso que Deus nos deu seu Espírito Santo, para aperfeiçoar e santificar e preparar os cristãos a guiar outras pessoas à verdade, a fim de que elas possam ter vida eterna e cumprir seus propósitos em Cristo.

Poder da oração

Senhor, eu sei quanto preciso de ti, e isso me faz especialmente sensível a quanto outras pessoas precisam de ti. Não quero mais que minha hesitação em responder ao teu chamado interrompa o caminho de outra pessoa que busca conhecer a ti. Oro para ser usado poderosamente como testemunha da verdade de tua Palavra e da verdade de quem tu és. Guia-me, Espírito Santo, sempre que eu estiver perto de alguém que precisa saber mais de ti. Mesmo que eu esteja numa situação em que não tenha a oportunidade de dizer algo sobre ti naquele momento, oro para que teu amor brilhe através de mim. Mostra-me como posso comunicar teu amor de maneira concreta, para que as pessoas identifiquem teu Espírito agindo através de mim e lembrem-se disso.

Senhor, sei que não posso guiar os outros à verdade se eu mesmo não entendê-la plenamente nem viver de acordo com ela. Ajuda-me a não somente entender tua Palavra, mas a ser capaz de demonstrar o poder dela em minha vida. Capacita-me a comunicá-la claramente de maneira transformadora. Capacita-me a "ser ministro de Cristo Jesus para os gentios, com o dever sacerdotal de proclamar o evangelho de Deus", sendo guiado por teu Espírito (Rm 15.16). Ajuda-me para que nunca me falte o zelo, mas que eu sempre persevere na oração, servindo a ti em tudo o que faço (Rm 12.11).

Em nome de Jesus. Amém.

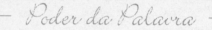

Quando ele vier, convencerá o mundo do pecado, da justiça e do juízo.

João 16.8

Ou será que você despreza as riquezas da sua bondade, tolerância e paciência, não reconhecendo que a bondade de Deus o leva ao arrependimento?

Romanos 2.4

Guiado a guiar outros a orar com poder

Uma das coisas mais importantes que você pode fazer por uma pessoa, além de levá-la ao Senhor, é ensiná-la a orar. A maneira mais eficaz de fazer isso é orando *por* ela e depois orando *com* ela, quando a pessoa estiver disposta a isso. Por orar *com* ela, eu quero dizer vocês dois orando juntos em voz alta.

A oração é um grande e poderoso ministério que qualquer pessoa pode realizar em qualquer momento. É incrível quantas pessoas se dispõem a receber orações quando você diz: "Posso orar por você?". Aconteceu de eu encontrar pessoas que não tinham nenhum comprometimento espiritual com Deus, mas estavam plenamente dispostas a receber oração.

Quando alguém partilha uma necessidade especial, você tem a oportunidade perfeita para orar por ela. Em oração, você pode encorajar essa pessoa a buscar a direção de Deus para a vida dela, a fim de que ela entenda seu propósito e saiba como cumpri-lo. Você não tem de fazer nada acontecer. É Deus quem abre as portas. As pessoas verão Jesus em sua vida — mesmo que elas ainda não o conheçam — e serão atraídas a você por isso. Sentirão que podem confiar em você quando você ora por elas.

Não tenha medo de orar por outras pessoas por estar preocupado se suas orações serão respondidas ou não. Seu trabalho é orar, e o trabalho de Deus é responder. Faça seu trabalho e deixe Deus fazer o dele.

Paulo nos instruiu a carregar "os fardos pesados uns dos outros" (Gl 6.2). A melhor maneira de aliviar o fardo de uma pessoa não consiste apenas em orar por elas, mas também em ensiná-las a orar. Jesus disse que "se dois de vocês concordarem na terra em qualquer assunto sobre o qual pedirem, isso lhes será feito por meu Pai que está nos céus. Pois onde se reunirem dois ou três em meu nome, ali eu estou no meio deles" (Mt 18.19-20). Essa é a razão definitiva para orar com outras pessoas. Bastam duas pessoas orando juntas, e é garantida a presença de Deus com vocês. Um belo motivo para orar, concorda?

Deus trará à sua vida pessoas por quem você deve orar. Mas, se você estiver caminhando nas ruas de Nova York na hora do *rush* num sábado véspera de Natal, não pense que todos ao seu redor estão ali para receber os benefícios de sua oração. No entanto, pode haver alguém que chame sua atenção num restaurante ou numa loja, alguém que Deus traga à sua vida naquele momento, e você talvez seja o único vislumbre de Jesus que essa pessoa verá por algum tempo. Ore em silêncio a fim de que o coração dela seja aberto ao Senhor. Depois simplesmente mostre-lhe o amor de Deus de alguma forma.

Sorria e deixe a pessoa passar à sua frente na fila. Ajude-a com algo que ela tenha dificuldade para carregar. Dê-lhe ânimo com uma saudação. Você não faz ideia de quanto alguns indivíduos precisam da afirmação de alguém que os enxergue como pessoas de valor. Se você não consegue dizer nada além de "Deus o abençoe", a pessoa sentirá o Espírito de Deus em você mesmo que ela ainda não consiga identificar a presença dele, e isso dará a ela uma sensação de esperança. Algum dia, ela pode reconhecer esse mesmo Espírito em outra pessoa e se dar conta do que estava sentindo. Mesmo que você apenas ore em silêncio, sem o conhecimento daquele(a) por quem está orando, a oração tem poder suficiente para atrair essa pessoa a um relacionamento com Deus no futuro.

Não desanime se você não guiar as pessoas diretamente ao Senhor. Deus tem muitos trabalhadores no campo. Alguns plantam sementes, outros regam e outros ceifam. Os ceifeiros não são mais valiosos que aqueles que plantam ou regam. Os ceifeiros não teriam nada a colher sem eles.

A oração é o meio pelo qual ajudamos os outros a se aproximarem de Deus. Mesmo que seu ministério nunca tenha ido além de orar por ou com outras pessoas e ensiná-las a orar, você já terá transformado vidas para a eternidade.

Poder da oração

Senhor, eu te peço que me ensines a orar poderosamente por outras pessoas a fim de que elas também possam aprender a orar com poder. Capacita-me a guiar outros em oração sempre que a oportunidade se apresentar. Impede-me de ser restringido pelo medo ou pela dúvida. Ajuda-me a ser sempre criterioso e alerta em minhas orações, de modo que eu não perca tua direção (1Pe 4.7). Espírito Santo de Deus, oro para que tu me dês as palavras a dizer quando eu não souber exatamente como orar. Ajuda-me a jamais estar em falta de palavras. Ensina-me a reconhecer com *quem* devo orar, *quando* é o momento certo, e *sobre o que* devo orar.

Sei que teus olhos estão sobre os justos e teus ouvidos estão atentos às nossas orações (1Pe 3.12). Sou grato por ouvires minhas orações porque confiei em ti (1Cr 5.20). Oro para que tu me ajudes a ver quem está sofrendo e precisa de oração. Capacita-me a encorajar as pessoas, e nunca incomodá-las. Conforme orarmos juntos acerca dos problemas delas, ajuda-as a ver que tu és o único que pode salvá-las da tribulação em que se encontram (Sl 107.19). Ajuda-me a guiar outros a orar. Quando eu orar por eles, responde de maneira poderosa a fim de convencê-los de que tu és verdadeiro.

Em nome de Jesus. Amém.

Poder da Palavra

Peçam, e lhes será dado; busquem, e encontrarão; batam, e a porta lhes será aberta. Pois todo o que pede, recebe; o que busca, encontra; e àquele que bate, a porta será aberta.

LUCAS 11.9-10

E tudo o que pedirem em oração, se crerem, vocês receberão.

MATEUS 21.22

GUIADO A GUIAR OUTROS A CUMPRIR SEUS PROPÓSITOS

Deus usará você para ajudar outras pessoas a encontrarem seus propósitos de vida. Ele colocará pessoas em seu caminho, e você pode orar pedindo que elas entendam a vontade divina para elas. Mais provavelmente, você orará *com* elas e juntos buscarão a resposta de Deus. O Espírito Santo irá equipá-lo nesse discipulado, de modo que você não precisa confiar em suas próprias capacidades. "Aquele que os chama é fiel, e fará isso" (1Ts 5.24).

Quando Deus chama você a discipular alguém, ele o prepara e capacita para isso.

Discipular alguém significa passar tempo com essa pessoa partilhando tudo o que você sabe sobre o Senhor, de modo que ela possa se firmar em Deus e cumprir o propósito e o chamado que ele tem para a vida dela.

As jovens que eu tenho discipulado me dão grande alegria quando vejo as maravilhosas pessoas que são e quão poderosamente vivem sua vida para o Senhor. Não são mulheres perfeitas que ficaram mais perfeitas. Eram mulheres com conflitos sérios, e Deus as ajudou a superar. Uma delas se tornou tão zelosa por Deus que se dirige a lugares inimagináveis a fim de falar de Jesus às pessoas. O discipulado pode ser bastante compensador. Não se preocupe se você sentir que suas capacidades nesse assunto são limitadas. Sinto-me assim também, mas esteja certo de que o Espírito Santo o capacitará a fazer muito mais do que você jamais imaginou ser possível.

Exercer um ministério não significa que você deve pastorear uma igreja, apresentar um programa de televisão, ir ao campo missionário ou escrever um livro campeão de vendas. Significa que você é guiado pelo Senhor a ajudar uma pessoa de alguma maneira. Jesus disse que o segundo maior mandamento é "Ame o seu próximo como a si mesmo" (Mt 22.39). Nosso "próximo" pode ser um familiar, um colega de trabalho, uma pessoa na rua, alguém na vizinhança, na igreja, ou em qualquer lugar. Ajudar uma pessoa a caminhar com o Senhor é um chamado grandioso.

Somos o corpo de Cristo na terra. Somos a extensão das mãos dele. Jesus disse que, quando fazemos coisas pelos outros, estamos fazendo para ele (Mt 25.35-40). Não é incrível pensar que, na medida em que abençoamos os outros, abençoamos Jesus também? Quando você ajuda uma pessoa a encontrar o Senhor e a descobrir o propósito de Deus para a vida dela, pense em como isso deve agradá-lo. Você ajudou a trazer outro filho dele ao seu reino, para toda a eternidade, e ajudou essa pessoa a encontrar o caminho correto para o aqui e agora. Faça o que o Espírito Santo guia você a fazer, e Deus vai ungir o que você fez a fim de trazer resultados que transformam vidas.

Jesus disse que fizéssemos discípulos de todas as nações. Isso não significa que você tem de ir a todas os países. Significa que você pode alcançar alguém em qualquer lugar, em qualquer ocasião, orando para que esse efeito dominó por fim alcance todos os povos. Jesus prometeu que ele estará sempre com você (Mt 28.20). Portanto, até o retorno dele, faça o que ele o guia a fazer, começando exatamente onde você está. E guie outros a fazerem o mesmo.

Senhor, capacita-me a usar os dons que tu puseste em mim a fim de ajudar outros. Ensina-me a entender com clareza tua direção em meu ministério às pessoas que tu trazes à minha vida. Não quero agir na carne, mas sempre lançar antes um alicerce em oração, de modo que eu encontre pessoas cujo coração esteja aberto e disposto a te receber. Peço que tu sempre me dês as palavras certas a fim de comunicar teu amor por aqueles que colocas em meu caminho. Capacita-me a ajudá-los a encontrar o propósito para o qual foram criados. Se devo discipular alguém, mostra-me isso claramente e capacita-me a fazê-lo.

Dá-me palavras de cura para alguém cujo coração está quebrantado. Ajuda-me a proclamar que tu, Jesus, vieste para "anunciar liberdade aos cativos e libertação das trevas aos prisioneiros" (Is 61.1). Capacita-me a comunicar que tu vieste para consolar todos os que andam tristes, e dar a todos os que choram "uma bela coroa em vez de cinzas, o óleo da alegria em vez de pranto, e um manto de louvor em vez de espírito deprimido" (Is 61.3). Ensina-me a conduzir as pessoas ao chamado que tu tens para a vida delas. Que eu jamais me canse de "fazer o bem", pois sei que colherei no tempo certo se não desanimar (Gl 6.9).

Em nome de Jesus. Amém.

Foi-me dada toda a autoridade nos céus e na terra. Portanto, vão e façam discípulos de todas as nações, batizando-os em nome do Pai e do Filho e do Espírito Santo, ensinando-os a obedecer a tudo o que eu lhes ordenei. E eu estarei sempre com vocês, até o fim dos tempos.

MATEUS 28.18-20

E eu farei o que vocês pedirem em meu nome, para que o Pai seja glorificado no Filho. O que vocês pedirem em meu nome, eu farei.

JOÃO 14.13-14

Conheça outras obras de

Stormie Omartian

- 30 dias para tornar-se uma mulher de oração
- A Bíblia da mulher que ora
- A oração que faz Deus sorrir
- Bom dia! – Leituras diárias com Stormie Omartian
- Conversa com Deus
- Dez minutos de oração para transformar sua vida
- Escolha o amor – E mude o curso de sua vida
- Eu sempre falo com Deus sobre o que sinto
- Guerreiras de oração
- Guerreiras de oração – Guia de estudo
- Minutos de oração para a mulher de fé
- O diário da mãe que ora
- O milagre do Natal
- O poder da criança que ora
- O poder da esposa que ora
- O poder da esposa que ora – Livro de orações
- O poder da esposa que ora – Mensagens de fé
- O poder da fé em tempos difíceis
- O poder da mãe que ora
- O poder da mãe que ora – Livro de orações
- O poder da mulher que ora
- O poder da mulher que ora – Livro de orações
- O poder da nação que ora
- O poder da oração no casamento
- O poder da oração para uma vida feliz
- O poder de orar
- O poder de orar a vontade de Deus
- O poder de orar juntos
- O poder de orar pelos filhos adultos
- O poder de orar pelos filhos adultos – Livro de orações
- O poder de uma vida de oração – Livro de orações
- O poder do adolescente que ora
- O poder do marido que ora
- O poder dos pais que oram

- O poder transformador da oração
- O que acontece quando eu falo com Deus?
- O que Jesus disse
- O segredo da saúde total
- Stormie – Uma história de perdão e cura

Compartilhe suas impressões de leitura escrevendo para:
opiniao-do-leitor@mundocristao.com.br
Acesse nosso *site*: www.mundocristao.com.br

Diagramação:	Sonia Peticov
Preparação:	Luciana Chagas
Revisão:	Josemar de Souza Pinto
Gráfica:	Eskenazi
Fonte:	ACaslon Pro
Papel:	Pólen Natural 70 g/m² (miolo)
	Cartão 250 g/m² (capa)